錯覚の世界　古典からCG画像まで
LA SCIENCE DES ILLUSIONS

ジャック・ニニオ——著
鈴木光太郎・向井智子——訳

新曜社

Auteur: Jacques NINIO
Titre: LA SCIENCE DES ILLUSIONS
© ODILE JACOB, SEPTEMBRE 1998

This book is published in Japan by arrangement with ODILE JACOB
through le Bureau des Copyrights Français, Tokyo

訳者まえがき

　本書のオリジナル，*La science des illusions* は，1998年9月にフランスで刊行された。すでに，ドイツ語版，ギリシア語版，英語版も出ている。日本語版では，内容に多少修正を加えたほか，第17章を追加し，白黒やカラーの図版も20ほど増やしたので，5つの版のなかでは，もっとも充実したものに仕上がっている。

　著者は，フランス風のシャレたスタイルで，スパイシーな皮肉や冗談もところどころに交えながら，読者を錯覚の世界へといざなう。その点で，本書は，英米の錯覚の解説書とは一味も二味も違っている。なかには，わざと読者を挑発して，ほんとにそうかと疑わせるような書き方をしている箇所もある。著者が言うには，できれば，日本の読者にもその挑発に乗って，錯覚について考えを深めてほしいとのこと。もちろん，錯視図形の詰まった絵本として，ページを繰るだけでも十分楽しめる（図や写真の多くは著者の手になるものだ）。錯覚の解説書として，個性あふれる1冊と言えるだろう。

　著者のジャック・ニニオ（Jacques Ninio）は，フランスの生物学者である。CNRS（国立科学研究機構）の研究者であり，パリの高等師範学校（エコル・ノルマル・シュペリユール）の主任研究員として研究活動を行なっている（フランスでは，研究者の多くは，CNRSの一員であると同時に，大学や研究機関に所属するという制度になっている）。彼の略歴や著書については，巻末に紹介してあるので，参照いただきたい。

　実は，訳者（鈴木）は，本書を知る以前から，ニニオという生物学者の存在を知っていた。邦訳のある彼の著書『分子進化学入門』（長野敬訳，紀伊國屋書店，1985）に目を通したことがあったからである。しかし，最近興味深い錯視現象を報告しているニニオがその生物学者と同一人物だということには，まったく気づかずにいた。ようやくそれに気づいたのは，本書の英語版を手にとったときである。

　本書のなかでも述べられているように，錯覚に対する著者の関心は，最近に始まったものではない。幾何学的錯視についての彼の最初の論文は，すでに1970年代の終わりに発表されている。彼には，生物学という本業のかたわら，自分の関心の趣くままに，錯覚の分野を泳いでいるようなところがある（ちなみに彼は水泳の名手だ）。錯視図形やデモンストレーションのパターン作りでも，かなり凝る性格

のようだ。パリ郊外のソー公園を彼と散策した折,「オニログラム」(7章参照)の作り方——落ち葉の拾い方とその並べ方,そして写真の撮り方まで——をこと細かに説明してくれたことがある。その説明の熱のこもり様が,どこか職人を思わせて,とても印象的だった。こうした彼の職人風の凝り性があって,本書は,最新の錯視や話題をつけ加え,より充実した1冊に仕上がった(実は,『分子進化学入門』の翻訳でも,これと似たようなエピソードがあったようだ。関心のあるかたは,長野敬氏の訳者あとがきをお読みいただきたい)。

　訳者から見て,簡単な解説が必要と思われた章がいくつかある。訳者のコメントも含め,以下にそれらを記しておこう。

　原著では,まえがきもなく,第1章がすぐ始まり,錯覚の例が列挙される。章のタイトルは"Inventaire(目録)"である。これはフランス人によく知られた詩(あの有名なシャンソン「枯葉」の作詞者のジャック・プレヴェールの詩だ)と同じタイトルであり,章のスタイルもそれにならっている。このスタイルは,日本人は面食らうが,フランス人が読むと,導入部の章としてピタリとはまるのかもしれない。

　第2章で紹介されている錯覚研究の歴史も,フランスが中心だ。山形模様の最初の発見者として,フランスの哲学者モンテーニュも登場する。これは,お国贔屓も入っているだろう。しかし,著者は,世界中の錯覚の研究に目を通していて,日本人の研究も高く評価している。本書には,そうした日本の研究も数多く登場する。

　第4章でグレゴリーの錯覚の分類を紹介するくだりでは,著者がグレゴリーのことば遊びをフランス風に焼き直した例が出てくる。これは,ちょっと脱線しすぎかもしれない(グレゴリーのことば遊びの例がもともと脱線なのだから,それに輪をかけて転覆してしまったようなところがある)。とはいえ,ユーモアの雰囲気を味わっていただけたらと思う。

　幾何学的錯視の説明をめぐる章が,第12章である。著者は,現在出されている説明が不十分だということを指摘しながら,新たな独自の説明を提示している。このあたりは,錯覚の専門家には異論のあるところかもしれない。

　そして第13章では,錯覚の個人差の問題に触れている。個人差は,著者が言うように,これまでほとんど見過ごされてきたテーマである。というのも,錯覚の実験の多くは,条件ごとに錯覚の量を測定し,その結果を平均して個人差を相殺するというアプローチをとってきたからである。しかし,個人差は今後,錯覚のメカニズムを考える上で,重要な研究課題になるように思われる。なお,これに関連して言うと,第16章と第17章で紹介されている錯覚のなかには,個人差が大きいものも

訳者まえがき

ある。訳者が周囲の人で試したところ，錯覚によって，顕著に起きる人もいれば，ほとんど起きない人もいた。どう見えるか，読者にも，これらの錯覚を実際に試していただきたい。

原著には，どこからが冗談かわからない箇所や，フランスの歴史，政治やテレビ番組を知っていないとわからない箇所もところどころにある。本書では，理解の助けになるように，うるさくならない程度に訳注を入れておいた。

翻訳の作業は，鈴木がまず全訳し，向井がそれをチェックし，疑問点についてはそのつど著者に照会するという形で進めた。この過程では，多くのかたがたのお知恵を拝借したり，助言を頂戴したりした。フランス語の微妙なニュアンスや表現については，新潟在住のイーエン・メギール（Ian Megill）氏，パリ在住のマニュエル・ルブシェ（Manuel Leboucher）氏とダニエル・ピッゾーリ（Daniel Pizzoli）氏に多くをご教示いただいた。聴覚に関する記述については，聴覚・音楽心理学がご専門の宮崎謙一氏（新潟大学人文学部教授）に該当箇所をお読みいただき，ご教示を乞うた。また，文章を読みやすくする過程で，和田美佐子さん（新潟大学大学院生）には全体に目を通していただいた。以上のかたがたに，厚く感謝申し上げる。

新曜社編集部の塩浦暲氏には，図版のレイアウトも含め，たいへんお世話になった。とくに，原著のいくつかの誤りを直すことができたのは氏のおかげである。著者とともに感謝するしだいである。

2004 年 1 月

鈴木光太郎
向井　智子

目　次

訳者まえがき　　　　　　　　　　　　　　　　　　　i

1章　錯覚がいっぱい——日常のなかの錯覚　　　1

2章　錯覚は古代から——錯覚研究小史　　　　　7

3章　錯覚の陰に錯覚あり——連鎖する錯覚　　　19

4章　凸か凹か——錯覚を分類する　　　　　　　31

5章　白黒が生む色——感覚の限界　　　　　　　43

6章　隣の芝生——対比と同化　　　　　　　　　53

7章　浮動する縞——分離と融合　　　　　　　　67

8章　無から有へ——完結化と創造　　　　　　　79

9章　逆さの世界に慣れる——順応　　　　　　　91

10章　月を描く——知覚の恒常性　　　　　　　　99

11章　登る下り坂——基準点　　　　　　　　　109

12章　視覚が王様——矛盾と仲裁　　　　　　　121

13章　神経か経験か——文化と個人差　　　　　137

14章　タネも仕掛けも——マジックと錯覚　　　149

15章　非現実の現実——映像技術と錯覚　　　　159

16章　痛む幻肢——記憶の誤り，心の錯誤　　　169

17章　最近の発見——日本語版への付章　　　　181

注　　　　　　　　　　　　　　　　　　　　　193
文　献　　　　　　　　　　　　　　　　　　　203
索　引　　　　　　　　　　　　　　　　　　　211

装幀＝加藤光太郎

図版出典

図11.2　© Philippe Plailly/Eurélios. ㈱フランス著作権事務所 提供
図12.3　© Cité des Sciences et de l'Industrie/photo Michel Lamoureux. Architecte Adrien Fainsilber. ㈱フランス著作権事務所 提供

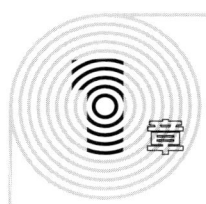# 錯覚がいっぱい──日常のなかの錯覚

いつだって自分は正しいと思う錯覚。

巻貝の殻に耳をあてると聞こえる，潮騒。
緑色の閃光──空が澄み渡り，水平線がくっきりと見える晴れた日の夕べ，太陽が海に沈んで行く。「太陽の上端が隠れた瞬間，たとえようもなく美しい緑色の閃光が見え，すぐに赤い光に変わって海面と大気を染めた。」（トレーヴ）
海の波は風に押されて動くように見える。だが，実際は水が上下しているにすぎない。
「浜辺の波打ち際にじっと佇んでいると，足元の砂もろとも波にさらわれ，海に引きずり込まれるような感じがする。」（ブルドン）

「ついに太陽が水平線に沈もうとし，その光が夕暮れの靄に弱められながらも，周囲の世界をえもいわれぬ美しい紅でおおった瞬間，影の色が緑に変わった。その明澄さは海水の淡緑色に，その美しさはエメラルドにも匹敵した。」（ゲーテ，色彩を帯びた陰影を論じて）
打上げ花火の輝く火玉は，爆発のあと四方八方に広がる。しかし，見ている私たちのほうに降り注ぐように見える。
「星は針先よりも大きく見える。」（ドゥ・グラモン）

交通渋滞──自分の車線が一番ノロノロしているように感じる。
遠近２つの物体が同じ速さで動いていれば，遠くの物体のほうがゆっくり動いているように見える。（ユークリッド）
自分の乗った電車が止まっているとき，隣のホームの電車が動き出すと，自分の電車のほうが動き出したように感じる。
空に昇る錯覚──「風のない，雪が降りしきる冬のある日。窓辺にいた私の娘が，突然叫んだ。『おうちごと，空に昇って行くよ！』」（エルンスト・マッハ）

赤信号で車を止めた瞬間，逆向きに動いているように感じて，不安になることがある。この錯覚は，ブレーキを強く踏んでも消えない。
　地球は猛スピードで太陽と逆方向に私たちを連れ去っているのに，太陽に向かって車を走らせていると思っている。

　触れられそうになっただけで，くすぐったく感じる。
　防水手袋をして皿を洗っているのに，手が濡れるように感じる。
　口のへりがニキビでふくらんでいると，そこに触れるコップの縁がゆがんで感じられる。
　自転車に長時間乗ったあとで歩く地面は，でこぼこしているように感じる。
　眠りから覚めたとき，腕が，思ったのとは違うところにある。
　自由落下のときの無重力の感覚。
　首をはねられた人の錯覚——自分の身体から離れて宙に浮き，横たわる自分を見下ろす。

　「霧のなかで人に出くわすと，巨人のように見える。その人影がぼんやりしていて，とても遠くにいるかのように見えてしまうからだが，実際は，その人はごく近くにいて，眼に映る像も大きいのだ。」(ル・カ)
　北極の錯覚——「北極のモノトーンの地形は，しょっちゅう大きさと距離を見誤らせる。曇り空だと，とくにそうだ。……スウェーデンのある探険家は，島全体を占めるほどの大きなけわしい山が，奇妙な形をした2つの対称的な氷山にはさまれているとノートに書きつけた。ふと眼をあげた瞬間，自分がセイウチを見ていたことに気づいた！」(バリー・ロペス)

　症状——「最近，レピン医師のところに，30歳になる女性患者がやってきた。……彼女は，絶え間なく25個の一連の単語が聞こえると訴えた。それらは順序が決まっていたが，単語の間には意味的関係があるようには思えなかった。声に出して言われているわけではないのに聞こえ，しかも奇妙なことに，耳からでなく，左の頬から聞こえるのだった。」

　駅のホームに入って行く電車から見ると，ホームにいる人たちが小さく見える。大小の同じ重さの物体は，小さいほうが重く感じられる。湿った冷気は，乾いた冷気より冷たく感じられる。額に載せた冷たいコインは，暖かいコインよりも重く感

1章　錯覚がいっぱい——日常のなかの錯覚

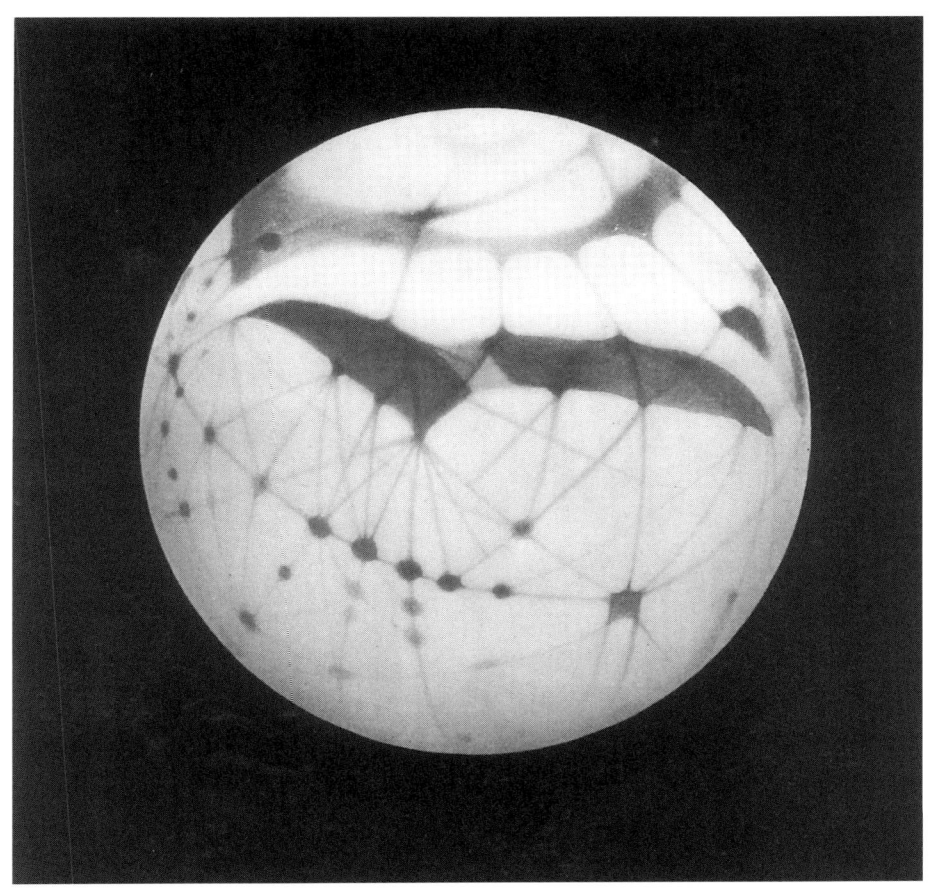

図 1.1　パーシヴァル・ローウェル卿が見た火星の運河。このような規則的な幾何学模様が見えたのは錯覚である。「運河に間違えられたこれらの線は，たまたまそのように見えた表面の特徴にすぎない。おそらく望遠鏡の解像力に限界があり，かすかに模様が見える程度だったのだろう。眼はそれら小さな模様のひとつひとつを見分けられず，不明瞭な模様の集まりとしてしか見えず，その集まりがつながって，線であるかのような印象を生み出したのである」（リュシアン・リュドー『異世界について』ラルース社版，1937年，138ページ）。

じられる（ウェーバーの法則？）。古着屋のバーゲンのソックス１足 20 ％引きのほうが，ダイヤの首飾りの１％引きよりうれしい（フェヒナーの法則？）。

　火吹き男——口から火を吹くように見えるが，実は，口からガソリンを吹き出した瞬間に火をつけるのだ。私たちのうしろにスピーカーがあっても，歌声が歌手の口から出ているように聞こえる。テレビのアナウンサーがカメラのすぐそばの画面に出る文章を読んでいても，私たちを見てしゃべっているように見える。うまく描かれた肖像画は，見る人を眼で追いかける。

　夢うつつで体験するイメージや入眠時の夢——「私は，オメール・ドゥ・エルの『南ロシア旅行記』を読み聞かせていた。ある段落を読み終えたとたん，睡魔に襲われ眼を閉じていた。この一瞬のまどろみの間に，電光石火，スルバラン［訳注——写実性と神秘性の濃い宗教画を描いた 17 世紀のスペインの画家］の描く修道士のような，茶色のローブをまといフードを被った男の姿が見えた。このイメージが見えた瞬間，眼を閉じて読むのを中断したことに気づいた。私は，即座にまぶたを開き，読み聞かせを再開した。この中断は，聞いている人も気づかないほどの一瞬のできごとであった。」（アルフレッド・モーリー）

　時計のチクタク——「チク」は「タク」より短いような気がする。
　プッシュホンの電話は，相手の番号をプッシュし終わる前に呼び出し始めるような気がする。さらに，相手の電話も自分のと同じ呼び出し音がしていると思っている。でも，自分が聞いている音は，相手が聞いている音とは関係ない。

　ドン・キホーテの風車（セルヴァンテス）。マクベス夫人の血痕（シェイクスピア）。裸の王様（アンデルセン）。妻を帽子とまちがえた男（サックス）。透明人間（ウェルズ）。タイムマシン（ウェルズ）。木の頭をもつ傷痍軍人（ムートン）。
　ヒマラヤの雪男。空飛ぶ円盤。ネス湖の恐竜。火星の運河。円卓交霊会。空中浮遊。賢者の石。賭必勝法。

　永久機関。円積問題［訳注——「与えられた円と等しい面積を有する正方形を，定規とコンパスだけを使って作図せよ」］。金鉱嗅ぎ分け飛行機。霊波。必ず効くダイエット法。ＤＮＡ美容クリーム。人間の長寿遺伝子と知能遺伝子。ガンのワクチン。遺伝子「浄化」療法。人相学——顔の特徴からその人の性格がわかると称するエセ科

学。ボゴモレス博士の長寿の血清。前頭葉前部のロボトミー──精神病の治療と称して脳に重い障害を引き起こす手術（これは1949年度のノーベル医学賞を受賞した）。

　月をつかまえようと，手を伸ばす子ども。
　校庭──塀の向こうから，かん高い叫び声がかたまりになって聞こえてくる。それらの声は，木の枝を吹き抜ける風のように，大きくなったり小さくなったりする［訳注──フランスでは都市部の学校は塀に囲まれていることが多い］。
　政治に錯覚を持たない若者。（新聞の見出し）
　山は，谷をはさんで高い位置から見たほうが，下から見上げるよりも高くけわしく見える。
　歳をとるにつれて，坂や階段が急になったように見える。小さい頃遊んだ庭はあんなに広かったのに，おとなになると，やけに狭く感じられる。
　家具をとり去ると，部屋が小さく見える。
　物質は不透明でぎっしり詰まっているという錯覚。中性子星の内部のように物質を詰め込むと，地上のすべての人間がわずか2立方センチのなかにすっぽりおさまってしまう。

　きみの書いたものを読むと，きみが話しかけているような気がする。よく知っている人からの手紙は，その人から同じことばを聞いたことなどないはずなのに，その話しぶり，口調までが聞こえるような気がする。
　私がそうだからきみもそうだという錯覚──彼女が魅力的に見えるので，自分も気に入られていると思うこと。私にとってすばらしいことは，少なくとも，彼女も興味を持つはずだと思うこと。私を好きだから彼女が微笑んでいると思うこと。実は彼女が微笑んでいるのは，私を手玉にとれるからにほかならない。
　きみの心はここにあらずなのに，ぼくのしゃべることに耳を傾け理解しているように見える。ぼくは幾何学の問題を解いているのに，ほかの人には眠っているように見える。

　あなたを幸せにできるのは，ぼくしかいないと思う錯覚。

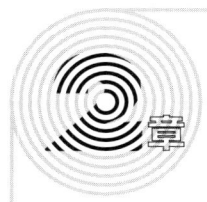# 錯覚は古代から──錯覚研究小史

　錯覚だったとわかるのは，印象が実際とは違うと気づいたときだ。感覚器官からの情報にもとづいてこんな対象だと思っていたのに，ほかの人から教えられたり論理的に考えたりすると，実はそうではないとわかる。こういう食い違いを目のあたりにすると，つい，感覚は誤りやすいと考えてしまう。だが，感覚はいつも誤るわけではない。自然の法則について人間が抱く考えも，時代とともに変化する。真実と思われてきたことが誤りになり，逆に，錯覚とされていたことが現実を正しく映すものになる。古代ローマの時代，ルクレティウスは，次のような現象を錯覚とみなしていた。

　鏡に映る像，山のこだま。
　日射しのなかを歩くとついてくる影。
　遠くから見ると，街なかの四角の塔が丸く見える。
　太陽も星も，動いているようには見えない。
　川を行く大きな船の上では，陸のほうが動くように見える。
　子どもがぐるぐる回って止まると，風景のほうが回って見える。
　雲の多い夜は，月が雲に向かって動くように見える。
　夢や幻覚。

　ルクレティウスは，建築物が遠近法的に見えるのも錯覚だとしている。

　　　高さの等しい柱が平行に並んだ柱廊を見るとしよう。それが長い柱廊なら，一方の端から眺めると，徐々に縮まって，横たわった円錐のようになる。屋根と床，右側と左側が合わさるように見え，円錐の先端の一点になる。

　自分の前を行ったり，あとをついてきたりする影法師。街灯に近づくと伸びたり縮んだり，角を曲がると2つになり，その2つが直角になったりする不思議な存在。影法師で遊べるのは，いまも子どもたちの特権である。5歳のとき，車に乗って，

見渡すかぎり平坦な砂漠のまっすぐな道を走っていたとき，奇妙な感覚に襲われたことがある。道の両端が最初は平行だが，遠くで（しかし，地平線より手前で？）交わって一点になり，その点が，私が進むにつれてたえず遠ざかるということを，私はその日はじめて知った。

　神殿の柱廊の端が一点に収斂して見えるということに，一般の市民が驚いたりしただろうか？　神殿の遠近法が不思議だったのは，たぶん当時の知識人が誤った視覚理論をもっていて，その枠組みで見ていたからだ。一般の人たちはそんな理論など知るよしもなかった。その理論によると，物体は，手で触れることのできない模像である「シムラクラ」，ギリシア語でいうエイドラスを発する。このエイドラスが，空気中を伝わって眼のなかに入り込む。彼らの見方では，見えるということはエイドラスを吸収することだが，エイドラスがどうして遠近法のゆがみの影響を受けるのか，その理由がわからなかった。

　ユークリッドは，古典的な遠近法——いわゆる「線」遠近法——のもととなる投影法則を完璧に理解していたが，紀元前300年頃に著した『光学』では，見え方の法則も記述する必要があると考えた。たとえば，次のような法則である。

1. 眼の高さよりも上の水平面は，遠い部分ほど下にあるように見える。（床は上がっていくように，天井は下がっていくように見える。）
2. 眼の高さにおかれた円弧は，直線に見える。
3. 球を見ながら近づくと，球の見える部分は少なくなるが，大きく見えるようになる。
4. 球の直径が左右の眼の間隔より小さいなら，半球以上の部分が見える。

　1から3までの観察は，遠近法の法則と一致している。第4の観察はかなり微妙である。そう見えるのは，左右の眼が球のまったく同じ部分を見ているのではないからである。中央の部分は左右の眼にともに見えるが，両側面の部分は一方が一方の眼にしか見えず，これら2つの像が合わさって，つなぎ目のない球の像になる。
　ユークリッドは，ものが見えるのは眼が「視線を投射する」からだと考えた。床の上に落ちた針はなかなか見つからず，探しあてるのに時間がかかるが，彼の理屈はこうだ。眼からは密に幾条もの光線が出ていくが，遠くになるにつれて広がってまばらになる。針を見つけるためには，その光線のひとつが針にあたらなければならない。

ユークリッドは，現在の私たちから見れば「なぜ？」と思えるような，ある問題でつまずいた。小さな光源からの光を問題にする場合には，光が直進することが容易に観察できる。しかし，皆目見当もつかなかったのは，それ自体は光っていない大きな物体の像の場合である。彼に欠けていたのは，かなり微妙な概念で，これは，ずっとあとの時代になって，1040年頃にイブン・アル゠ハイサムの『視覚の書』に初めて登場する。アル゠ハイサムのこの本は，光学の概説書であると同時に，時代を先どりした視知覚の概説書でもあった。

イブン・アル゠ハイサムが提唱した重要な概念は，光があたっている物体上のどの点も，すべての方向に光を発する光源になる，というものである。しかし，適切な光学系（たとえば平面鏡）を通すと，物体の一点から出る光線の集合が収束して面上の決まった一点に集まり，そこに像ができる。この考えは，当時はまだ厳密に定式化はされなかったが，眼のなかに形成される像の性質についての理解をもたらした。しかし，アル゠ハイサムも，いくつか誤りをおかしていた。それらは，1604年に天文学者のケプラーによって最終的に解決されることになる。

天体の構造を正確に知るには，蝕がとりわけ重要だった。というのは，一方の星が他方の星を「横切る」のにかかる時間は，それらの星の大きさと距離の関係について貴重な手がかりを与えてくれるからである。そのためには，2つの星の端どうしが触れ始めるように見える瞬間を正確に決定する必要があった。ところが，この決定はきわめてむずかしいということがわかった。ひとつには，装置の光学系が不完全で，そのため星が大きく見えてしまうという問題があった。もうひとつには，星が明るいと大きく見えるという，観測者の側の錯覚の問題もあった。ケプラーはこの二重の難問を解決するため，まず眼の光学的しくみを理解することから始めた。彼は，網膜の上に像が形成され，しかも，その像は外界に対して上下左右が逆転していると唱えた。網膜以降で起こることについては，ケプラーは，自分の仕事ではない，すなわち「光学の研究者は，眼のなかの第一の障害物であるこの不透明な壁の向こうまでは追究しない」と述べた。網膜以降では，視対象とは別の「種類」の，いまなら「信号」と呼ばれるものが生じるが，視覚が形成されるのはこの物理的信号の作用を通してなのだ。

ケプラー，スネル，デカルトによって光の伝播のしかたが明らかにされ，鏡やレンズの作用も説明されたり，あるいはもう一歩で説明できるところまでたどり着いた。水のなかに半分入れた棒が折れ曲がって見えるのは，もはや錯覚とは言えなくなった。デカルトは，どのようにして虹ができるのかも説明した。

図2.1 盲点は，1666年にマリオットによって発見された。右眼を閉じ，30センチほどの距離から左眼で黒丸を見る。次に左眼を右にあるXに動かしてみよう。黒丸が消えるはずだ。同様に，文字Zを左眼で見てから，右のXに眼を動かしてみよう。Zは消えて，放射線がつながって見えるはずである。

　もちろん，古代の人々も，虹が雨で暗くなった遠くの空に生じ，太陽を背にしたときにだけ見えることに気づいていた。ということは，雨粒が鏡の役目をしているという正しい認識をもっていたことになる。セネカは，虹が，個々の雨粒の内部で反射された太陽の多重像であり，虹が大きいのは，雲が凹面鏡としてはたらくからだと述べている。

　太陽の光は，雨粒に入射するときに屈折し，次に雨粒の後方の面で反射し，もう一度屈折して外に出る。デカルトの貢献は，なぜ観察者に届く光が大きな弧を描くのかを説明したことにある。虹は物理現象だが，見る位置によって見えたり見えなかったりする。虹のできる噴水の近くにいる2人の観察者には，違う位置に虹が見える。

　1666年，マリオットによって盲点が発見される。盲点は，網膜の視神経の出口の部分にあたる。彼は，この部分は像の形成に役立っていないと考え，実際にそのことを証明した（図2.1）。つまり，私たちの視野のなかには穴のように抜けている部分があるのだが，知らずに埋められているのだ。

ジャック・ロオールは，1671年に著した『物理学概論』のなかで，五感についてかなりのスペースを割いている。彼は，物理現象と知覚現象を明確に区別した。この時代の人々の例に洩れず，ロオールも，視覚の幾何学的側面に注目し，対象の大きさと距離の推定を可能にする（ときには誤りの原因にもなる）手がかりを列挙している。ちなみに，ロオールの記述では，当時「見る角度によって違うものが見える筋彫像」が流行っていたようだ。

> たとえば，これらの筋彫像を正面から見るとシーザーが見え，別の角度からだとネコが，また別の角度からだと骸骨が見える。彫像の多様な部分がこうした見かけをもたらすのであり，同様に，ハトの羽毛がさまざまな色に見えるのも，羽毛の部分が多様であることによっている。

しかしロオールは，新しい問題もとりあげた。たとえば，なぜ鳥の羽毛の色がさまざまに変化して見えるのか，金属面を磨くとなぜ輝く縞が生じるのか，そしてなかでも，ロウソクの炎を見ながら眼を細めると，なぜ光の筋が見えるのか。彼はこれらを物理学的に説明したが，その説明は間違っていた（図2.2）。彼は，事故が原因で自分の右眼の色覚に異常が起きたことに気づいて，人々のなかには生まれながらにそうした色覚異常をもった人もいるのではないかと推測した。色の物理学的理解に関しては，彼はニュートンにはおよばなかった。色の恒常性については，イブン・アル＝ハイサムのあと，17世紀末に，ラ・イールがこの現象——太陽の光でもロウソクの明かりでも，ものは同じ色に見える——を記述した。1743年に，ビュフォンは，影に色がつく現象について述べている。

その間に，光学現象の物理学に大きな進展があった。1669年に［訳注——1665年あるいは66年とも言われる］，ニュートンは，2つのプリズムを用いて，白色光はすべての色の光が混ざったものだということを実験的に証明した。物理学者は，太陽や月の暈，北極光，幻日（太陽のほかに複数の偽の太陽が現われる現象）といった複雑な光学現象にとりくむだけの知識を得た。その後，学術雑誌には，気象光学現象の詳細な報告が数多く載るようになった。だれにも見える奇妙な現象が，同時に何人かの観察者によって報告されることも多かった。18世紀の末，さまざまな光学的環境のなかで光はどう伝わるかが研究された。モンジュは，ナポレオン・ボナパルトのエジプト遠征に随行して，蜃気楼を見るチャンスを得た。蜃気楼では通常，水面上に遠景の倒立した像が見える。モンジュは，地表面に近いほど気温が高いというように，空気の温度勾配が水平の層状をなしていると，これが光を曲げ，遠くのものを実際とは異なる場所にあるように見せるのだと説明した。

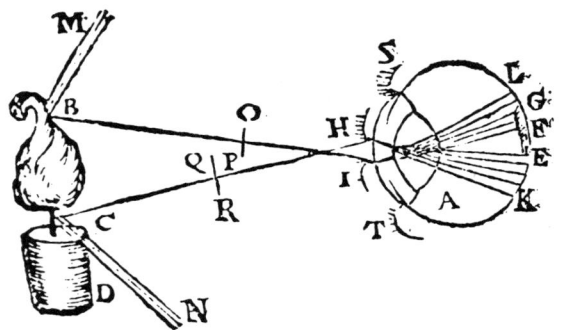

図2.2 光の筋についてのロオールの記述。眼を光源に向け，まぶたを軽く閉じると，上下のまぶたの縁と直交する方向に光の筋が見える。ロオールによれば，手か不透明なものをおいて（Qの位置）光の一部をさえぎり，それを下に少しずらすと，下の光の筋はそのままなのに，上の光の筋は消えてしまう。この奇妙な現象を説明するために，ロオールは，まぶたの縁のHとIで光が反射することによって，光の筋ができるのだと仮定した。実際には，これは回折現象なのだが，この時代の物理学者はまだこの現象を知らなかった。

上下逆さでない，正立の蜃気楼が見えることもある。1820年頃，ジュリンという人物が，『学術協会紀要』という雑誌に，ジュネーヴ湖上で観察された幽霊船の奇妙な現象を報告している。湖の上で，1艘の小船と正立した蜃気楼の船が互いに離れ，別々の方向へと進んでいった。

> ソレ氏が目にしたのは，水の上に現われた 2 本の帆であった．それは，小船について行くのではなく，それから離れ，別のコースをとり，……小船が北から南へと進むのに，東から西に進んで行った．

　フランスの物理学者，ジャン＝バティスト・ビオーは，すべては科学で説明できるという強い信念をもっていた．彼は，この現象の説明役を買って出て，同じ『学術協会紀要』誌上で，それが彼の予測とぴったり合うことを示した．蜃気楼が見えたときの地平線からの太陽の高度，湖の地形，近くの山々の配置，影の方向から，彼は，空気の温度勾配が垂直の層をなして，湖の端の山の近くでは空気が冷たくなっていたに違いないと推測した．

　19 世紀初め，新たに回折，複屈折，偏光といった光学現象が発見される．物理学者は，光のこれらの奇妙な振舞いをすべて説明できた．虹の色，メガネのレンズを拭くと現われる縞，明るい光を前にして眼を細めたときに見える光の筋などは，もう解決がついていた．ちょうどその頃に，実験心理学も幕を開けた．そして回転盤を用いて，数々の実験が行なわれた．当時の関心はストロボ効果にあった．これは，ほんの一瞬見える像を一定の時間間隔で連続させたときに生じる効果である．この効果をきっかけに，ジョゼフ・プラトーは，一連の絵が動いて見える「驚き盤」という装置を発明した．さらに 1830 年頃，写真が発明され，主観と客観を区別するのに力を貸した．またその頃，それまで自然界で観察されていた錯覚のリストに，科学者が考案した何十もの錯覚がつけ加えられた．ヘルマン・フォン・ヘルムホルツは，多くの新しい現象を観察し，1856 年から 66 年にかけて，視覚に関する記念碑的大著，『生理光学ハンドブック』を著した．このハンドブックは，現在でも頻繁に引用される．1865 年に，エルンスト・マッハは，彼の名前で呼ばれることになる帯の錯覚（マッハの帯）を説明するために，ニューロンの相互作用モデルを提案した．このモデルは，その後基本的に正しいことが証明される．現代科学が始まるのは，この時期である．

　古代ギリシアの神殿を建てた人々は，ある種の幾何学的錯視に詳しかった．彼らは，これらの錯覚が生じないようにするために，柱がまっすぐに見えるように柱に丸みや傾きをつけたり，柱が等間隔に並んで見えるように実際の間隔を調整したりした．16 世紀に，モンテーニュは，紋章の図柄として知られ，指輪のデザインにもよく用いられる山形模様では，同じ幅なのに，一方の端が広く，他方の端が狭く見えるという錯覚が起きることを観察している（図 2.3）．1611 年に，ルーベンス

図 2.3 モンテーニュの山形模様の錯覚。「羽毛の形に溝を刻んだ模様(紋章学では『エンドレス・フェザー』と呼ばれる)の指輪は,眼では,輪の幅を正確に見分けることができない。指のまわりを回してみても,一方が広くなり,逆に他方が狭くなってとがってゆくように見える。ところが,手で触ってみると,それがどこでも同じ幅だということがわかる」(『随想録——レイモン・スボン弁護』)。この記述が,明確に幾何学的錯視について述べたおそらく最初のものである。この模様の幅は同じである。Vの形が重ねられたパターンでは必ず錯覚が起こり,図に示したようにV字が45度のときにもっとも強く現われる。

は,『キリスト降架』を描いた。ななめになった梯子の中央部分が人物で隠されると一直線に見えなくなってしまうため,わざと梯子の上と下の部分をずらして描き,一直線に見えるようにした。18世紀になると,造園技師たちは,並木が一直線に並んで見えるようにするため,並木の両側が双曲線を描くように木を植えるとよいと述べている。

1800年頃,モンジュは,パリの理工科学校(エコル・ポリテクニック)で図法幾何学を講じた。これは,3次元空間内の形を2つの直交する平面に射影して記述する工学の一分野である。1836年に,チャールズ・ホイートストーン卿は,実体鏡(ステレオスコープ)(より正確に言うなら,両眼立体像)を発明した。メガネや顕微鏡のような通常の光学装置は,実際に存在している物体を見るためのものだが,実体鏡は,それ用に作られた2枚の画像を必要とする。この2枚には,左眼と右眼それぞれで同一の対象を見たときの像が描かれている。実体鏡を通して,左右の眼は,それぞれの画像を受けとり,脳が2つの画像の間のわずかな違い(視差)を比較して,立体感が生み出される。

このように,人間の脳は,すぐれた測量技師のようなことをしている。だからこ

そ，形の知覚において脳のおかす小さな誤りが，私たちの関心を引くのだ。1851年に，フィックは，水平線分に比べ垂直線分を過大視する幾何学的錯視について，最初の論文を発表した。それに続いて，60年に，ツェルナーが，モンテーニュの山形模様に似た錯覚を見つけた。これ以後，発見が相次ぐ。ごく単純な図形の幾何学的錯視が多数発見され，それらは，いまも視覚の信頼性に関する議論の出発点となる材料を提供している。

　触覚や聴覚の錯覚研究の歴史については，書くことがあまりない。触覚については，古くはアリストテレスが，ひとつのものが2つに感じられる錯覚について述べている（図2.4。実は，私はこの錯覚が起きにくいのだが）。2本の指を交差させ，ビー玉をはさんで転がすと，2つのビー玉を転がしているように錯覚する。同様に，指を交差させて自分の鼻をつまむと，鼻が2つあるように感じられる。

　聴覚については，古代の人々は，こだまのような奇妙な現象や，稲妻が見えたあとに雷鳴が聞こえるということを記していた。また，耳が音源の方向を必ずしも正確に教えるわけではないということにも気づいていた。音が振動という性質をもっていることはわかっていたし，楽器の弦をつまびくと，近くにある別の楽器の弦も

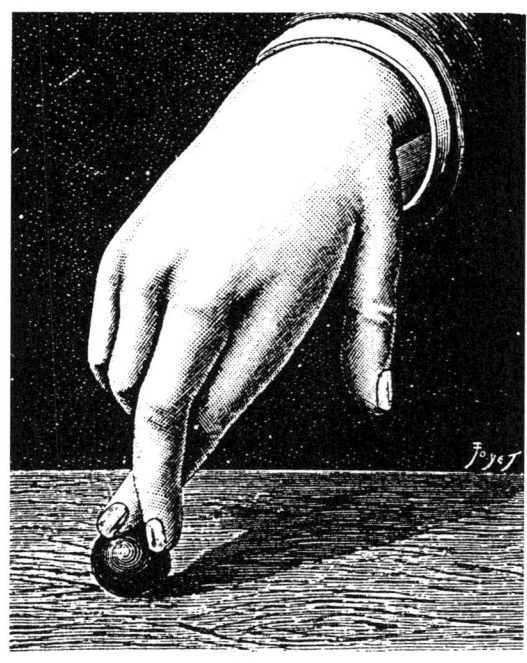

図2.4　アリストテレスの錯覚。人差し指と中指を交差させてビー玉をはさんで動かすと，ビー玉が2個あるように感じられる。『ラ・ナチュール』，1881年，第1巻，384ページの挿絵。

鳴り出すという共鳴の現象も知っていた。ジャック・オザナムは，学術書のほかに，1690年頃に科学の啓蒙書も一冊書いているが，その本のなかで，ある種の「科学手品」について解説し，振り子時計の同期に触れている。

> ここで，とても奇妙な現象をひとつ紹介しておこう。同じ棚の上におかれた2つの振り子時計は，針が最初は同じ時刻を指していないのに，やがて示し合わせたように同じ時刻を指すようになる。

マリオットは，気体の物理，それにトランペットの音にも関心を抱き，「衝突論考」という論文を書いている。そのなかで，彼は，2つの金属球が衝突するとき，球は圧縮され，接触点で変形し，金属はバネのように振舞い，その結果衝突音が生じると述べている。ジャック・ロオールは，『物理学論考』のなかで，音に一章を割き，耳の内側をくすぐると聞こえる耳鳴りを錯覚としてとりあげている。彼はまた，子どもが楽しめる実験についても書いている（図2.5）。金属製のピンセットを紐で吊り下げて，紐の両端を左右の手の指にまきつけ，その指を耳のなかに突っ込み，上半身を軽く揺すって，その動きを吊り下げたピンセットに伝える。ピンセットが硬いものにぶつかると，近くにいる人には小さな音しか聞こえないのに，本人には「教会の一番大きな鐘を鳴らしたみたいな」大音響が聞こえる。このことから，ロオールは次のように述べる。

> 動かされたピンセットが紐を揺すり，それがその衝撃を指に伝え，次に指が指の触れている耳の部分を動かし，今度はそれが聴覚器官の神経を刺激すると考えないかぎり，この現象を説明することは不可能である。

1840年頃，ドップラーは，その後彼の名で呼ばれることになる聴覚的効果について報告した。こちらに近づきつつある物体から出た音は，実際より高い音に聞こえ，遠ざかりつつあるときには，低い音に聞こえる。この現象は，物理学的に説明できる。ほどなく，音響学が科学の一分野として確立され，これにもヘルムホルツが大きな貢献をした。彼は，楽器の音を，その基本周波数と倍音の点から分析した。さらに，音楽の音の知覚におけるいくつかの微妙な効果についても記している。なかでも特筆すべきは，「基音を欠いた複合音(ミッシング・ファンダメンタル)」の現象である。ある種の楽器，とくにピアノでは，もっとも低い音は，音名が示すその低い純音に対応する周波数を含んでいない。しかし，それらの音には，その基音の倍音が複数含まれており，これらの複合音を聞くと，音名が示す低い音も聞こえる。その音が聞こえるのは，それが実際に存在する倍音間の間隔と対応しているためである。

心理学者は，聴覚についてはあまり研究してこなかった。その代わりを務めたのは，おもに工学者，音響学者，音楽学者，そして一部の言語学者であった。聴覚の錯覚について書かれたものがほとんどないのは，ひとつには，聴覚では基準があまり明確ではなく，世界についての概念も，環境を記述するための語彙も，圧倒的に視覚にもとづいているからである。20世紀に入り，2つの発明が契機になって聴覚の錯覚が発見される（あるいは作られる）ようになった。その2つとは，まずテープレコーダーが発明され，次にシンセサイザー技術が開発されたことである。

ある錯覚的効果が視覚で見つかるときには，聴覚にもそれに対応する効果があることが多い。これら2つの感覚モダリティはともに，情報の処理において，生の感覚刺激から意味のある信号を抽出し，差異を強め，対象を分け，記憶などの助けを

図2.5 鐘の音。紐の真ん中に金属製のピンセット（あるいはスプーン）を吊り下げ，紐の両端をそれぞれの耳にあて，頭を動かして，ピンセットが振り子のように揺れるようにする。ピンセットがテーブルの端にあたると，「大聖堂の鐘の音のような大音響が聞こえる」（ドゥ・サヴィニー）。図に示した器具は，1899年にパリで実際に市販されていたオモチャである。（『ラ・ナチュール』の付録「科学ニュース」（1899年2月11日号）より）

借りて対象を特定する。本書では，できるだけ多くの種類の視覚と聴覚の錯覚を紹介したいと考えている。視覚の場合は材料が豊富にあり，数多くの効果を静止した図で示すことができる。一方，聴覚の場合は，実験的に生じさせることのできる錯覚は紙の上では再現しようがない。本書では，実験室での聴覚の錯覚の紹介は少しにとどめ，おもに日常の生活のなかで経験する現象について述べることにしよう。

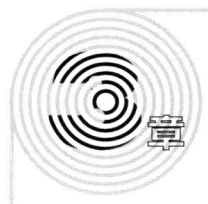# 錯覚の陰に錯覚あり――連鎖する錯覚

　自然界では，あっと驚くような錯覚に出会うことはめったにない。錯覚に気づこうとするなら，極力無心にものを見る必要がある。たとえば，湖のほとりを散策しているとき，水面が水平であることを知っているから，なんの疑問もなく，そのように見る。では，知っていることを無視すると，湖はどう見えるだろうか？　実際には，水面を傾いた面として見るのは，それほどむずかしくない。2つの山の間からわずかに覗き見える海が，目の前におかれたコップに注がれている青い水のように，垂直面に見えることがある。ブルドンは，のけぞって逆さに海を見るとよいと言っている。「こうすると，砂丘の頂上から見た海は，海面が垂直の壁のように見える」。

　野山を歩くと，距離や大きさが相対的に変化するのがよくわかる。山の頂きに向かって山道を歩き，稜線に立つと，下に大きな谷が広がっていたとしよう。目指す山の頂きは，登り始めたときに見えたよりもはるかに遠くにあるように感じられ，その稜線から谷をはさんだ向こうの山々は，傾斜が急であるように見える。しかし，その山に近づくにつれ，傾斜はさほどではないことがわかる。

　これらの不思議な現象に関心を寄せ，それらがつねに同じように起こることに気づいた科学者なら，なんらかの説明を考え出して，その説明を検証するかもしれない。それをするには，図を3本か4本の線で構成するとか，極端に単純化した状況を作り出すとかして，その現象を純粋な形で明らかにしようとするだろう。それらの図は，そのまま使われ続けるが，やがては，なぜそれらが作り出されたのかは忘れられてしまうかもしれない。かくして，専門外の人々は，ほとんどいつも同じ一群の錯視図形を通して錯覚に接することになる。科学者にとって，錯覚は，ある効果を明確にかつ測定可能な形で示すための教育的な事例だとも言える。

　まず，よく知られた錯覚，「垂直水平」錯視から始めてみよう。この錯覚では，線分は，水平よりも垂直におかれたときのほうが長く見える（図3.1）。この錯覚は，Tの配置で示されることが多い。この配置では，幅に対して高さがあるように見えるが，2つの線分はまったく同じ長さである。垂直と水平の線分をさまざまな配置

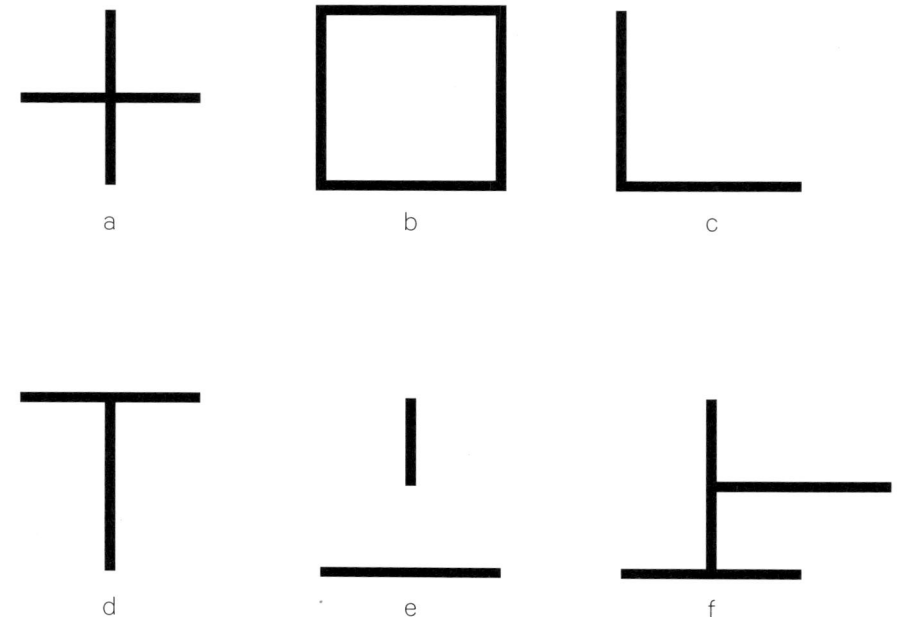

図3.1 垂直水平錯視。1851年にフィックによって発表された十字図形（a）。垂直線分が水平線分よりほんの少し長く見えるが，効果は弱い。この図形で錯覚が起きる人は，正方形やL字の配置でも，錯覚が起きる（bとc）。dでは，T字の水平線分が垂直線分よりも明らかに短く見えるが，これには，2つに分割されているほうが短く見えるという別の理由もある。eのように，Tの水平線分が分割されない場合には，錯視は減少するか，あるいはなくなってしまう。キュナパスが考案したfの図形では，分割されない水平線分は，分割された垂直線分よりも長く見える。

で描いてみるとわかるが，実は，このTの例にはトリックがある。Tとまったく同じ長さの垂直と水平の線分をLの配置にすると，垂直線分はほんの少し長く見えるだけである。実際，Tの配置の錯視は，大部分は，分割されている線分が分割されていない線分よりも短く見えるという別の効果によっている。たとえば，十字をなす線分は，単独の同じ長さの線分よりも短く見える（図3.2）。

　19世紀に好んで用いられたのは，シルクハットの錯覚であった。図3.3の左の絵では，シルクハットの高さと幅が同じ長さに描かれているのに，幅に比べ高さがあるように見える。シルクハットは，当時同様によく知られていた別の錯覚を示すのにも用いられた。図3.3の右の絵のように，あなたが，友人がかぶっているシルクハットの高さを，床面からの高さで壁に線を引いて見積もるとしよう。すると必ず，実際よりも高いところに線をつけてしまうのだ。どうしてそうなるのかはわからな

3章　錯覚の陰に錯覚あり——連鎖する錯覚

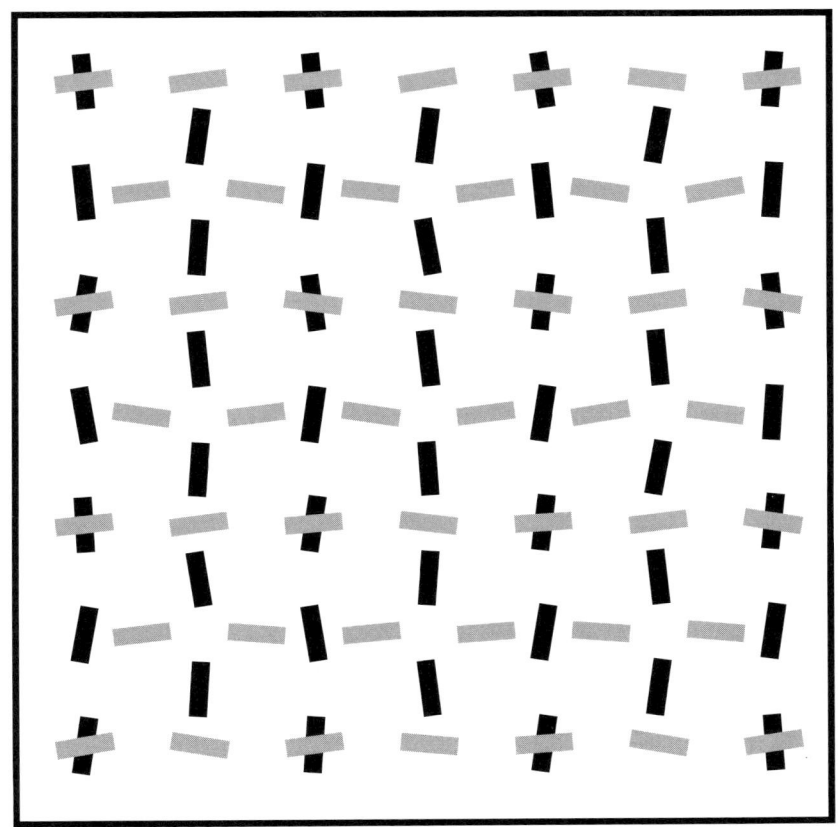

図3.2　二分割錯視。この図形では，棒はみな同じ長さなのに，十字に交差している棒のほうが単独の棒よりも短く見える。一般に，2つに分割された線分は短く見える。

い。なにがこうした誤りを生じさせるのだろうか？　シルクハットの高さに比べて，壁に引いた線までの高さは過小評価される。シルクハットは正面から見るが，下方の壁は眼を下に向けて見る。慎重を期していれば話は別だが，そうでないかぎり，私たちは通常はものの下の部分を過小評価するようだ。

　シルクハットの錯覚の現代版は，テーブルの錯覚である。図3.4では，一方のテーブルは細長く，もう一方は短くずんぐりしているように見える。しかし，実際には，テーブルの面は，向きが異なるだけで，それ以外はまったく同じに描かれている。これは，最初に紹介した垂直方向では対象が過大視される「垂直水平」錯視から予測されることだ。もっと適切だと思われる別の説明は，テーブルを遠近法的に見ているというものである。つまり，脳は，2次元の図から3次元の形を復元す

 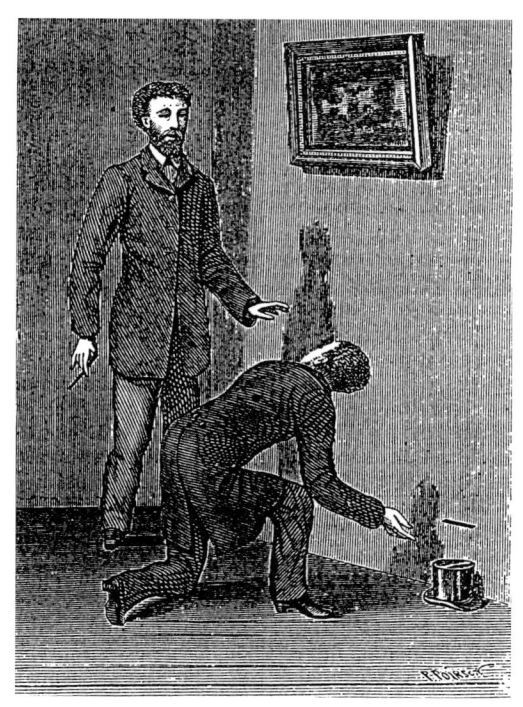

図 3.3　垂直水平錯視を示すために，19 世紀に好んで用いられたのが，シルクハットの高さである。左の絵のシルクハットは，幅（AとB）よりも高さ（CからD）があるように見えるが，実際には逆である。この絵は，最初に『流行新聞』に掲載され，その後 1890 年に『ラ・ナチュール』誌に再録されたもの。右の絵は，1885 年の『科学と自然』誌に掲載の「視覚の錯誤」と題する記事中のもの。絵の実験には，次のような解説がある。「あなたがシルクハットをかぶり，だれかにその帽子の高さを，床からの高さで線を引くよう頼むとする。……その人がまえにこの実験をやったことがないかぎり，たいていは実際よりも 4 分の 1 から 2 倍程度，あるいはときにはそれ以上高く見積もるだろう。」この記事のなかでは，球を示されて，黒板に同じ大きさで描くように言われた人は，十中八九，実物より 25 ％も大きい円を描くということも報告されている。

3章　錯覚の陰に錯覚あり——連鎖する錯覚

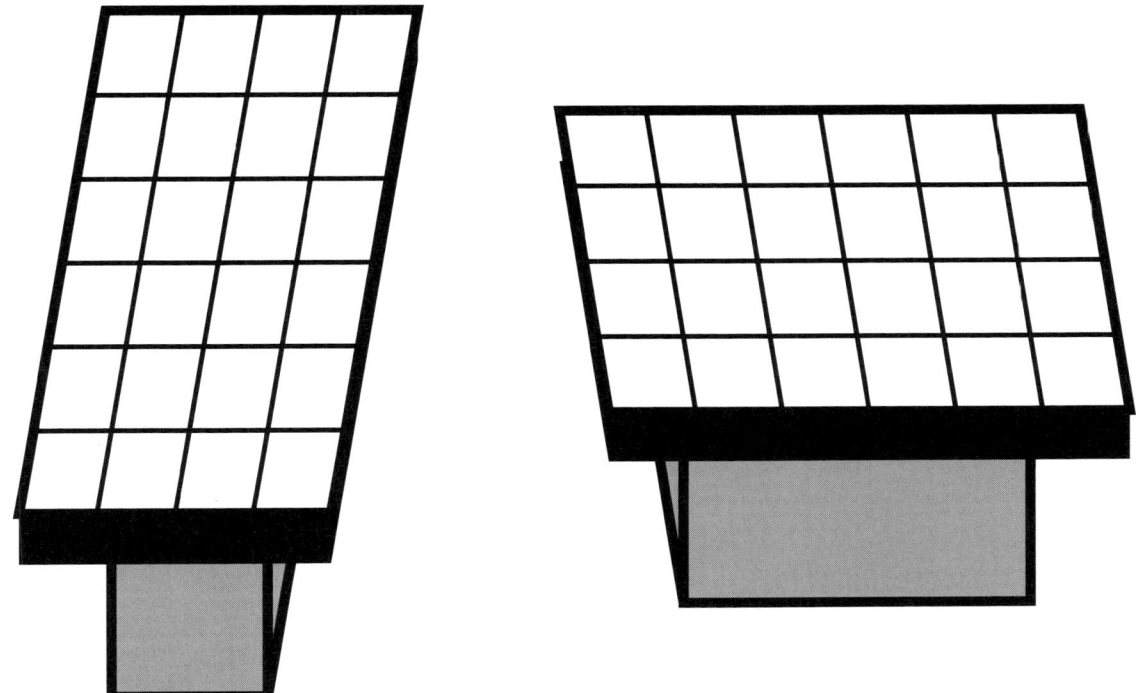

図3.4　シェパードのテーブル。2つのテーブルの面とその格子模様は，まったく同じ大きさで，ぴったりと重なる。この錯覚が遠近法の効果だと考える人もいるが，どの向きで見ても，錯覚は変化しない（ページを回転させて見ていただきたい）。奇妙なことに，ひっくり返したほうが，遠近法的に正しい方向から見ているように見える。しかも，この錯覚は，単純な平行四辺形をこの2つのテーブルの面のように配置しても生じる。

る傾向があり，図を奥行き方向に展開するので，横向きにおかれたテーブルの幅は広く，奥行き方向におかれたテーブルは細長いと解釈される。しかし，図形の向きを変えても，錯視は起こる。この事実は，2つの説明のどちらにも合わない。

　垂直方向は第一には，絶対的方向として，地球の中心に向かう重力の方向である。絵のなかでは，垂直方向はこの「物理的垂直」を表わすこともあれば，奥行きを表わすこともある（遠くにある対象ほど，ページのなかでは高い位置に描かれる）。したがって，「上下」と「前後」の間には混同がある。このテーブルの絵では，垂直方向は，テーブルの脚では上下を，テーブルの面では前後を表わしている。

　自然の条件では，どうなるだろうか？　まず，3つの次元を区別しておこう。幅は，両眼を結ぶ線の方向，あるいは水平線方向の次元であり，高さは重力の物理的

図 3.5 「この男が倒れるのはどこ？」 ほとんどの人は，右の男が倒れたとすると，左に立っている男の膝あたりにぶつかると予想する。実際には，右の男はぶつかることなく，全身を横たえることができる。ドゥ・サヴィニーの『おもしろサイエンス』（1905）より。

垂直の次元である。奥行きは，観察者の視線方向にある対象までの距離のことを言う。古典的な幅と高さという組合せについて言えば，つねに高さのほうが過大に見積もられる。この現象は，身近なところでは，写真などでも観察される。正方形の形をした建物の正面は，幅よりも高さがあるように見える。人間は，立ったときより，横になったときのほうが身長が低く見える（図3.5）。奥行きと幅では，近距離で見た場合，幅に対して奥行きを過大視する（図3.6）。

　この現象は，距離が遠くなると，逆転する。こうした錯覚の一例は，私が「アーチの錯視」と呼ぶものだ（図3.7）。このとりわけ強力な錯覚は，私の知るかぎりでは，これまで報告されたことがない。この錯覚に気づいたのは，地下鉄の通路の動く歩道の上でだった。通路の壁には，いろんな色の幅広の縦のストライプが描かれていた。これが，一方の側から頭上を通ってもう一方の側へと続くアーチをなしていた。一番手前のストライプは，45度傾いて見えるのに，一番奥のストライプは，垂直のように見えた。ところが，通路のなかほどまで行くと，最初は垂直に見えた一番奥のストライプはうしろに傾いて，45度の傾きになった。ストライプは実際には，すべて同じ傾きで，平行に並んでいた（図3.7参照）。

3章 錯覚の陰に錯覚あり——連鎖する錯覚

図 3.6 ハマーズリーの錯視。ななめに開いたドアは，閉じたドアよりも幅があるように見える。近距離では，ななめの面の奥行きは，実際よりも大きく見える傾向がある。写真の上では，開いたドアの占める幅は，閉じたドアの約半分しかない。奥行きを過大視する傾向は，中・遠距離では逆転する。

　この錯覚では，実際には傾斜したアーチが平行に並んでいるのに，頂部が合わさるように見える。しかし，この錯覚は遠近法に合っている。いったんこのことに気づくと，この錯覚がよく目にする映像のなかにもあることがわかる。たとえば，スタジアムやピラミッドを撮った写真がそうだ。マヤのピラミッドに登るには，下から頂上まで一直線に伸びた階段を上がらなければならない。正面から見ると，階段は目がくらむほどけわしく見え，かなりの体力がないと登れないように見える。ピラミッドの階段の傾斜は，横から見た場合にはもっと正確に知覚され，最初に見えたほど急ではないということがわかる。同じ効果が，スタジアムや円形劇場の写真でも体験できる。図3.8では，正面の遠くの階段席は傾斜が急に見えるが，近くの階段席はゆるやかに見える（図3.9も参照）。注意して見るとわかるが，この錯覚はらせん階段でも起こる。正面から見た段は，横から見た場合よりも狭まって見える。山が，近くで見るよりも遠くから見るほうがけわしく感じられるのも，おそらく同

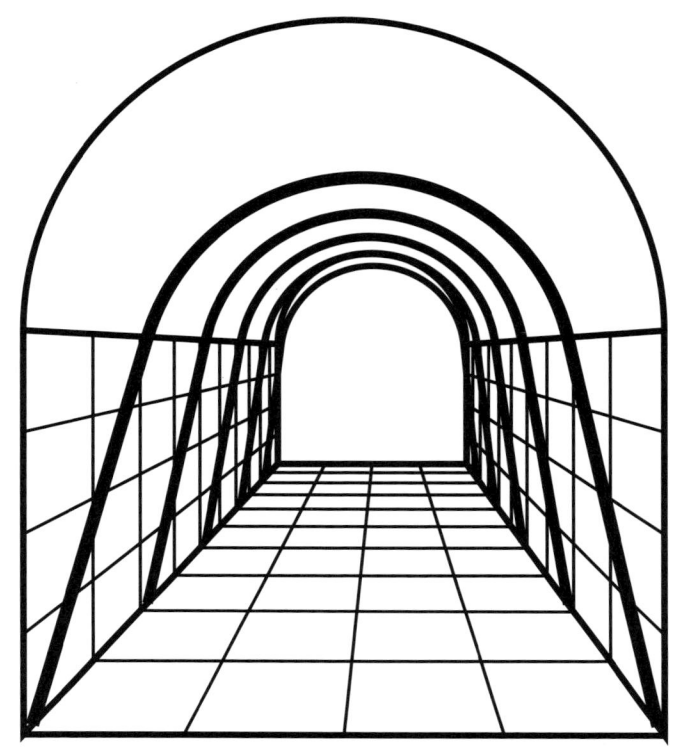

図 3.7 アーチの錯視。この図は，トンネルの内側の装飾的な傾斜アーチを正確な線遠近法で示してある。すべてのアーチは傾斜して平行に並んでいるが，遠くに行くにつれて，より垂直になるように見える。私たちは，平行線の収束の遠近法的効果には慣れているが，傾いた面が遠くになるにつれて立つように見えることには慣れていない。

じ理由からだ。

　身近で観察できるもうひとつの錯覚は，高速道路で遠くの車を望遠レンズを用いて正面から撮ると，前後に押しつぶされた形に写ることである。この圧縮効果は，距離が離れているために起こる。望遠レンズは，像をゆがめずに拡大するだけだからである。

　距離が近い場合には，遠近法による圧縮効果は，自動的に補正される。たとえば，タイル張りの床を見るとしよう。上から見下ろした足元のタイルも，ななめから見た 2，3 メートル離れたところのタイルも，同じ形をしている。もっと離れると，もう遠近法の圧縮効果が補正されなくなり，ひしゃげた形に見える。どれぐらいの距離でこの移行が起こるのだろうか？　圧縮効果が補正される範囲は，対象の大きさによって異なると私は考えている。おそらくは，その大きさの 20 倍程度の距離までではないだろうか？

　傾斜の評価は，年齢や身体の状態によって変わる。プロフィットによると，人はふつう，5 度しかない坂や斜面を 20 度にも見積もるが，この誤りは純粋に視覚的

3章　錯覚の陰に錯覚あり──連鎖する錯覚

図3.8　傾斜面。円形劇場の正面の遠い段（写真では右端）は、横の段より傾斜がきつく見える。この写真は、上下逆さまにすると、凹凸が反転する。

図3.9　階段の傾斜。遠くから撮った階段の写真（左）のほうが、近くから撮った写真（右）よりも急に見える。

なものだという。というのは，歩くときには，足の動きは実際の傾斜に合っているからである。自転車競技の選手には，20周目の終わりでは，ゴール直前の傾斜が1周目と比べて急峻になったように見えるという。

　頂上から見る山の斜面は，下から見るときよりも明らかにけわしく見える。この比較は，頂上にいて斜面を見積もる場合には，断崖が始まる縁まで行って，下を覗き込まなければならないが，下から見積もる場合には，距離をおいて，眼を適度に上に向けるだけでよいということが影響しているのかもしれない。おそらく，私たちの判断は，山を登ったり下りたりする際の身体にかかる負担の見積もりにも影響される。たとえば，30度以上の斜面になると，登るほうが容易だと判断される。

　アーチの錯視から言えるのは，次のようなことだ。空間の主要な3つの方向では判断が容易だが，ななめの場合には，とりわけ奥行き方向に傾いた対象の場合には，判断がむずかしくなる。幾何学図形は，向きによって見かけが変わる。正方形のような単純な図形でさえ，不思議な効果が生じる。正方形を辺が垂直と水平に向くようにおき，次にこの正方形を45度回転させてみよう。すると，垂直-水平のときより大きく見える（図3.10）。正方形は，このように向きを変えただけで，形は同じなのに，「ひし形」と呼ばれるようになる。英語では「ダイヤモンド」形という特別な呼び方もある。

　ほとんどの幾何学的錯視は，向きによって効果が大きく異なる。平行線や線分の向きに関係した錯視の場合，効果はほとんどつねに，水平や垂直の配置で最小で，±45度近辺の向きで最大になる（その一例は図2.3の山形模様の錯視である）。大きさの判断も，ななめの向きでは，それほど正確ではなくなる。ヘルマンの格子（図6.5参照）では，要素の配置を正方形にするかひし形にするかによって，錯覚の現われ方が違ってくる。

　私が説明できないこれらの点を除けば，人間の視覚は，すべての方向をかなりうまくあつかっているように思う。人間の視覚は，体の姿勢や頭の向きがどう変わろうが，みごとに仕事をこなす。むしろ問題なのは，視覚がすべてのものを地上の垂直に関係づけてしまう傾向かもしれない。読者には，図形を45度傾けるかわりに，頭を傾けると，錯覚がどうなるのかを，実際に試していただきたい。

　どの錯覚にも，背後には別の錯覚が存在する。錯覚にはさまざまなものがあるが，結果的には，もっとも遠い錯覚どうしを結びつける関係の連鎖が明らかになることが多い。本書の例で言えば，もっとも単純な錯視図形のひとつ，水平線分に比べ垂

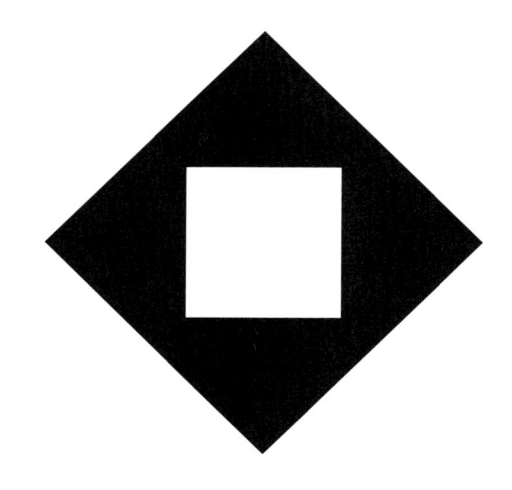

図 3.10　正方形とひし形。辺が垂直と水平になるようにおかれた正方形は，それを 45 度回転させたものより小さく見える。この現象は，黒い正方形とそのなかの白い正方形のどちらでも，観察される。

　直線分が過大視されるTの配置を詳しく見ていった結果，二分割錯視，正方形－ひし形錯視といった別の幾何学的錯視に出会うことになったし，自然の光景（町なかや野山）で体験する錯視をとりあげることになった。

　これらの錯視については，専門家の間で熱い議論が交わされている。専門家の間にはさまざまな考え方があるが，最初に出された説明で満足することはない。専門家は，人を納得させるに足る方法を用いて特定の仮説を退ける。たとえば，ほとんどの幾何学的錯視は，網膜で生じるのではなく，それよりあとの視覚的解釈の段階で生じるし，大多数の錯視はそれらを見るときの眼の動きとも関係がない。専門外の人が，ある錯覚について自分の個人的な仮説を，専門的な議論を知らずにテストしようとする場合，最適な方法は，その錯覚の変形をいくつも作成してみることだ。その人の想像力が豊かなら，自分の仮説への反例を見つけることができる。正方形－ひし形錯視の場合，明瞭な説明として，2つの図形の面積が水平と垂直の方向で判断されると主張することもできるだろう。この説明によれば，正方形の大きさは辺で判断され，ひし形の大きさは対角線で判断される。しかし，130ページの図 12.6 のように，大きな正方形と小さなひし形を比較する場合には，大きく見えるのは，正方形のほうである。いずれにせよ，正方形－ひし形のこの第二の錯覚は，この仮説が正しいとしても，それによってすべてが説明できるわけではないということを示している。

凸か凹か——錯覚を分類する

　心のはたらきに関心を寄せる哲学者は，あらゆる錯覚をただひとつの原理に還元したり，ごく少数の一般法則によって説明したがる。ウィリアム・ジェイムズは3つの点から錯覚を説明している［訳注——ジェイムズは，原著では3つと明示してはいない。これは著者によるまとめである］。この説明の枠組みにはどんなものも入ってしまうが，かと言って，参考にならないわけではない。第1点目——ジェイムズが言うには，生の知覚というものは存在せず，記憶が必ず影響している。たとえば，ポケットのなかに時計が入っているだろうか？　ポケットに手を突っ込まなくても，外から触れただけで，あるのはわかる。時計のガラスカバーの布地越しの感触が，確かに時計があることを教え，私は安心する。ズボンの布地越しに一瞬触れたにすぎないのだから，ポケットの中身についての情報は部分的でしかない。なのに，時計は，手と間接的に触れただけで，眼で見たかのように直接的な存在を獲得する。なにかを読む場合も，一部の文字から単語が特定される。それゆえ，ミスプリの多くに気づかないということも起こる。逆に，活字に注意しながら，単語を一文字一文字読もうとすると，今度は単語が奇妙なものに変身し，文字が勝手なつながり方をしているように見え，意味に確信がもてなくなり始める。これに類する聴覚での効果に，「ことばの飽和」がある。エドワード・ティチナーは，1915年に次のように記している。

　　　ある単語——最初に心に浮かんだ単語，たとえば「家」——を声に出して何度も何度も繰り返し言ってみよう。するとそのうち，その単語の音から意味が失われていく。その音を聞いていると，不思議な感じがして，ちょっと混乱するかもしれない。

　この効果はほかの研究者によっても確認され，さらに実験では，単語の意味がとりとめなくなるということもつけ加えられている。
　ジェイムズの説明の第2点目は，AとBという2つの解釈がありうるとき，知覚は折衷的な解釈をとることはないということである。知覚はつねに決断をする。たとえば最初はAに決め，次にそれが間違っていればBに変える。待ち合わせのよう

な典型的な例を考えてみよう。人混みのなか，こちらに向かってくる相手を遠くに見つける。1秒ほどの間，はっきりその人の顔が見える。それから間違いに気づき，近づいてくるその人が別の顔になる。私たちは，耳の遠い人がおかす間違い——『タンタンの冒険旅行』[訳注——フランス語圏で広く読まれているシリーズ・マンガ]に登場するトゥルヌソル教授のように，よく聞こえないのなら，言ったことをもう一度繰り返してもらえばいいのに，すぐに自分なりに解釈してしまうことから起こる誤り——をおもしろがることがある。1936年に，スキナーは，3つから5つの母音を何度も何度も繰り返し発音したものを録音した。これを被験者に聞かせると，被験者は，最初は不明瞭な会話中の3つから5つの音節を聞いていると思ったが，しだいに，その声が自分に向けられていて，自分のことが話されていると思うようになった。被験者は，自分の報告が正しいと信じていた。

このように，感覚器官によって提供される信号は，幾通りにも解釈できる。言いかえれば，同一の信号を生じさせるたくさんの刺激がありうるのだ。信号Oと，その信号を生じさせうる2つの刺激AとBがあるとしよう。ふだんの生活で刺激Aに頻繁に出会うとすれば，私たちは，十分な確認をせずに，Oという信号を習慣的に刺激Aに割り振るようになる。しかし，ある特定の条件下では，信号Oは，Aとは異なるBから生じることがある。その結果，私たちは，BではなくAだと錯覚する。これが，ジェイムズの錯覚の説明の第3点目である。彼は，これにはおもに次のような2つのタイプの誤りがあるとしている。(1)対象Aが誤って知覚されるのは，Aが「この場合にはほんとうの原因ではないが，Oのもっともありそうな，いつもの，通常の原因だからである」。あるいは(2)対象AはOのいつもの原因ではないが，「Aがそのとき意識に上っていて，OがAを意味していると思わせるのである」。

ジェイムズは，1のタイプの錯覚として，アリストテレスの触覚の錯覚（図2.4），凹面のマスクが凸面に見える錯覚（図4.1），そして運動の錯覚——隣の列車が動き出すと，止まっている自分の列車のほうが動き出したように感じる錯覚など——をあげている。2のタイプの錯覚では，あるできごと——たとえば，デートの場所に彼（彼女）が現われる，しとめようと思っている獲物がやって来る——を期待し，ほんのわずかな手がかりから，待っていたものを見たと思ってしまう。ジェイムズは言う。

> 繁みのなかでヤマシギを狩るハンターが，ヤマシギのような色と大きさの鳥が現われ，木の間を飛ぶのを見たとしよう。確信にいたるだけの時間はなかったのに，彼は即座に，その鳥がヤマシギのほかのすべての特徴をもっていたと思ってしまう。やがて彼は，自分がしとめた鳥がただのツグミだということを知って驚き，落胆する。

4章 凸か凹か──錯覚を分類する

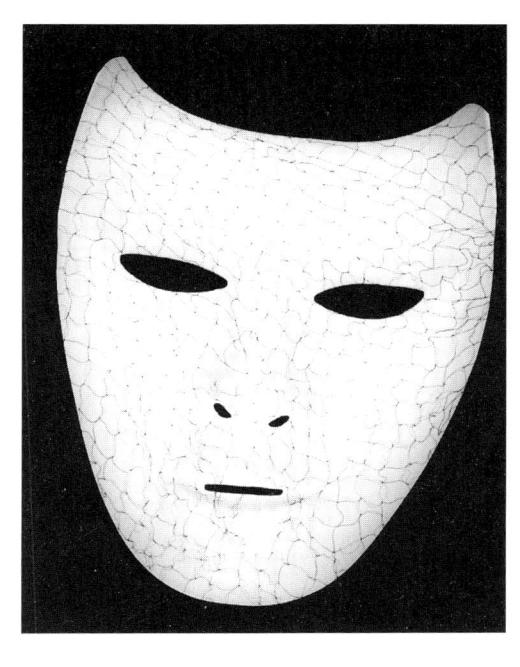

図4.1 凸面に見える凹面のマスク。芝居で使うこのマスクの写真は、裏から撮られているが、表から見たマスクのように見える。ネットは、実際には端から端へとぴんと張られているが、マスクの表面にぴったり張りついているように見える。

　ウィリアム・ジェイムズの分類が哲学者にとって魅力的なのは、そのカテゴリーがすべてを、あるいはそのほとんどを包含するほどに広いからだろう。さらに、説明の枠組みを提供するという利点もある。しかし科学者には、それではもの足りない。というのは、その分類が、現象の解明にはほとんど役立たないからである。この分類は、たとえば対比の錯覚（6章）や幾何学的錯視（12章）といった具体的な錯覚の詳細をあつかおうとすると、まったく役に立たない。図4.3は、ジェイムズの考えに対する反例である。見慣れた対象やそれを写した写真で、私たちが誤りをおかすことがあるのは、それらの認識を誤るからではない。しかし、像のなかのある手がかりが、予想される見慣れた対象とは矛盾する面の特性（凸面、立体感、閉合、傾斜の変化）を示し、この手がかりがほかのすべての手がかりを凌駕して、図4.2のように像のなかのある領域の解釈の変化や、図4.3のように根本的な再体制化を起こさせる条件を生み出す。私が思うに、錯覚を生じさせる人間の脳のこうした性質は、科学の点から言えばなんの問題もない。科学の数多くの進歩は小さな矛盾する結果によって引き起こされてきたからである。この矛盾する結果は、最初は埋もれていても、最終的にはその学問領域の徹底的な再構築を導くことになる。

　科学者によってこれまでに考え出された錯覚のおもな分類法は、大きさ、形、距

図4.2 2つの白い壁は，中央のテレビアンテナの支柱のあたりで，ある角度をなしているように見える。実際には，平たい壁があるだけである。この写真を上下逆さにすると，正立しているようにも見え，屋根が自然に家の上に載っているように見える。ジェラール・ブーオ撮影。1994年に写真専門誌『フォト・アルギュス』に掲載の写真。

図4.3 この照明器具は，電球がかさの内側にあるようにも，外側にあるようにも見える。外側にあるように見えたときには，かさの凸状の面があって，その小さな穴から電球の吊り具が出ていき，電球がかさの手前にあるように見える。

4章 凸か凹か――錯覚を分類する

表 4.1
リチャード・グレゴリーによる錯覚の分類

錯覚の種類	原因		
	物理的	生理的	認知的
多義性	霧 影	エイムズの部屋 仮現運動	ネッカーの立方体 図地反転
歪曲	ストロボ現象 光の屈折	図形残効 カフェの壁錯視 （ミュンスターバーグ錯視） 対比効果	幾何学的錯視
矛盾	鏡	視覚のチャンネル間の不一致 運動残効	不可能図形
虚構	虹 モアレパターン	残像 フォスフェン （偏頭痛で見えるパターン）	主観的輪郭 盲点の補充

離，動きといったように，誤りの属性の点から視覚的錯覚を分類したものだった。リチャード・グレゴリーは，2つの次元で錯覚を分ける興味深い分類法を提案している。その分類法は，カテゴリーをきわめて広く選んでいるという点で哲学的だし，例の選び方の点では専門的である（表4.1）。一方の次元では，錯覚は，その効果にしたがって，「多義性」，「歪曲（ゆがみ）」，「矛盾（パラドックス）」，「虚構（フィクション）」という4つのカテゴリーに分類される。もう一方の次元では，「物理的」，「生理的」，「認知的」錯覚という3つのカテゴリーに分類される。2章でも触れたように，かつては，「物理的」錯覚と「非物理的」錯覚という区別は，その時代の知識に依存していた。現在は，この区別の線引きに関しては，不確かなところはほとんどないと言えるだろう。代わりに，現在の議論の的は，「生理的錯覚」と「認知的錯覚」の境界線の問題である。グレゴリーがたとえ正しいとしても，この点に関して，専門家の間には異論があるだろう。しかし，グレゴリーの分類法の長所は，詳細な分類が可能で，白黒をはっきりさせるところにある。

グレゴリーは，いくつかの錯覚に関して独自の考え方を提案している。とりわけ，プルフリッヒの振り子（図5.6），山形模様の錯視（図10.1），ミュンスターバーグの

錯視（図4.4と図4.5），主観的輪郭（8章），盲点の補充（図2.1），ルヴィアンの錯視（カラー図版1）がそうである．しかし，なかでもよく引用されるのは，幾何学的錯視についてのグレゴリーの説明である．この説明は，哲学者の受けはよいが，専門家からはほとんど支持されていない．グレゴリー自身は，この幾何学的錯視の説明にこだわりを見せている．

グレゴリーの分類法は，縦のカテゴリーが，ことばの奇妙さの分類にも，そして政治の錯覚，恋愛の錯覚，お金の錯覚の分類にも使えるというおもしろさがある．さらに，グレゴリーは，ことばの例を用いて，それぞれのカテゴリーを例示して遊んでいる．以下は，それをフランス風に焼き直したものである．

多義性——「われらは，民衆の意志のもとにここにいる．銃剣の力以外のなにものもわれらを去らせることはない．」[訳注——フランス革命のときの有名なことば] この高らかな宣言は，文字通りにとれば，次のような意味にもなる．「銃剣をもった伍長と兵士を連れてきてくれるなら，すぐにここを立ち去ろう．」

矛盾（パラドックス）——母が娘に言う．「バカなことをする前に，よく考えるのよ．」娘の答え．「考えを変えさせたいなら，私を殺すしかないわ．」

歪曲——「ヤギをくれ，ヤギを．ヤギをくれれば，わが王国をやるぞ」（リチャード2世）．だから，その跡を継いだリチャード3世は，よりふさわしい交換条件としてウマを申し出ざるをえなかったのだ［訳注——シェイクスピアの『リチャード3世』には，「ウマをくれ，ウマを．ウマをくれれば，わが王国をやるぞ」という台詞がある］．

虚構（フィクション）——「火星では，国民は，自分たちの共和国の大統領に動物を指名するという奇妙なしきたりがある．今年大統領に選ばれたのは，タヌキだった．」

本書では，グレゴリーとは違ったやり方をとる．私は，生理的なものと認知的なものを明確に区別しても役に立たないと思う．というのは，情報の流れは双方向だからだ．情報は，感覚器官によって受けとられて，大脳皮質の奥まった領野に送られ，そこで解釈がなされ，今度はそこが信号を感覚器官に送り，感覚器官の状態が変えられる．科学者は，商売柄，情報伝達の2つの方向のうち一方だけをとりあげ，すべてを生理的過程か認知的過程のどちらかのみで説明する傾向がある．ここでは，

図 4.4 1890 年頃にミュンスターバーグによって発見された錯視。レンガは実際には水平に並んでいるのに，それらの間にある線が交互に上下に傾いているように見える。この錯視が生じるには，連続するレンガの層が灰色の帯によって隔てられていることが重要である。

錯覚が人間にとって有用な情報の処理過程の結果だというグレゴリーの興味深い考え——ただし，彼の分類法にとっては本質的ではない——を採用しよう。グレゴリーは，知覚の恒常性——変化する特性をもつものとしてではなく，永続的な特性をもつものとして対象を知覚する傾向——が数多くの錯覚を生み出す原因だということも強調しているが，これは確かに正しい。

　そこで，本書では聴覚，視覚，そのほかの感覚の錯覚を，いくつかの主要な知覚過程にしたがって分類しよう。聴覚や視覚の雑然とした刺激を受けとると，知覚はまず境界を定めて，いま自分が見聞きしている対象どうしを区別する必要がある。これは，境界を定める際の対比効果の問題（6 章）と，境界による群化における分離効果や融合効果の問題である（7 章）。情報が不完全なときには，必要とあれば，

図 4.5 タイル模様。これらのパターンは，山形模様の錯視と関係がある。模様は規則的で単純だが，列はすべて垂直に向いているのに，そうは見えない。上の図は，ニコラス・ウエイドの『錯視の芸術と科学』からのもの。下の図は，北岡明佳による一連の錯視図形のひとつで，日本のウェッブサイトで見ることができる。

表 4.2
関与する知覚過程による錯覚の分類

錯覚のタイプ	錯覚の代表例	グレゴリーの分類
感覚の限界	視覚：ベンハムのコマ	物理的/虚構
	聴覚：貝殻を耳にあてると聞こえる音	物理的/虚構
対比	視覚：マッハの帯	物理的/虚構
	聴覚：ロードン＝スミス効果	物理的/歪曲
分離，融合	視覚：大内錯視	認知的/多義性
	聴覚：メロディの分離	認知的/多義性
完結化	視覚：主観的輪郭	認知的/虚構
	聴覚：聴覚的復元	認知的/虚構
順応	視覚：マッカロー効果	物理的/虚構
	聴覚：ツヴィッカー効果	物理的/虚構
恒常性	視覚：月の色	物理的/歪曲
	聴覚：音の位相感度の悪さ	認知的/矛盾
基準点，定位	視覚：ハトの頭の動き	認知的/矛盾
	聴覚：ドイチュの錯覚	物理的/矛盾
仲裁	視覚：幾何学的錯視	認知的/歪曲
	聴覚：マガーク効果	認知的/矛盾

　ここにあげた錯覚はみな，本文中に登場する錯覚である。ただし，ロードン＝スミス効果だけは注で解説してある（196 ページ）。グレゴリーの分類は，「認知的」錯覚と「生理的」錯覚を区別しているが，私には疑わしく思えるものもある。

　知覚は賭けをし，私たちに，信号に欠落がないように見せたり，聞こえさせたりする（8 章）。いったん対象が見出され，その境界が確定されると，次に大きさや位置が割り振られる。これは信号を調整するという作業を含んでおり，その作業は，順応の速さの違いを生じさせる（9 章）。知覚は，できるかぎり，対象の安定した記述を与え，そしてその記述が——異なる条件下では網膜像がさまざまに変化するにもかかわらず——その対象を記憶し認識するのを可能にする。これが恒常性である

(10章)。最後に，対象の絶対的位置か，または特定の基準点に対する相対的位置を確定する必要がある（11章）。受けとられた信号は，いくつかの単位ごとに並列的に処理される。知覚は，ときに矛盾する結果を調和したり仲裁する必要がある。私の考えでは，幾何学的錯視は，この必要性と関係している（12章）。これらの作業のそれぞれは，錯覚のような，ときに私たちを驚かせる効果を生じさせる。科学者が錯覚に関心を寄せるのは，錯覚から，知覚の通常のはたらきのロジックをとり出せるという期待があるからである。錯覚が感覚の実際の欠陥によって生じることはめったにない。錯覚は一般に，処理にかかる時間が違うことによっている（5章）。

　もちろん，これらのカテゴリーだけで，錯覚が尽くせているわけではない。ここでは，これに「錯覚の錯覚」をつけ加えよう。これらは，さまざまな著者が，自分が重要だと考える概念を支持する証拠として使っているが，現在では正しくないことがわかっている奇妙な知覚現象のことである。私のあげることのできる「錯覚の錯覚」の例としては，次のようなものがある。

　「虹のなかに見える黄色は実際には存在せず，赤と緑が並んでいることから見かけ上生じるのだ。」（アリストテレス）

　「アリストテレスが言うには，なめらかな表面はすべて，眼から出て行く光線を反射する。水と空気以上になめらかな面をもつものはない。したがって，空気が密なら，私たちの視線は眼に戻ってくる。その人の視線が弱くて，空気を通り抜けて行くだけの力がないと，ぶつかるのがどんな空気の層の場合でも，無力である。これは，ある種の病人がかかっている病いの原因であり，彼らは，いたるところに自分自身の姿が見えたり，自分自身に出会いそうな気がしたりする。なぜこんなことが起きるのだろう？　それは，視線が弱くて，もっとも近い空気の層さえ通り抜けることができず，はね返されるからである。」（セネカ。アリストテレスを引用している箇所）

　「稲妻が光ってから雷鳴が聞こえるのは，視覚のほうが速くて，聴覚に先行するからである」（セネカ）。この説明は間違っているが，真実の一端は含んでいる。というのは，ある感覚がほかの感覚より速く伝わることがあるからだ。たとえば，プッシュホンの錯覚がそうである。電話番号をプッシュし終わる前に，コールが始まるように感じられる。これは，触覚よりも聴覚のほうが，信号の処理が速いからである。

4章　凸か凹か——錯覚を分類する

　眼の瞳孔が広がるほど，ものは大きく見える。こう言ったのは，レオナルド・ダ・ヴィンチだ。しかし，ジョゼフ・プラトーが引用しているプランピウスの次の観察のほうが，たぶんより正確である。「嵐の夜，稲妻の光が入る場所に座って，距離をおいてロウソクの明かりを見るとしよう。稲妻が光るたびに，ロウソクの炎は一瞬収縮し，そのあと膨らむだろう。こうなる理由は，眼に稲妻の光が入るたびに，瞳孔が縮み，そのあと広がるからである。」

　モンテーニュは，「ものを見ながら，眼の上を押すと，それがより長く，より伸びて見える」と書いているが，この錯覚も，私には疑わしく思える。（あるいは，私には，眼をモンテーニュほど強く押すだけの勇気がないのかもしれない。）いずれにしても，彼は，自分の眼をいじるのがよっぽど好きだったに違いない。彼は，眼を下から押すと，ものが二重に見えるとも記している。

　「赤ん坊は，触覚を通してものや自分の体の位置を知るようになる以前には，上下逆さまの世界を見ている。つまり，彼らはものの位置について，眼から誤った考えを得ている」（ビュフォン）。この文の続きも，もっともらしいが，証明されているわけではない。「第二の欠点は，これとは別種の間違いや誤った判断に赤ん坊を導いているに違いない。その欠点とは，それぞれの眼には同一の像が映るのだから，赤ん坊には，最初はすべてのものが二重に見えている，ということである。」

　「運河や細長い湖を見るとき，水平のはずの水面が傾いて見え，遠くに行くほど，高くなるように見える」（ヴェルニョー）。これはむしろ，風景を線遠近法的に表現する方法について述べたものではないだろうか？　おそらくヴェルニョーの次の観察のほうが，より正確かもしれない。「傾斜した地面を遠くから見るとき，その地面が上（のぼ）りか下（くだ）りかに応じて，平らの地面よりも長く見えたり，短く見えたりする。」

　「朝，浴室の鏡に映った自分を見ると，鏡に映った顔が『実際の』顔とちょうど同じ大きさだという印象をもつ。しかし，蒸気で曇った鏡のなかの顔の輪郭をなぞってみると，それが驚くほど小さいというのがわかる」（メーレルとデュプー）。実際には，顔の像は，鏡の面上にはなく，鏡の向こう側にあって，その大きさは実物と同じ大きさである。この実験から言えるのは，顔全体を映すだけなら，大きな鏡である必要はなく，顔の半分の大きさで十分だということだ。

ところで，実験室で擬似的に錯覚を生じさせるには，ある確実な方法がある。「強制選択法」という方法である。もしあなたが一本の針の先で皮膚に触れられたなら，触れられているのは，1点であって，近接した2点だとは感じないだろう。2点に触れられているという錯覚を実験的に作り出すには，次のようにする。たとえば，被験者の「触2点弁別閾」——皮膚の上の近接した2点への刺激をどの程度まで別々のものとして感じとれるか——を測定する実験を行なうことにしよう。皮膚の下の触覚受容器の密度には限界があり，触れられる2点が近すぎると，それらはひとつの受容器によって感知されるため，被験者は1点としてしか感じない。弁別閾は，指先で狭く（2ミリ），鼻の先で中程度で（7ミリ），耳のうしろあたりの首の部分では広い（30ミリ）。実験は，被験者を目隠しして，コンパスの両腕の先端や2本のピンをコルクに刺し通したものなどを用いて，簡単に行なえる。

　触れられているのが1点か2点かの弁別閾を正確に測定するために，実験心理学者が考え出したのが，強制選択法である。この方法では，実験者は，被験者が自分がいまなにを体験しているのかを知るのがきわめてむずかしい状況を組織的に作り出す。したがって，被験者は，コンパスの一方の端で触れられた場合，あるいはコンパスの両端で近すぎる2点を触れられた場合には，1点か2点か弁別するのがむずかしい。予想されるように，被験者は，2点を触れられているのに，1点としか感じないと言うことが多い。ところが，近接した2点は1点として感じられることがあるということを知っていると，1点のときでも2点だと言うことが多くなる。

　強制選択法は，基本的には被験者の暗示のかかりやすさを測っているが，ここで指摘しておきたいのは，この方法が現代の実験心理学の柱のひとつであり，多くの結果がこの方法によっているということだ。日常生活で私たちも経験するように，ある人にあまりに単純な質問をすると，その人がそれを「むずかしくとって」しまい，実際には思っていないことを答えることがある。こうして，世論調査などでは，周到に質問を選ぶことによって，望む結果を導き出している。

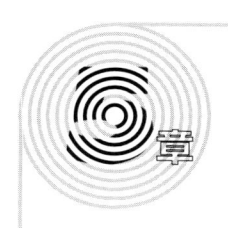

白黒が生む色——感覚の限界

　感覚器官が不完全なために生じる錯覚は，ごくわずかだ。感覚器官は，微妙な大きさの違いも識別でき，かすかな信号の検知にも著しく感度がよい。もし欠点をあげるとするなら，視覚と聴覚では絶対的なサイズを見積もるのがそれほど正確でないことと，視覚や触覚の場合には多少時間がかかるといったことぐらいである。

　光学機器の性能は，まずその「解像力」で決まる。この解像力とは，近接した2つの点を別々の像としてとらえる能力のことである。眼のもっとも精巧な部分である中心窩では，光をとらえる細胞間の間隔は，約0.003ミリであり，これは視角に換算すると，およそ0.01度にあたる（1メートルの距離にある0.17ミリに相当する）。ところが，私たちは，視角で2，3秒しか離れていない指標を見分けることができる。これは光受容細胞の間隔の10分の1以下である。こうした「超視力（ハイパー・アキュイティ）」が得られるのは，眼にはある程度の光学的限界があっても，提供される信号を最大限に利用した精密な処理が行なわれるからである。細い縞は，遠くから見た場合には，混じり合って灰色になり，細部がぼやけ，図は背景に溶け込んでしまう（図5.1）。

　眼のもうひとつの問題は，動きが不安定だということである。眼はたえず微動しており，脳の指令によって眼が動く場合でも，その動きはそんなに正確だというわけではない。この欠点は，ブルドンの図形を用いるとよくわかる。この図形では，点の数を数えることがむずかしいが，それは，私たちが，十分な正確さで点から点へと視線を動かすことができないからである（図5.2）。夜空の星は，星に特徴的なまたたきを見せる。人によっては，5本か6本の枝が，不規則に出たり引っ込んだりするように見える。私は，これが物理現象ではなく知覚現象だと考えている。恒星や惑星から来る光は，途中の大気の層で気温変動に遭遇すると，その像が視角で数秒程度の範囲で動く。こうした動きは，直径が視角で3分から10分の間で変わる金星なら，ほとんど問題はない。だが，ほかの星ではそうはいかない。その直径は視角で通常1秒以下であり，高解像度の天体望遠鏡で観測すると，たえず動いているように見える。しかし，私には，この星の変動と裸眼に見える星のまたたきがどうして結びつくのか，よくわからない。

図 5.1 カールソンの図形。カールソン (1980) のアイデアにもとづいて作成された図である。3メートルほど離れてこの図を見ると，パターンが消失する。原理はこうである。白黒を平均化すると，どの部分も一様な灰色になる。黒の四角形を囲んでいる白は，近くで見るときには黒の四角形を際立たせるが，遠くから見ると黒を打ち消してしまう。

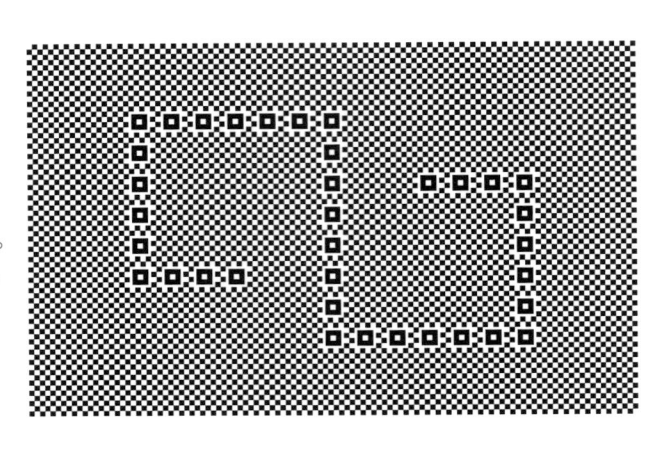

図 5.2 ブルドンの図形。眼の動きのコントロールがあまり正確でないため，図のなかの点の数を数えるのがむずかしい（1本に40個ある）。一方，線の長さを比べるのは容易にできる。線の長さが同じだということは，隣り合う2つの線分のなす角度に注目すると，よりはっきりわかる。

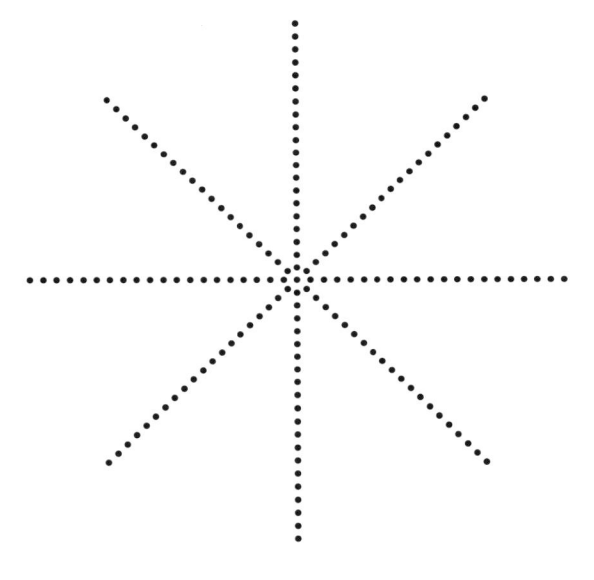

　　視覚器官の大きな欠点は，時間がかかることである。これによって生じる効果のいくつかは，昔からよく知られていた。アリストテレスは，燃えている木の棒の例をあげている。火のついていない端を手でつかみ，腕を伸ばして棒を回すと，輝く完全なリングを描くことができる。また，プトレマイオスは，コマを複数の色に塗り，回転させると，色が混じり合うと記した。ジョゼフ・プラトーは，自分の実験を次のように書いている。

5章　白黒が生む色——感覚の限界

　中心をはさんで両側に同じ色がくるように何色かで塗った円盤を，高速で回転させると，一色の円盤が見える。その色は，円盤に塗られた色を混ぜ合わせてできる色である。これは，視線が特定の色の上にとどまらず，連続的にすべての色をとらえ，その結果，その交替が高速であるため，眼は色どうしを識別することができなくなってしまうからだ。このようにして，円盤の表面全体にすべての色が同時に現われるが，あたかもそれが一色であるかのように見えるのだ。

　プトレマイオスも，流れ星が引く尾が，光の感覚の持続による錯覚だと述べている。一方，イブン・アル＝ハイサムは，あまりに高速で動くものは見えないということや，高速で回転する車輪は回っていないように見えるということを観察している。のちの時代になると，銃弾や砲弾は飛んでいるのが見えないとか，高速回転する扇風機の羽は透明に見えるとか，ロープを振動させると，ロープは振動が広がる範囲全体を満たすように見えるといったことが観察された。

　1838年に，グスタフ・テオドール・フェヒナーは，面積が段階的に変わる6つの黒い扇形をもつ円盤について報告している（図5.3）。この円盤を高速で回転させたとすると，そのときに見えると予想されるのは，同心円の灰色の帯——中心近くは，白よりも黒の面積が多いので，もっとも暗い灰色に見え，白の面積が多い周辺になるにつれて，より明るい灰色に見える——だろう。ところが，不思議なことに，実際には色の帯のリングが見えるのだ。フェヒナーは，この現象を次のように巧妙に説明した。円盤の白は白色光を反射するが，白色光はすべての色の光からなっている。赤い色に感受性をもつ網膜の受容細胞は，黒い領域が通りすぎるときには活動せず，次に光が来たときには，反応に少し時間がかかる。もし青い色に感受性をもつ受容細胞がこの赤の受容細胞より反応に時間がかかるとするなら，脳は，1秒の何分の1かの間，この光の成分について，赤に偏った光の情報を受けとることになる。もしこの説明が正しいなら，白と黒の連続的な通過時間の長さだけが重要であり，これらの時間の長さは円盤の回転方向には依存しないことになる。しかし，実際に知覚される色は，円盤の回転方向によって異なる。

　1894年に，この円盤の中心に軸をつけて，コマのように回転させるオモチャが発売された。これがベンハムのコマである（図5.3）。照明が明るいなら，1秒間に5〜10回転のときに最大の効果が得られる。この場合にも，見える色は回転方向によって異なる。この現象について，現在は，反応時間の違いのほかに，円盤上に見える主観色は比較分析の結果生じる，つまり，脳はある領域の色を隣接する領域の色に応じて決定する，という考えが有力視されている。

　主観色は，ゆっくりした動きでも生じさせることができる。これには，コントラ

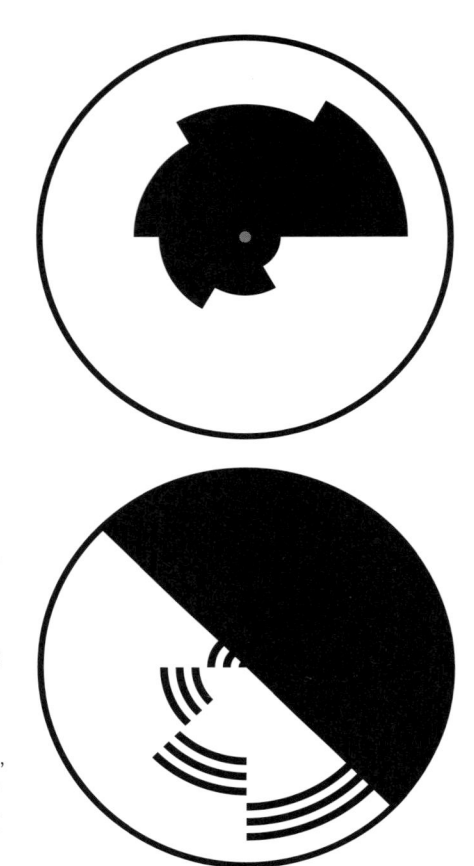

図 5.3 主観色。これらの円盤を 1 秒間に約 30 回転の速さで回すと，色のリングが現われる。上は，フェヒナーが 1838 年に記述した円盤である。よく知られている下の円盤は，1894 年にベンハムによってオモチャとして市販された。これを時計回りに回転させると，円盤の中心から周辺に行くにつれて，赤，緑，淡い青，濃い紫の帯が見える。反時計回りに回転させると，同じ色だが，逆の順序のリングが現われる。

ストの強い，白黒の細い領域が繰り返されるパターンを用いるとよい。すると，ゆっくりした動きでも，白と黒の急速な交替が生じ，主観色が現われる（図 11.6 参照）。白黒の交替がさらに細かければ，パターンを動かす必要もない。眼の動きは不安定なので，像が網膜上を動くからだ。一番有名なのはマッケイの図である。この図では，中心から放射状に伸びる白と黒の細い帯が 240 本描かれている（図 5.4）。図を 10 秒ほど注視すると，ゆらゆらした動きが見え，動きに注意すると，回転の動きが見える。一般に，細い線がびっしり詰まっている図は，線と直交する方向に，動きの効果を生じさせる。マッケイが考案したもうひとつの図では，ストライプの列が平行に並んでいる（図 5.5）。この図では，「流れ」が見え，列を隔てているすき間を水が流れているような感じがする。

　この錯覚は，マッケイのパターンではそれほど強くはないが，1980 年代にイジ

5章　白黒が生む色——感覚の限界

ア・ルヴィアンが『エニグマ（謎）』という連作を描き，強烈な錯覚を作り出した。これらの絵では，マッケイの放射線のパターン（図5.4）と図形のなかの白い帯に流れが見える原理（図5.5）とが組み合わされている。絵を見ると，放射線を横切るリングのなかに回転運動が見える（カラー図版1）。ルヴィアンは，この錯覚がもっとも効果的に生じる条件を組織的に検討し，最終的にこのパターンにたどり着いた。その条件とは，(1) 黒の放射線は，白の放射線の1.5倍の幅にする必要がある。(2) 放射線は，直角にさえぎられなければならない。(3) リングの幅は，白と黒の1組の放射線の3.2倍の幅でなければならない。(4) 色は重要ではないが，放射線の平均輝度は，リングの輝度と同じにする必要がある。(5) リングは，1本よりも，数本のほうが効果的である。(6) リングは，完全に均質でなければならない（筆の跡が見えてはいけない）。逆説的だが，動きが感じられるときには，テクスチャーをもった（粒状の）面の回転が見える。

この錯視がなぜ起こるのかについては，現在も論争が続いている。眼が不安定な動きをするからだと考えている研究者もいるが，しかし，これらの条件下では，なぜ安定した回転運動が生じるのだろうか？　ルヴィアンは，これが基本的には，動きの検出を担当する神経回路が，向きの分析を担当する神経回路の影響を受けるという現象なのではないかと考えている。

音の感覚は，耳の入口のところの空気圧の変化が分析されて生じる。レップによると，人間は，振幅が「水素分子の直径（10^{-8}ミリ）よりも小さい（!）」振動も知覚できるという。巻貝の殻の開口部に耳をあてたり，両側が開いた長い筒の口のそばに耳をもってゆくと，「潮騒」のような音が聞こえる。これは錯覚ではないが，貝殻や筒の内部の圧力の微小な変動を感じとれるほど，耳は感度がよいということを示している。

人間に聞こえる音は，およそ20ヘルツ（ヘルツは1秒あたりの振動数）から1万5千〜2万ヘルツの範囲内の周波数の音で，この周波数の違いが音の高さの違いとして感じられる。20ヘルツ以下の音の信号は，とぎれとぎれに聞こえるか，あるいはまったく聞こえない。1秒に数回程度の周期的な圧の変化は，人間では，音の感覚を生じさせることはない。低周波音に対する感度が悪いおかげで，私たちは，体のなかでしている音に気づかないし，心臓の鼓動によって耳を聾されることもない。2万ヘルツを越える音は，超音波と呼ばれ，この音も私たちには聞こえない（超音波が聞こえ，それを利用している動物もいる）。ここから，次のようなパラドックスが生じる。もしある可聴音に別の可聴音を加えて，2つの合成音を超音波に

図 5.4 マッケイの錯視。この図を 10 秒ほど見つめると，パターンがゆらめいて見え，それが回転運動をするように感じられる。マッケイが 110 名の被験者で試したところ，83 名は時計回りの回転，残りの 27 名は反時計回りの回転が見え，一部の被験者は，回転方向を変えることができるという結果になった。回転の方向を変えるには，パターンの中心の右か左の一点を見つめるとよい。

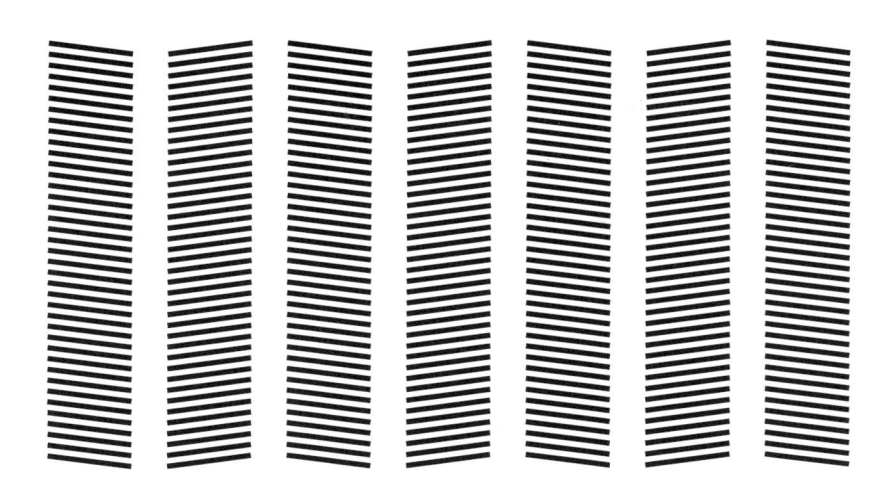

図 5.5　マッケイの流れの錯覚。このパターンを見つめ続けると，平行線からなる細長い四辺形にはさまれた白い部分に流れが見える。イジア・ルヴィアンは，この錯覚が強烈に現われるパターンを考案している（カラー図版 1 参照）。そのパターンでは，リングに沿って流れが見える。

したら（原理的には可能だ），私たちには，どちらの音も聞こえないはずである。

　ほとんどの場合，感覚は，比較や弁別といった相対判断にすぐれている。聴覚では，私たちは，連続する音の間の 1 オクターブの 300 分の 1 の違いや，2〜3 デシベルの強さの違いがわかる。一方，絶対判断になると，耳はあまりあてにならない。顕著な例外のひとつは，プロの音楽家の一部がもつ「絶対音感」だ。これは，ひとつの音を単独で聞いただけでも，それがどのドか，あるいはどのレかがわかる能力である。ただし，絶対音感をもつことが障害になることもある。あるバリトン歌手は，個々の音の知覚がメロディの知覚の邪魔をするとこぼしている。つまり，部分が全体を妨害することがあるのだ。これは，アルチンボルドの絵で，果物だけが見え，顔が見えないのと似たような状況なのかもしれない［訳注——アルチンボルドは，16 世紀のイタリアの画家で，果物を部品に用いて人間の顔の絵を多数描いている］。

　自分が聞く自分の声は，口から空気中を伝わって耳に入ってくる振動と，本人にしか聞こえない，体内の脊柱やあごの骨を通して伝わる振動とが合わさったものだ。自分の声を録音しても，この体内を伝わる振動のほうは録音されない。そのため，録音を聞くと，いつも聞いているよりも，声がか細く弱々しく感じられる。歌唱法は，欺瞞にもとづいているとも言える。なぜなら，歌い手は，自分にとって快く聞こえる音声を出すために最善を尽くし，聞き手は，それとはちょっと違ったように聞こえるので，高く評価していることになるからだ。

テニスや卓球では,「カットされた」ボールに意表を突かれることがある。このとき,ボールの動きは,力学的な法則に反するように見える。ニュートンは,カットされたボールの運動方向が変化するのは,回転するボールの両側にあたる空気圧が同じではないからだと説明した。バレーボールの世界では,かつて,日本のチームが,ボールの軌道が変化する「フロート・サーブ」で試合を席巻したことがある。この場合には,ニュートンの説明よりも複雑になるが,ボールの進行にともなって生じる気流の乱れから説明できる。しかし,野球の選手がつねに経験している,ほぼ確実に錯覚と言える奇妙な効果がある。試合では,ピッチャーは,バッターに低めのボールを投げることがある。バッターに打たれないように,ストライクゾーンぎりぎりにできるだけむずかしいボールを投げるのだ。ピッチャーからバッターまでの距離はおよそ18メートルで,ボールはすぐ届く。バッターは,ほんの短い時間でその軌道を読んで,寸分の狂いもなくバットを振らなければならない。ボールが速いとき,ボールが低めに投げられたのがわかったバッターは,ボールが軌道の最後で浮き上がるように錯覚することが多い。

　マクベスによれば,バッターは,まずボールの初速度を過小評価する。さらに,ボールが実際よりも遠くにあるように感じるという。そして,近くまで来たボールが眼の高さよりも低い場合には,実際よりも低いと感じてしまう。その結果,最後の一瞬に,こうした錯覚が「解消」されて,ボールが急に浮き上がるように見えるのだ。

　同じ類いの説明が,古くから知られている古典的な錯覚,「プルフリッヒの振り子」にもあてはまる。この仕掛けは,科学博物館の代表的な展示物のひとつである。見学者は,1ないし2メートル向こうの空間を左右に振れる振り子を,間仕切りの壁に固定されたメガネのガラス越しに観察する。2つのガラスのうち一方は,暗いガラスで,約90%の光を吸収する。それぞれのガラスに左右の眼が来るようにして,振り子を観察する。うまくすると,振り子の重りが楕円軌道を描いて回っているように見える(図5.6)。両眼立体視ができ(8割か9割の人),しかも左右の眼に入る光の量の違いに混乱しない人なら,この錯覚が必ず起こる。実はもうひとつ,この実験を成功させる条件がある。それは,振り子の周囲にいろいろなものが見えたほうがよいということだ。これは,運動の軌道が基準物との関係でより明確になるためだが,こうした条件は,科学博物館では忘れられていることが多い。

　この錯覚の古典的な解釈は,こうである。一方の眼が受けとる極端に弱められた光は,もう一方の眼が受けとる光よりも,分析に時間がかかる。こういう条件下では,脳は,左眼から来る位置Aの振り子の信号を処理するときには,右眼から来る

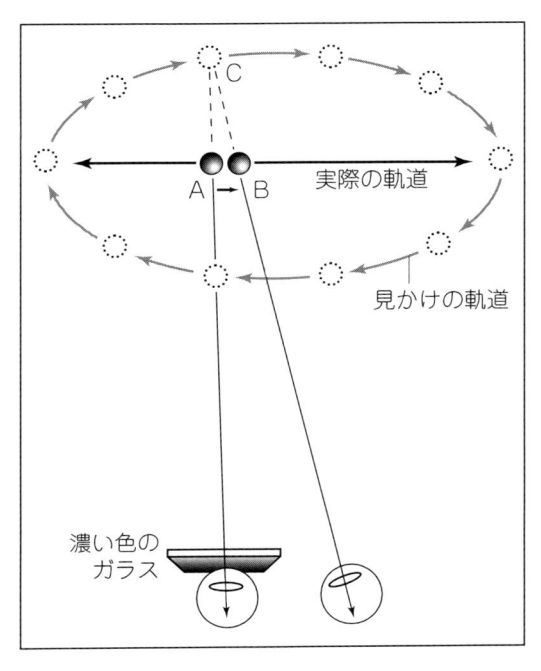

図 5.6 プルフリッヒの振り子。観察者は，垂直面で左右に振れる振り子の運動を，左眼に濃い色のガラスをかけて両眼で観察する。左眼が受けとる像は弱められているので，右眼が受けとる通常の像よりも分析が遅れる。脳は，軌道の位置Bにある振り子の重りの右眼の像を，1秒の数分の1前の位置Aにある左眼の像と合体させる。振り子の重りの見かけの位置は，位置Aと左眼を結ぶ線と位置Bと右眼を結ぶ線が交わる位置Cになり，振り子は，楕円軌道を描いて回っているように見える。

1秒の数分の1ほどあとの位置Bの振り子の信号を処理している。その結果，振り子の見かけの位置は，左眼と位置Aを結ぶ線と右眼と位置Bを結ぶ線が交わる位置Cになる。この位置は，振り子が左から右に振れるときには振動面より奥になり，右から左に振れるときには手前になる。

　これに類した効果が，乗り物に乗っているときにも観察できる。濃い色のガラス（たとえば，サングラスのレンズなどがよい）を片方の眼（右眼としよう）の前におき，右側の窓から風景を見ると，車のスピードが遅くなったように感じ，よく知ったものの大きさも縮んで見える。左側の窓から見ると，反対の効果が観察される。ジム・エンライトは，自分と家族でこれらの効果を観察し，時速80キロのときに顕著な効果が得られ，時速40キロのときでも効果が観察されると述べている。さらに，視覚的にいろいろなものが豊かにある環境のほうがよいが，あまり明るすぎてはいけない。理想的なのは，森のなかを走る道だ。どうしてこの効果が得られるのかはプルフリッヒの振り子と同じで，ある時点で一方の眼（右眼）は，他方の眼（左眼）で1秒の何分の1か前に見た位置にある対象を見ている，というものだ。両眼立体視での右眼と左眼の情報の統合が，速度と大きさの錯覚を生じさせている。

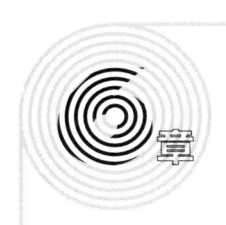

隣の芝生——対比と同化

　私たちは，すべてのものが相対的な値，つまり標準からの隔たりで測られる世界のなかで生きている。たとえば，ある地域では，成人男性の平均身長が170センチだとすると，それより2割低い身長（136センチ）の男性は，小男と判断されるだろうし，それより2割高い身長（204センチ）の男性は大男で通るだろう。品物を買うかどうかの決定では，わずかな値段の違い——適正と思える価格と比べて高いか安いか——がものを言う。私たちは，少し高いだけで，それが法外に高いと思い，いくら欲しくても買わずに我慢する。逆に，少しでも安いと，必要もないのに，勧められた商品を買ってしまう。人は，小額の節約のためにどんなことでもするくせに，結局は安さに引かれてたくさん買い込んで，節約分が帳消しになることに気づかない。

　知覚も実は，ものごとを評価する際にこれと似たようなことをしている。信号が適切な範囲を超えると，知覚は，連続的に変化している信号に境界を設け，信号を強いか弱いかに二分する。そして，境界をはさんだそれぞれの側では，信号は微妙な差などないかのようにあつかわれる。たとえば，サーチライトのビームが空を照らしているのを観察するとしよう。ビームは，ある高さで途切れるように見えるが，実際には，光の強さは投光機のビームの出口から無限遠まで連続的に変化している。ビームの高さに限りがあるように見せているのは，私たちの知覚である。この現象には，確かに，物理的要素も入っている。ビームは大気によって散乱され，塵があるおかげで見えるようになるので（部屋のなかで，塵によって光線が見えるようになるのと同じだ），間接的に見えていることになる。塵の密度は高度につれて変わり，ある高度以上では，散乱される光の量が一気に少なくなる。とは言うものの，このビームの例では，連続的な変化が，光があるかないかに変換されている。

　似たような現象が，すでに1769年に，神父だったディクマールによって記述されている。彗星の尾を観測中に，彼はまず，尾を注意深く見るほど，それが長く見えることに気づいた。次に，尾の先端だけが見えるように彗星の残りの部分を手で隠すと，先端が跡形もなく消え去ってしまった。さらに，尾の最初の3分の1を隠

すだけで，残りの部分を消すには十分であった。この場合も，光は連続的に変化している が，知覚がかなり恣意的に境界を決めている。ディクマールによれば，この錯覚は，彗星の尾が自然な境界線を越えて見えてしまうことにある。この点に関して彼が正しかったのかどうか，私にはわからない。というのは，この錯覚は，最初の3分の1を隠すと残りが見えなくなるというものかもしれないからである。

　いずれにしても，次のようなもっと身近な条件で行なわれているアルンハイムの観察は，この第2の解釈に合う。

　　　わが家の黒猫が，外の夜のとばりを背に，窓のところに鎮座している。彼の眼が開いているときには，体の輪郭がぼんやりと見えた。ところが，彼が眼を閉じたとたん，その体も消え去ってしまった。窓の真っ暗闇だけが残った。

　聴覚にも，ディクマールが述べている現象に対応する現象がある。私もよく体験するが，自宅で音楽を聞いているときに，演奏の音がしだいに大きくなっていくように感じ，スピーカーの音量を何度も下げなくてはならないことがある。私の体験をもうひとつ。あるとき，列車で旅行中に，仕事に注意を集中したかったのに，まわりの人が交わす外国語のおしゃべりが耳について，集中できなかったことがある。時間がたつにつれて，客室のほかの乗客がみな一斉に声を大きくし始めたかのように，声がどんどん大きくなるように感じられた。おしゃべりは，その内容がわかると邪魔になる。このときにも，声がしだいに聞き慣れた，特徴的なものになっていった。声が大きくなっていくように感じられたのも，おそらく，私がそれをよく聞き分けられるようになったからなのかもしれない。

　明るく照らされた物体は，少し大きく見える。これが「光渗」効果である。たとえば，図6.1に示すように，黒い背景上の白の敷石は，白い背景上の同じ大きさの黒の敷石よりも大きく見える。ほかにも例をいくつかあげてみよう。たとえば，三日月が明るく輝いていて，影になった月の残りの部分がかすかに見えるとき，三日月の部分は影の部分よりひとまわり大きく見える。また，暗いなかで光源（三日月，ロウソクの炎，電球の明かり）の光をさえぎるように棒をもつと，さえぎった棒の部分が縮んで見える。光は広がって，棒を細く見せるのだ。ファッション雑誌も，多少太り気味の女性に，体形を細く見せるためには黒いドレスや黒いストッキングを身につけ，手を小さく見せるためには黒い手袋をしたほうがよい，とアドバイスする。けれど，どうして，黒いドレスは背を低く見せるとは言わないのだろう？

　光渗は，天文学者にとって大問題だった。ティコ・ブラーエは，日蝕の際に，太

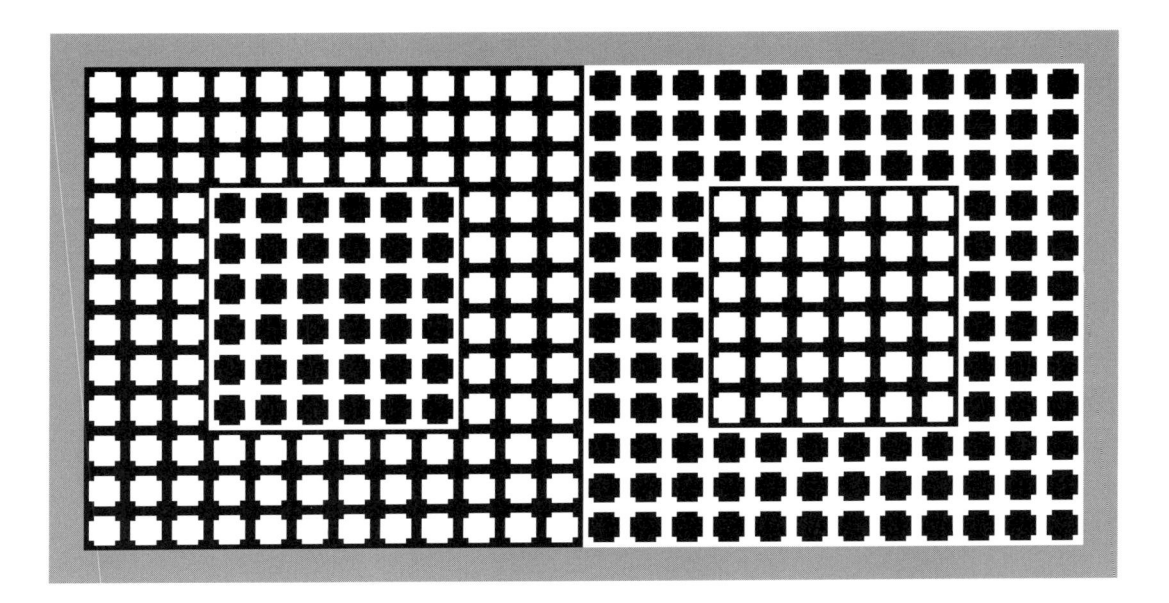

図 6.1 光滲効果。白い面は，黒い面よりも大きく見える。この図では，敷石（実際にはみな同じ大きさ）でも，敷石の間の通路（同じ幅）でも，通路の交差部分の正方形（同じ大きさ）でも，光滲効果が観察される。この図では，別の面積の錯覚も起こっている。敷石全体は，通路全体よりも多くの面積を占めているように見えるが，両者はまったく同じである。一般に，細長い図形の面積のほうが過小視される傾向がある。

陽の輝く円盤の前を横切る月の暗い円盤は，直径の5分の1だけ小さく見えることを観測している。光滲のもっとも困った点は，光滲が2つの円盤どうしが「接触」し始める正確な瞬間を見誤らせ，一方が他方を横切るのにどれだけ時間がかかるか——この測定値から，重要な天文学的変数が推定される——の測定を困難にさせるということである。こうした理由から，ケプラーは，眼のなかに像がどう形成されるかを明らかにするとともに，光滲効果の物理的原因と主観的原因を分けようとした。

　ガッサンディは，次のように述べている。ある星が月の円盤のうしろに隠れるように見えた瞬間に，天体望遠鏡でそれを見たところ，星は月から「指幅でひとつか2つほど」離れているように見えた。もっと奇妙な現象が，ラ・イールによって，牡牛座の牛の眼にあたる星が月のうしろを通過するときに観察されている。この触が始まるときに，ラ・イールには，その星が月の内側に，つまり月の円盤の手前にあるように見えたのだ。この現象の解釈は，その星はまだ脇にあったのだが，月の円盤があまりに大きく見えたため，円盤の内側にあるように見えた，というもので

ある。これは注目すべき現象である。というのは，私の知るかぎりでは，これまで実験室でこうした現象が観察されたという報告はないからである。

「マッハの帯」は，オーストリアの哲学者エルンスト・マッハによって1860年頃に記述され，分析された。これは，影と半影の境界部分に見える明と暗の帯の錯覚である。光のあたっている面があって，間にものをおいて光の一部をさえぎると，面には光のあたる部分と影になる部分とができる。この境界をよく見ると，境界のそれぞれの側に帯が——照らされている側には明るい帯が，陰影の側には暗い帯が——見え，光の強度の違いが強められている（図6.2と6.3）。

マッハは，早くも1865年に，この現象を説明する神経モデルを提案した。このモデルはその後，基本的に正しいことが証明される。彼が立てたモデルは，光の強度の値を網膜以降の段階へと伝えるニューロンどうしが互いに作用し合うというものである。あるニューロンは，隣接するニューロンを抑制し（すなわち，本来伝えられるはずの値よりも弱い値を伝えさせるようにする），その抑制の程度は，隣接するニューロンが近いほど，そしてそれ自身が伝える値が大きいほど，大きくなる。

マッハの帯の錯覚は，網膜のすぐあとの段階で起こる。脳に送られる情報には，2つの効果をともなう特徴的な「サイン」がある。ひとつは，いま述べた効果で，錯覚の2本の帯が見えることである。もうひとつは，通常の役割に相当するもので，輝度の異なる2つの隣接する領域の存在を知らせることである。

図6.2 マッハの帯。この図では，左右にそれぞれ明と暗の灰色の領域があり，中央ではそれが連続的に変化している。この変化部分の左側には明るい垂直の帯が，右側には暗い帯が見えるが，これは錯覚である。

図 6.3 天体観測でもマッハの帯？ これは，蝕のあと，月の陰から現われた土星の姿を描いたものである。月面の明るさは，実際には土星よりもはるかに強烈であり，暗い帯は，月と土星の境界に現われる。最初，この帯は，月にガスの大気があることを示すものと考えられていた。リュシアン・リュドー『異世界について』，58 ページより。

　この後者のはたらきが，クレイク-オブライエン効果やコーンスウィート錯視などの人工的な錯覚を生み出す。もし，輝度が一様な灰色の面の中央に，明るい帯と暗い帯の2本の細い帯を並べ，灰色の面を2つの領域に区切ったとすると，それぞれの明るさが違って見える。暗い帯のある側の領域は，明るい帯のある側の領域に比べ暗い灰色に見えるのだ。この効果は，回転する円盤を用いるとはっきり観察できるが，写真で再現するとなるとむずかしい。ここでは，図6.4のひし形を用いたパターンやカラー図版3のパターンで，この効果がどういうものかを示すだけにとどめる。

　網膜は，受けとった光の強度の正確な地図を作るというよりも，明暗の領域の境界と，それぞれの領域の平均的な明るさという，集約された情報を脳に伝えるように見える。よく知られている錯覚，「ヘルマンの格子」は，これを示す例である（図6.5）。ヘルマンの格子では，黒の正方形が規則的に並んでいて，間に細い白の帯が入っている。帯の交差部分には，小さな灰色の斑点が見えるが，これは錯覚である。この斑点がなぜ見えるかを理解するために，白い帯のさまざまな地点の光の強度の値を伝えるニューロンを想定してみよう。これらのニューロンは，絶対的な値を送るのではなく，その地点のまわりの平均的な強度を考慮に入れて，多少修正された値を送ると仮定しよう。もう少し正確に言うと，それらのニューロンが，暗い領域に囲まれた地点をより明るいものとみなし，明るい領域に囲まれた地点をより暗いものとみなすと考えてみよう。白い帯の交差部分は，まわりを明るい部分に囲まれているため，値の修正が行なわれ，その結果灰色に見えるのである。

　ヘルマンの格子をさまざまに変形した図形を用いて研究していくと（図6.6と図

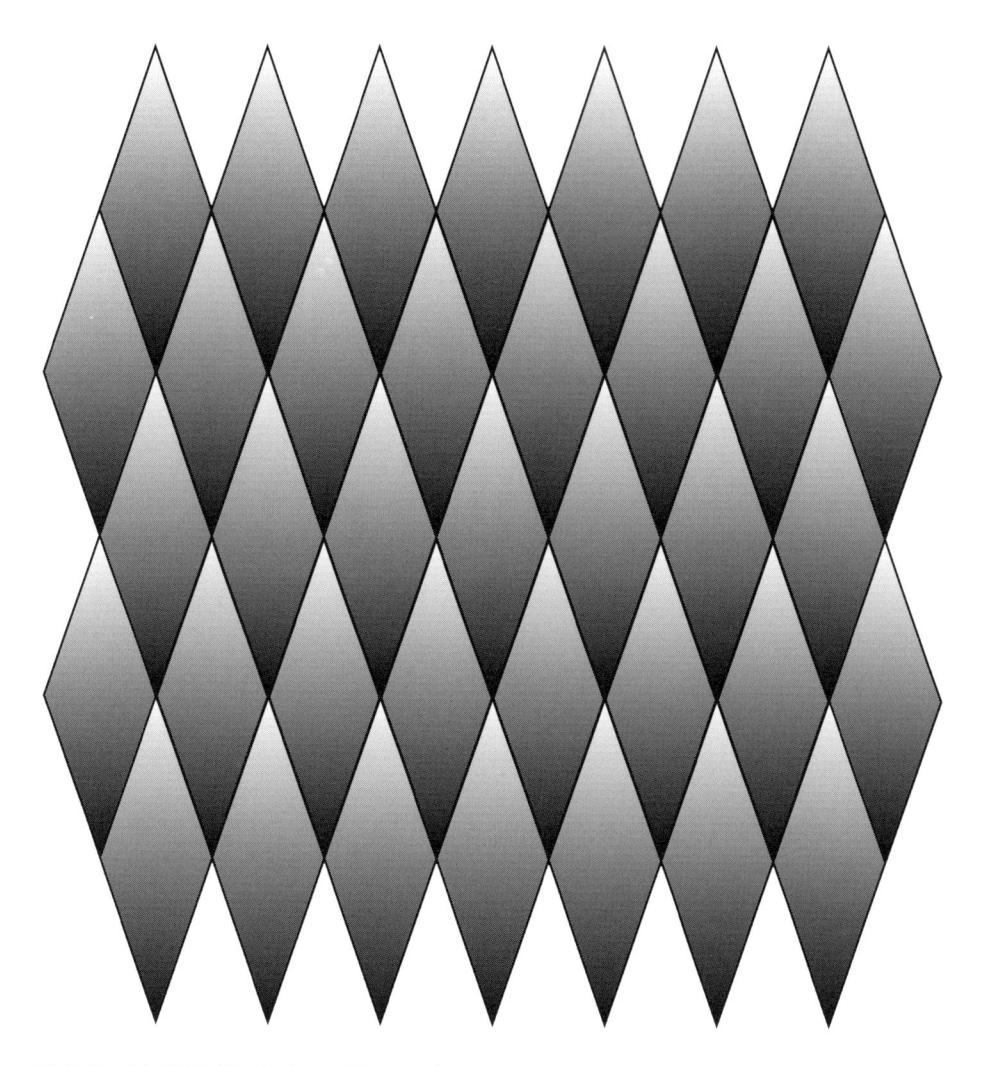

図 6.4　ひし形を用いたクレイク‐オブライエン効果。この図形では，ひし形はどれもみな同じだが，上の列に比べ，下の列のひし形のほうが明るいように見える。これは錯覚である。マッハの帯（図 6.2）では，輝度の異なる灰色の領域間の変化が，錯覚である明暗の帯によって強められる。この図に示した効果は，マッハの帯の相補的な効果であり，明から暗への急激な変化が境界の両側に広がり，それぞれの側に平均的に異なる灰色のレベルを生じさせる。回転する円盤を用いたクレイク‐オブライエン効果は，紙の上ではうまく再現できないので，本書では示さない。ひし形を用いたこの顕著な効果のほうは，1995 年に渡辺 功らによって最初に報告された。

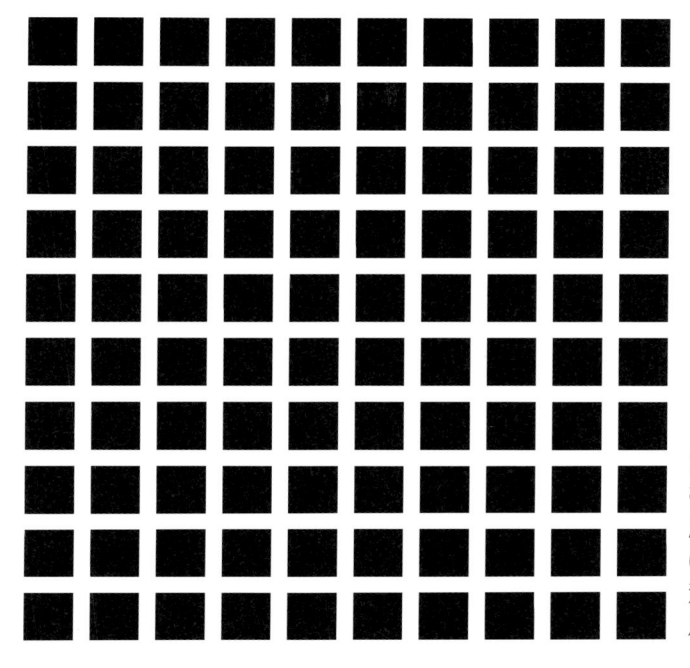

図 6.5 ヘルマンの格子。白い帯の交差部分に，錯覚の小さな灰色の斑点が見える。この斑点は，「眼の隅」でのほうが——注視しているところではなく，周辺でのほうが——よく見える。

6.7)，この説明に合わないほかの現象が明らかになる。格子の効果は，局所的ではない。というのは，効果は，格子がたくさんある場合に得られ，格子の交差部分を注視したときには，効果はそこから離れた（眼の隅に見える）交差部分に強く現われるからである。格子の幾何学的配置と網膜上の受容細胞の配列の間には密接な関係がある，と予想する人もいるかもしれない。受容細胞の配列は，正方形でも，六角形でもない。ところが，六角形の格子では錯視は起きないのに，正方形の格子では，それをさまざまに変形させても，要素の辺の配列を妨害しないかぎり，錯視が起きる（たとえば図6.6）。格子を45度回転させると，灰色の斑点は消えて，要素を対角線方向に横切る黒い線が見えるようになる。次に問題になるのは，この現象が網膜で起こるのか，それとも網膜以降の段階で起こるのかである。

　画家は，昔から，絵のなかの色の見え方は隣接する色に依存し，その明るさも互いに影響を与え合うということを知っていた。同化効果では，細い線が密に入った灰色の背景は，明るさが線の明るさに近づく（図6.8）。背景の灰色は，線が白いときには白みがかり，線が黒いときには黒みがかる。しかし，より広い領域が関係するときには，それとは逆に，対比効果が観察される（図6.9）。最近，大きな面を並べて対比が弱められる条件が発見された。これがムンカー-ホワイト錯視である

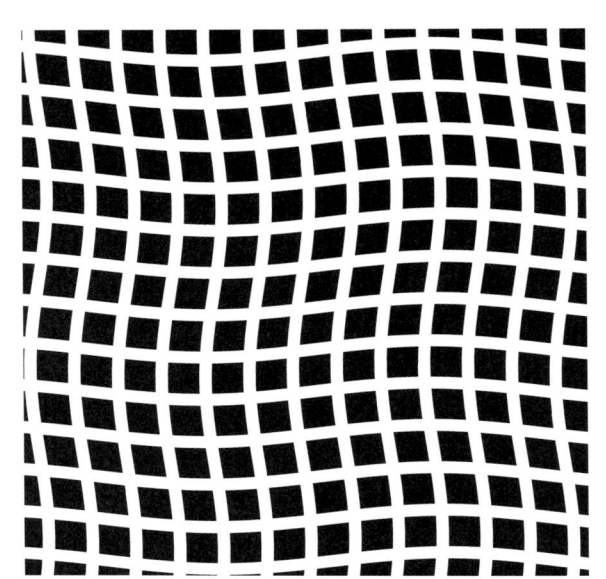

図 6.6 ヘルマンの格子（左）とネックレスの糸（右）。左の図では，灰色の斑点が見える。ページを 45 度傾けて観察すると，四辺形の対角線方向に沿って暗い線が網状に走っているように見える。同じような線は，ひし形を詰めて並べた右のパターンでも観察される。

（図 6.10。図 6.11 も参照）。この図では，黒いバーに両側をはさまれた灰色は，白いバーにはさまれた同じ灰色よりも暗く見える。この場合には，横の方向では同化が，縦の方向では対比が起こっている。

　適度に照明された部屋のなかでは，ついていないテレビの画面は灰色に見える。テレビをつけ，モノクロ映画が放映されていたとすると，映像のなかのもっとも暗い部分はまっ黒に見える。だが，画面上に像を映すビームは，光を足し合わせることができるだけで，差し引くことはできない。ビームで照らされない画面上の灰色が黒く見えるのは，白く見える部分との対比による。

　私が思うに，テレビ画面に美しい黒やまばゆいばかりの白が見えるのには，巧妙なロジックがはたらいている。たとえば，壁にたてかけた梯子の段に洗濯物を下げるとしよう。もし干すものが 2 つだけなら，手の届く段に下げるだろう。別々の段に下げるにしても，高さがそんなに違わない段に下げるだろう。干すものがもっとある場合には，なるべくすべての段にわたるように下げ，たくさんある場合には，最上段も最下段も使うようにするだろう。これと同じロジックで，もしテレビ画面に互いに区別できる多くの灰色がある場合には，もっとも暗い灰色には「黒」の値

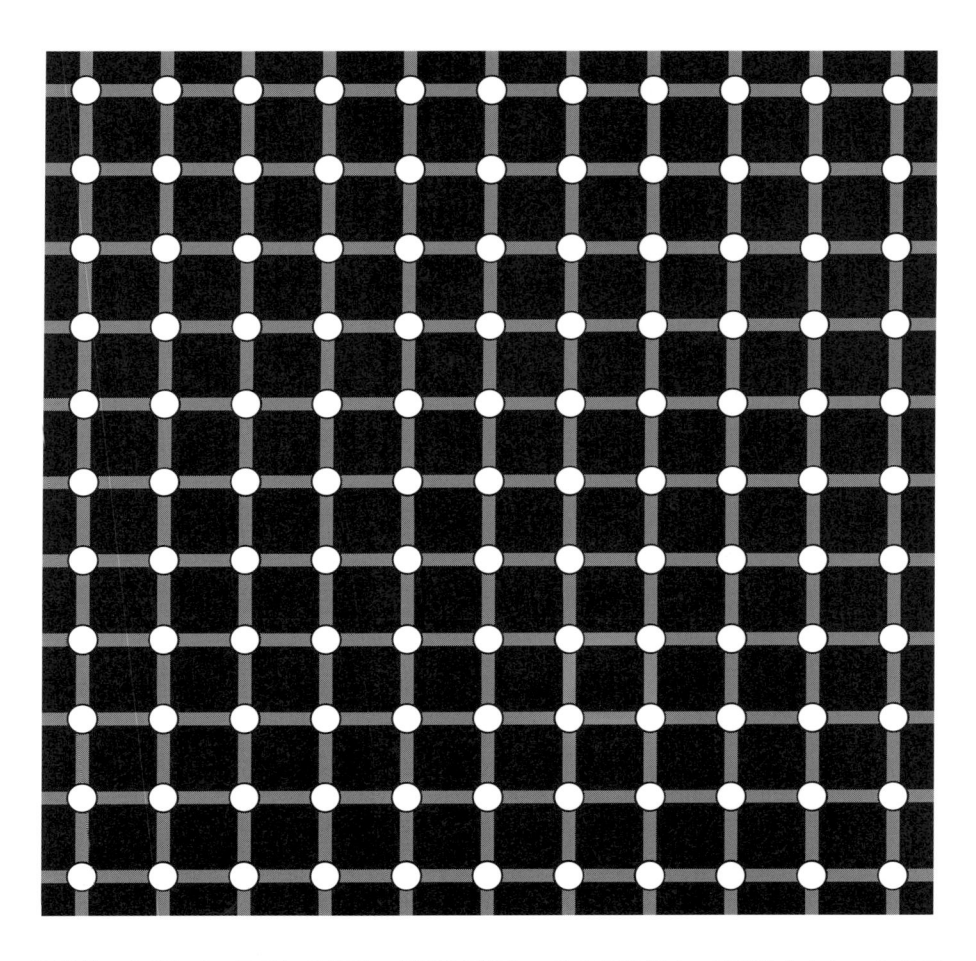

図 6.7 きらめくヘルマンの格子。1997 年にシュラウフらによって報告された。この格子をなに気なく見ると,きらめくように見える。眼を動かすと,白い円盤の内側に,暗い斑点が現われる。白い円盤のまわりの黒い縁どりは,飾りで,この効果を引き起こしているわけではない。

図6.8 同化。黒い線の入った中央の正方形の灰色は，白い線の入った周囲の灰色よりも黒っぽく見える。実際には，どちらも同じ灰色が用いられている。同じ灰色だということを確かめるには，中央の正方形の角付近の白か黒の線の端を隠すとよい。

が，もっとも明るい灰色には「白」の値が割り当てられる。もし画面が単に2つに分割されていて，2つの灰色のそれぞれが片方の画面全体を占めているなら，そのときには，2種類の灰色の画面が見えるだけだ。

　私たちの知覚の梯子にはどれだけの段があるのだろうか？　答えは約7段だ！　けれども，私たちは，2つの刺激間の微妙な違いを検出できる。ここで重要なのは，「微妙な」違いと「2つ」という数である。この弁別力は，いちどきに2つずつを比較するときにしか使えない。もし刺激をいくつかまず覚えて，次に新しい刺激を，覚えた刺激のどれかに分類する課題を行なうと，それほど正確にはできない。これはあたかも，記憶されたものが，実質的には5から9の段数しかない梯子の段に分配されているかのようだ［訳注——短期記憶の容量や瞬時に把握できる個数の限界は，平均すると7つ程度であり，心理学では，この数を「魔法の数(マジカルナンバー)」と呼んでいる。実際には，この限界数は，刺激の種類や状況や個人によっても異なり，通常は7±2，すなわち5から9程度の範囲になる］。

　雪の白さの正体はなんだろうか？　レオナルド・ダ・ヴィンチは，「降る雪は，空を背景にして見ると黒っぽく見え，家の窓の奥の闇を背景にして見ると，鮮やかな白に見える」と記している。もうひとつ，スキー場の斜面で曇天時に観察される逆説的な現象がある。空は薄暗いのに，雪はまばゆいほど白く見える。だが，光は空

6章 隣の芝生——対比と同化

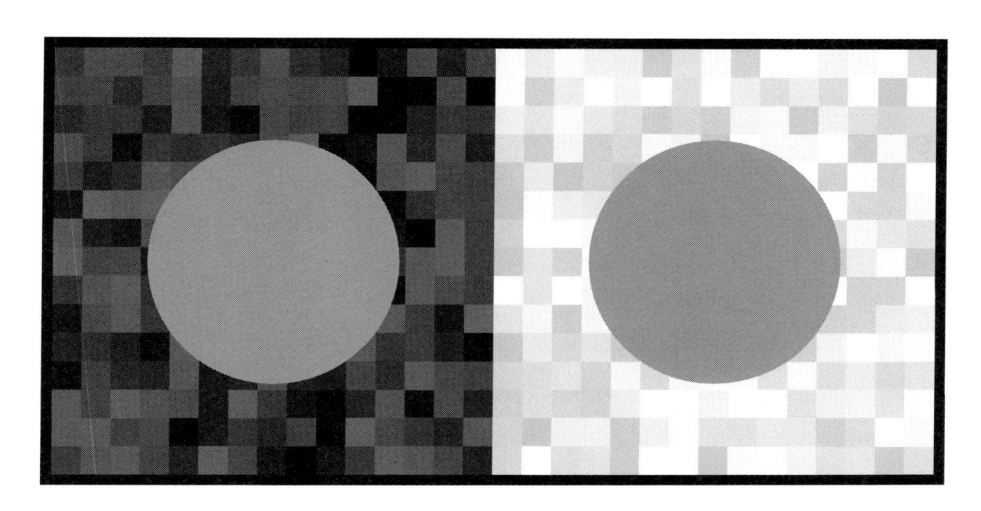

図 6.9 単純な対比効果。どちらの円盤も同じ灰色だが，右側の明るい背景上の円盤のほうが，左側の暗い背景上の円盤よりも黒っぽく見える。背景を構成するさまざまな濃淡の灰色があることが，この効果を強めている。

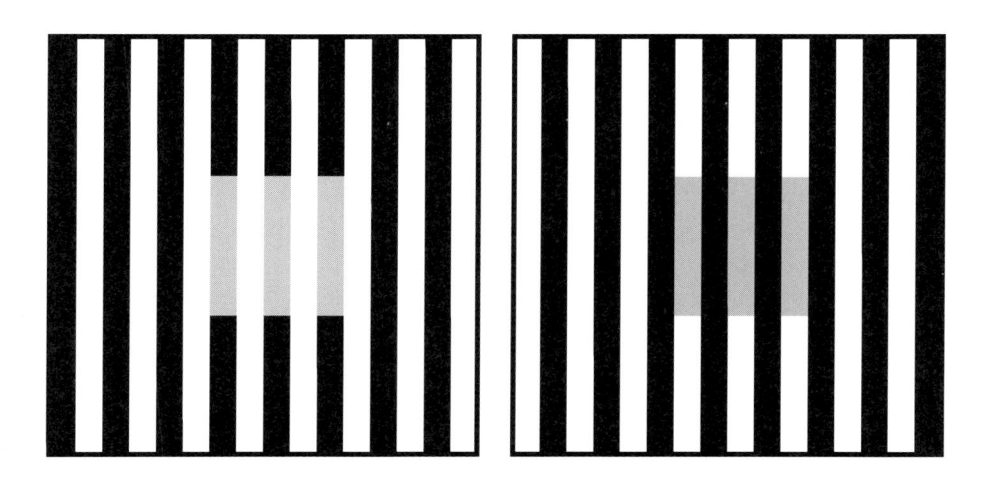

図 6.10 ムンカー - ホワイト錯視。黒いバーの上におかれた灰色（左）は，白いバーの間におかれた灰色（右）と実際には同じだが，それよりもずっと明るく見える。

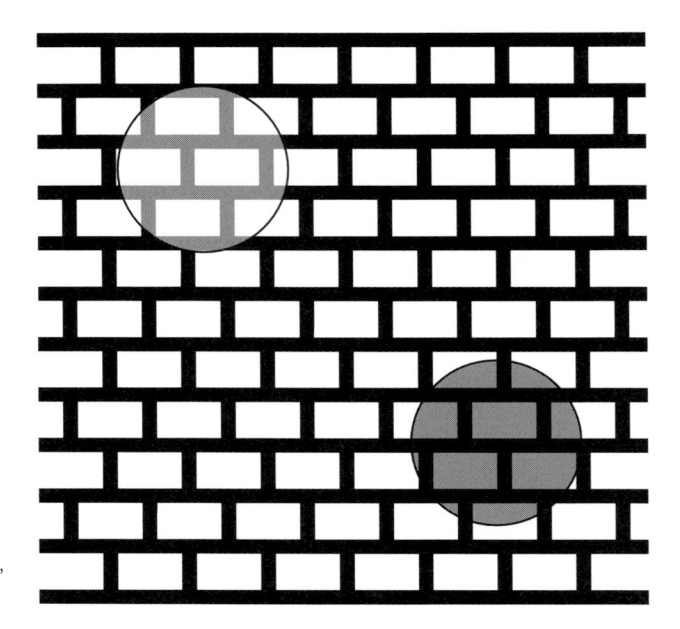

図6.11 ムンカー－ホワイト錯視の変形。左上の円盤では，透明視現象が生じている。2つの円盤には同じ灰色が使われているが，左上の円盤の灰色はより明るく見える。円盤を縁どる黒い輪郭は，この錯覚を強めているわけではない。

から来るのだから，雪が空より明るいはずがない。ケンデリンクとリチャーズの説明によれば，おそらくこれは錯覚ではない。私たちが足元の雪を見るとき，その雪は，上から来る光を反射している。一方，空の暗さを見積もるときには，前方の遠くの空を見る。地平線近くの空から来る散乱光は，垂直に近い方向から雪にあたって反射される光よりも，実際に弱いのだろう。

この説明は，なぜ隣家の芝生はいつも青いのかについて，ポメランツが十数年前に出した仮説を思い起こさせる。ポメランツによれば，垣根の近くに立って，自分の足元の芝生を見ると，茶色の地面を背景にまばらな芝が見える。一方，垣根越しに隣の家の芝生を見るときには，より水平の角度から見ることになる。そこからだと，眼は，厚みのある芝の緑を受けとる。この角度では地面はほとんど見えないので，隣の家の芝の緑が強烈に感じられるのだ。

もうひとつ，スキーヤーに知られている逆説的な現象がある。悪天候のとき，黄色のガラスの入ったゴーグルをかけると，明るさが増したように感じられるのだ。しかし，このようなゴーグルは，実際には，光を20％ほどカットする。実験室で行なわれた研究はどれも，ゴーグルをかけても，細部の知覚がよくなるわけではないということを示している。だが，野外の斜面では，へこみやこぶの判断がより正確になる。黄色のゴーグルは，青の光をとり去って，凹凸の解釈を容易にする色の信号をもたらすのだ。この章の最初のほうで述べた，音がしだいに大きくなるよう

図 6.12　輝きと霧。どちらの図でも，4 つの長方形は，明るさが端から端へと連続的に変化している。左が輝き効果，右が霧効果で，効果はまわりの 4 つの正方形の角に広がる。どちらの効果も錯覚である（ザヴァーニョによる）。

に感じられるという体験のように，私たちは，その変化の原因を意識することなく，音や光の強さが増したと錯覚しやすい。

　文字の印刷されたページに，色つきの透明なプラスチックシートをかぶせると，文字がかなり読みやすくなることがある。どの色が効果があるかは，人によって異なる。私の場合，効果があるのは黄色やオレンジ色である（例としては少数だろう）。これらの色の透明シートを通すとものがよく見え，印刷された文字も太くはっきり見える。この効果は，光滲効果と関係があるのかもしれない。つまり，文字の黒は通常，ページの白に侵されるので，文字は実際より細く見えることになる。色のフィルターを用いると，特定の色の成分が減り，それによって光滲が妨げられ，文字の本来の太さが回復するのかもしれない。

浮動する縞 ── 分離と融合

　しろうとが撮る映画は，映像がジャンプし，視点も気まぐれに変わり続ける。うまく撮らなきゃという思いが先走り，カメラのファインダーに眼を釘づけにしたまま，気の向くままに，カメラをあちこちに向ける。まずはじめはだれかの顔，次にプレートのはまった壁の端，そしてだれかの脚といった具合に。一方，映画を撮ろうという目的をもたずにこの同じ光景を眺める人も，ジグザグに視線を巡らせている。しかし，その「ショット」は──映画では光景が次々に入れ替わるだけなのに対し──心のなかに安定した映像を形作る。このときに頭のなかに形作られる一続きの映像は，実際には，信じられないほどつぎはぎである。左右それぞれの光景は，脳の2つの半球で別々に分析されたあと再構成され，ひとつの光景にまとめあげられる。この再構成は，継ぎ目などないように入念に行なわれ，すべては，映像が一瞬でできあがったように感じられる（図7.1と図7.2）。

　本を開いてみよう。そのページは，どこもはっきり見え，どの文字も同じ鮮明さで印刷されているように見える。時間が十分にあれば，ページの内容全体さえも一度に把握できたような気になる。ケヴィン・オリガンは，これが誤りだと主張する。ある瞬間に見えているのは，実際には視線を注いでいるところだけであり，映像の残りの部分は，ほとんどが錯覚による構成物だというのだ。ビンを手に持った場合にも，皮膚の触れているガラスの部分だけを感じるのではなく，ビンそのものを感じる。

　私の考えでは，この場合には，小さな要素を集めることによって，ひとつのまとまりのある映像が作り上げられている。こうした効果は，簡単に示すことができる。たとえば，横長の板の一方の面に，ある単語の奇数番目の文字を書き，もう一方の面には偶数番目の文字を書いてみよう。この板を水平の軸で回転させると，その単語が見える。あるいは，地下鉄の電車に座っていて，別の電車とすれ違うところを見るとしよう。向こうの電車の光景は，はっきり連続しているものとして見える。しかし実際には，さっと通りすぎる窓越しに受けとるのは，そのほんの小さな断片にすぎない。

図 7.1　手に開いた穴の錯覚。長さが 20～25 センチの紙を巻いて，小さな直径の筒を作る。それを左手に持って右眼にあて（あるいは，右手に持って左眼にあて），両眼を開けたままで，数メートル離れた対象に向ける。「あなたは，紙の筒に封じ込められた右眼でその対象を見ているのではなく，左眼だけでその対象を見ているように，そして左手に開いた穴越しにその対象を見ているように感じるだろう。筒を持った左手は，上の図に示したように，ぽっかり穴が開いているように見える。」（ガストン・ティサンディエ『ラ・ナチュール』，1881 年）

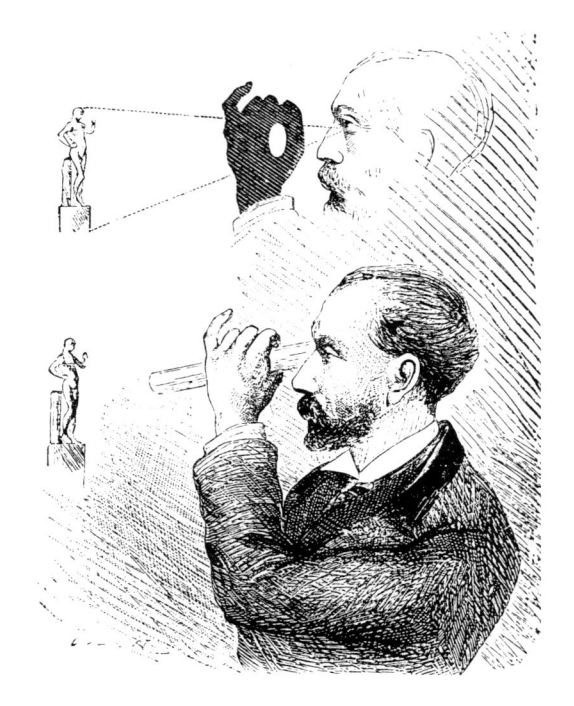

　視覚が断片の組立てだということを示す，家でできる簡単な実験がある。いわゆる手品師の杖の実験である。プロジェクターにスライドをセットし，空中に像を投影する。プロジェクターの光のビームをさえぎるように，白い杖を動かす。瞬間ごとに，像の一部が白い杖の上に映し出される。杖の動きが十分速ければ，杖によって空中に浮かんだ像全体が見える。手品師の杖が作り出す像は，確かに驚きを与える。しかし，実際には，聴覚もつねにこれと同じことをしている。聴覚は，瞬間的な断片として耳に入ってくる単語，文，テーマをまとまりにして私たちに聞かせている。

　話を聞いているときに，さまざまな雑音——洗濯機や掃除機の音，隣の部屋の水の音，道路の車のクラクション——も一緒になって聞こえてきたとすると，記憶にはとてつもない混乱が生じるはずである。知覚はたえず選別をし，重要な信号を意識にのぼらせ，それ以外の信号を意味のない背景として退ける。私の場合，仕事中に気に入っているアルバムをＢＧＭにかけると，曲の最初の部分を聞き，次に気がつくと，途中なにも聞いていなかったかのように——まるでほとんどが空白であったかのように——ディスクの終わりにさしかかっている。しかし，もしだれかが壁

図 7.2 太さの違い。同心円の微妙な太さの違いによって，$E=mc^2$ という式が現われる。よく見えるようにするには，この図を（コップの水に錠剤を溶かすときのように）一方向に大きく回すとよい。明と暗 2 つずつ 4 つの扇形が見え，動かされた方向に回転するように見える。

の向こうでしゃべっていれば，その声に注意を向けてしまい，気になって仕事に集中できなくなる。

　聴覚の場合も，私たちは，取捨選択をして，会話中の2人の声や対位法の曲のなかの2つの旋律を聞き分けている。この分離作用は，ときには錯覚を生じさせる。バロック時代の作曲家，たとえばバッハやテレマンは，この錯覚をうまく利用した。独奏楽器のために書かれた楽譜には，高い音と低い音がめまぐるしく交替するパッセージを含んでいるものがある。これを聞くと，2つの異なる楽器で演奏しているように，すなわち，一方の楽器は高い音の旋律を演奏し，もう一方の楽器は低い音の旋律を演奏しているように聞こえる。2つの重なり合う旋律が別々に聞こえるのは，必ずしも錯覚というわけではない。不思議なのは，2つのメロディがそれまで一度も耳にしたことがなく，恣意的に作ったものであっても，それらが聞こえ，一方，2つのメロディの音どうしを交錯させてできる別の旋律が聞こえることはないということである。それは「不可能なメロディ」なのである。ここでの錯覚は2つあって，ひとつは，音が2つの異なる音源から来るように聞こえ，もうひとつは，一方の旋律の音と他方の旋律の音の時間的前後関係がはっきりとはわからないことである。

　ダイアナ・ドイチュは，『ヤンキー・ドゥードル』［訳注──アメリカで独立戦争の頃に流行った有名な曲］などのよく知られたメロディを材料にして，その音を3つのオクターブに割り振った刺激を用いて，実験を行なっている。音の3分の1を1オクターブ高い音に，もう3分の1を1オクターブ低い音に移し，連続する2音が同じオクターブにならないように並べた。このように極端な加工を施したため，メロディは，聞いてもなにかわからないものになった。せいぜいできて，リズムのパターンから，曲を言い当てることができる程度であった。ところが，あらかじめ曲が『ヤンキー・ドゥードル』だということを知らされていると，被験者はすぐ曲がわかった。つまり，メロディの最初の認知においてまず重要なのは，低音や高音の音階における音の上昇や下降，すなわち「輪郭」なのだ。記憶が関与して認知がより精密になると，聞き手は，オクターブ関係にある音を同じ音として聞くようになり，絶対的な音の高さが変わっても，ドはドとして聞こえるようになる。

　ある楽音の前後の構成を操作することによって，その同じ楽音を自然なオクターブにある音として聞かせたり，別のオクターブにある音として聞かせたりすることができる。たとえば，2つの連続する音がちょうど半オクターブ離れていると，ある人にとっては音程が上がるように，別の人にとっては下がるように聞こえる。シェパードは，このようにして多義的な旋律を作り，またジャン゠クロード・リセ

も，もっとも美しい聴覚的な錯覚のひとつ——音が無限に上がり続ける，あるいは下がり続ける錯覚——を作り出した。リセの錯覚は，何オクターブかにわたって同じ音を重ね合わせて作った合成音を用いている。音が上がっていくときには，合成音を構成する音の周波数は平行して上がるが，合成音の要素のなかで高いほうの音が一定の周波数を越えるとそれらの音を徐々に弱めて聞こえないようにし，代わりに低いほうの音が新たにつけ加えられ，音の構成成分が少しずつ入れ替えられる。

　歌を聞くときには，記憶と解釈が大きく関係してくる。実際，歌うときには，楽譜の指定する厳密な音——それぞれの音は高さが明確に決められている——の連続をたどると考えられるが，ことばは，通常は別の周波数で伝えられる。すなわち，母音は周波数に違いがあり，たとえば"i"は"o"よりも高い。では，どのようにして，作曲家が要求する高さの音で，かつ歌詞の要求も満たして"o"や"i"を歌うのだろうか？　多くの歌手は，つねに同じ母音を歌うことで，この問題を部分的に解決している。私たちがこのことに気づかないのは，実際通りに聞く代わりに，それらをことばとして解釈するからである。もうひとつ，どうすればオーケストラの音に負けることなく歌声を聞かせることができるかという問題がある。低い周波数の音はあらゆる方向に広がるが，高い周波数の音は指向性が強く，（歌い手が聞き手に向かって歌えば）聞き手にはよく聞こえる。したがって，高い倍音は，オーケストラの音に負けずによく伝わり，聞き手には，「基音を欠いた複合音」の現象（16ページ参照）のように，低い音が聞こえる。私たちがテノール，バス，バリトンの間に感じる違いはおそらく，発せられた声の高さによるよりも，さまざまな発声法に結びついた周波数間の特定の関係によっている。

　文字を識別する私たちの能力は，驚くべきものだ。2つの文章が重ねて書かれていても，筆跡が違えば，容易に区別できる。これは，視覚において，聴覚的分離に対応するものである。同様に，2つの図形が同じ太さの線で重ねて描かれていたとしても，それぞれが私たちにとって意味を持てば，2つは分離する。一方，単語をその鏡映像とぴったりくっつけると，読みにくくなる。単語を構成する文字がより複雑な対称性をもったまとまりになって，文字には見えなくなってしまう（図7.3）。

　自然界において，対称性は，もっとも重要な視覚的手がかりである。垂直の対称性を持つ形は，まず間違いなく生きもので，獲物や捕食者や仲間の可能性があり，したがって注意を向けずにはいられない形である。ほとんどの場合，環境のなかにそうした対称性を持つものをいち早く見つけ，適切に反応することが，決定的に重要である。ここから自ずと生じる仮説は，対称性を持つものはひとつの対象を示し，

図7.3 対称に並べた文字。デカルトの名前の左側にあるパターンには，この本のなかで何度か登場した人物名が入っている。パターンを横にすると，名前が見えやすくなる。それでも見えなければ，その下半分を隠すとよい。

それゆえ分解する必要はないし，逆に，その単位で考え意味を与えるべきものになる，ということだ。

　この原理は，文字を対称に並べると文字が見えにくくなるという現象に現われる。それはまた，万華鏡でも役割をはたしている。万華鏡は2枚の平面鏡と色紙の小片から驚くほど豊かなパターンを生み出すが，この場合にも，鏡とそれによって生み出される対称性がなければ，色紙の小片の寄せ集めというだけで，これといったパターンは見えないだろう。対称性は，ロールシャッハ検査でも使われている。紙の上にインク滴を散らし，紙を折り曲げて広げると，対称性を持ったパターンができあがる。これが連想を喚起する形を生み出し，これを用いて，心理学者は患者の心理状態を調べる。

　私は，対称性を利用して連想を喚起するパターンを作る，別の方法を編み出した。ランダム模様を作り，その帯をそれと対称の帯と並べたり，あるいは，もとの帯を中央におき，それとは対称の帯を左右に並べるという方法である（図7.4，カラー図版15）。見ようによっては，斑点模様の顔や，太く間隔の開いた線で描かれたアニメのキャラクターらしきものが，容易に出現する。虫や「中国風の模様」も，いたるところに見つかる。軸の近くでは，対称だということがすぐわかり，その構造は端へと徐々に広がっていく。万華鏡や文字の場合と同様，図が形をなすと，模様の

7章　浮動する縞──分離と融合

図 7.4　垂直の対称性と形の見え方。この図では，同じ幅の垂直の帯が 3 本隣接して並んでいる。左側と右側それぞれの帯は，中央の帯と対称である。したがって，左側の帯と右側の帯とはまったく同じものである。2 つの対称軸のまわりにできるパターンが優勢になって，端まで広がり，そのため個々の帯の模様が見えにくくなる。図を 90 度回転させると，対称的な形が見えにくくなり，対称軸よりも，模様の細部に注意が向くようになる。

要素の細部は見えにくくなる。

　ページの向きを変え，対称軸を水平にすると，軸の両側で対称だと感じられる領域はほとんどなくなり，それぞれの帯を別々に解釈するようになる。自然界では，水平の対称性は，水面を意味する。水そのものを除けば，重要なのは，水面の上にあるものであり，対称性にもとづかずに解釈される。つまり，対称的な図形の場合には，2つの見方がある。対称軸が垂直のときには，私たちは，軸の両側の部分を結びつけ，ひとつのまとまりのある形を見る。対称軸が水平のときには，関心がこの軸に向くものの，像は2つの別々のものとして処理される。

　明暗が規則的に狭い間隔で交替する，コントラストの強いパターンは，オップ・アーティストやデザイナーによってさまざまに用いられてきた。彼らの作成したパターンのひとつが，知覚の専門家の興味をかきたてた。それは大内 元（おおうちはじめ）によって発表された数百のパターンのなかのひとつで，日本では注目されなかったが，その後アメリカのグラフィック・アートのなかでよく用いられるようになった。このパターンでは，中央に横長の市松模様からなる円形の領域があり，縦長の市松模様がそのまわりを円環状にとり囲んでいる（図7.5）。このパターンを水平に往復運動させると，中央の領域がページから浮き上がり，それをとり囲んでいる領域の上をすべるように見える。人によっては，見方の練習が必要なことがある。そういう人では最初は錯覚が起きないが，試しているとしだいに，パターンの適切な動かし方と最大

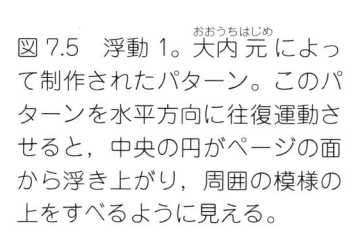

図7.5　浮動1。大内 元（おおうちはじめ）によって制作されたパターン。このパターンを水平方向に往復運動させると，中央の円がページの面から浮き上がり，周囲の模様の上をすべるように見える。

7章　浮動する縞——分離と融合

図 7.6　浮動 2。このパターンを動かすと，ななめ線の一方（＋ 45 度か− 45 度の一方）の領域がもう一方の領域に対して浮動するように見える。レジナルド・ニールの絵『3 の空間』（1964）には，このパターンが 9 つ，対称になるように並べられている。

の効果を得るやり方がわかるようになる。パターンを静止させておいても，眼の端を軽く押せば，この効果が生じる。最近，私は，レジナルド・ニールが 1964 年に発表したパターンでも同様の効果が起きることを発見した（図 7.6）。

　単なる縞模様では一般に効果がないが，ニールの絵のパターンは別である。とくに市松模様だと（もっと正確に言うと，くっきりした境界をもつ要素があると），この錯覚が起きやすい（図 7.7）。すべては 2 つのテクスチャーの境界部分にかかっている。動きは，図の大部分にわたることがある。また，図のなかの向きの異なる 2 つの部分が，同時に逆方向に動くように見えることもある。多くの場合，面がまとまって動いて見える——同じ向きの要素を含んでいる別々の領域が平行に動く。

　おそらく，この錯覚は，環境を有意味なまとまりに分けるという自然のプロセスを示しているのだろう。通りを歩けば，光景が少しずつ変化し，近くのものは遠くのものより，急激に変化する。一般に，これらの変化は動きとして感じられることはないが，特定の状況では動いて見えることがある。近くの面が遠くの光景を背景にして同時に見えているような場合が，そうである。たとえば，山頂の絶壁に沿って進むとしよう。視覚的には，この崖の縁は，2 つのテクスチャー——ひとつは私の足元の地面，もうひとつははるか下の地面——を隔てている。歩きながらこの境

図 7.7　浮動 3。著者が作成したパターン。ページを動かすと，いくつかの異なる向きの要素からなる中央の円盤が，それと似たいくつかの向きの要素からなる背景に対して浮動する。

界に注意を向けると，はるか下の地面が動くように見える。もうひとつ別の状況を例にとろう。うしろのビルを部分的に隠している電話ボックスに，その輪郭を注視したまま近づくと，うしろのビルが動くように見える。つまり，自分が移動するとき，光景のなかの像の変化をどう解釈するか——光景が少し変わるように見えるか，動きとして見るか——には，ある程度の自由度がある。ここでの問題は，なぜ，大内の図形が後者の解釈を，すなわち，一方のテクスチャーが他方のテクスチャーに対して動くという解釈をとらせやすくするのかである。

　マッハの帯が側抑制という重要な「神経的処理」を示しているように，大内錯視も，動きの計算のために脳が用いている処理を示すものではないか，と私は考えている。脳がある大きさの対象を検出するセンサーをもっていて，そのセンサーはその対象の速度を正確に測れるとしよう。このセンサーは，ほかの大きさの対象にも反応することがあって，速度については誤った値を与えてしまうと考えてみよう。脳にはさまざまな大きさの対象を検出する多数のセンサーがあり，それらが視野全

体をカバーしているなら,脳は,異なる大きさを担当するセンサーによって,動いているそれぞれの対象の速度を測ることができる。ところが,視野のなかに大きさの異なる複数の動く対象が密集していた場合には,ある大きさの対象は,ほかの大きさの対象を担当するセンサーによってあつかわれ,実際とは異なる速度として検知される可能性がある。大内錯視を引き起こすパターンは,境界線の両側に異なる大きさの多数の要素がある。したがって,この境界線の両側の要素が同じセンサーによってあつかわれ,センサーは,2つのタイプの要素ごとに違った速度を検出してしまうのかもしれない。

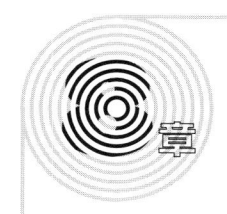

無から有へ——完結化と創造

　錯覚——存在していないものが見え，対応するものがないのに音が聞こえること。辞書の「錯覚」の定義では，幻の現象だということが強調される。実際，知覚においては，解釈の際に欠落部分が埋められ，外から来る信号が内的な生成によって完全なものになる。盲点の補充では，たえずこれが起こっている。盲点は，網膜の視神経の出口にあたる，直径で0.5度ほどの部分（外界では，30センチの距離の場合2.5ミリの大きさに相当する）であり，ここは光をとらえることができない。視野のなかにはこうした穴があるのだが，私たちがこれに気づくことはない。穴の周囲の情報をうまく拡張して，この穴を埋めているからだ（図2.1）。一般に，外界の信号が知っている対象と一致するとき，知覚は，記憶から引き出した詳細をそれらの信号につけ加える。これらの作用には，盲点の補充から幻覚や夢——これらは，脳によって生み出される，実際の光景のような現実感をもった内的なイメージだ——にいたるまで，さまざまなものがある。

　フランスの物理学者，アンドレ゠マリー・アンペールは，知覚に関心を寄せ，1805年に，現在使われている意味で「認知」ということばを用い始めた。彼は，イタリア・オペラを観賞しているフランス人の観客の例をあげている。

> 　ことばが大きな声で発せられないかぎり，ホールのうしろの席にいる観客には，母音の印象と歌の抑揚がわかる程度で，発音がはっきり聞きとれず，したがってなにを言っているのかもわからない。この観客がオペラの台本を開き，眼でそれを追ったとしよう。すると，ほんの少し前までは皆目わからなかった発音が，はっきり聞きとれるようになる。

　この種の体験で身近なのは，吹き替えをしていない外国映画を見るときである。その国のことばをよく知っていないと，台詞（せりふ）が不明瞭なかたまりになることがある。しかし，字幕スーパーが台詞の大意を教えてくれる場合には，ことばが明瞭に，あたかもその意味がどんなときも明らかであるように，聞こえるだろう。

　音楽は，何度も繰り返して聞くと，好きになっていく。メロディが記憶に刻み込

まれることによって——ちょうど，双眼鏡を通して最初にピントのぼけた光景を見て，徐々にピントが合って光景が明瞭になっていくように——しだいに形をなしていく。いったん旋律が定着すると，私たちは，記憶を用いてそれを聞くようになる。耳に入る音は記憶のなかの旋律を呼び起こし，それはもはや最初に聞いたときの感覚ではなくなる。

　私も，聴覚の記憶なのか知覚なのかがわからなくなることが時々ある。よく知っているアルバムのCDをかけ，歌い手に合わせてハミングしながら，部屋を離れることがある。隣の部屋に行っても，壁越しにかすかに聞こえてくる歌に合わせて，ハミングし続けている。一瞬，次のような疑問が頭をかすめる。私のハミングは歌い手に合っているだろうか？　考えてみると，歌の部分なのかリフレインなのか，もうわからないのだ。もとの部屋に戻るにつれて，混乱はさらに増す。というのは，音はよく聞こえるようになったものの，それがなにかわからないのだ。数秒するうちに，曲が形をなし，それがアルバムの次の曲で，これも聞き知った曲だということが判明する。

　この体験は，示唆に富んでいる。最初は，スピーカーから遠ざかるにつれて，受けとる信号が弱くなり，逆に，聞こえてくる周囲のノイズが増えていくが，知っている歌詞はまだ正確に再構成できる。次に，その再構成したものが，実際とは食い違い始める。はじめに実際に聞いていたものから，多少の想像を交えて聞いたものへ，あるいは最後にはまったくの想像で聞いたものへと，質的な移行があるのだが，私はそのことにまったく気づかない。逆に，スピーカーのほうに戻るにつれて，音響的信号がしだいに明瞭になっていくが，記憶のなかにその対応物が見つからないうちは，私には，それがどの歌詞なのかわからない。

　いずれにしても，多くの実験からわかるのは，音の信号を断片的にしか受けとらなくても，音を完全なものとして聞くことができる，ということである。この種の観察を最初に述べているのは1867年に出版されたラドーの『音響学』で，次のように書かれている。

> とても奇妙な現象に，ウィリス氏が「錯聴」と名づけたものがある。これは，次のようなものだ。耳が遠い人は，ふつうかすかな音は聞こえない。ところがたまに，こうした人のなかに，大きなノイズがともなうと，その聞こえないはずの音が聞こえる人がいる。ウィリス氏の知り合いの女性は，つねにお付きの人がそばにいて，だれかが彼女に話しかけるときには，お付きの人に太鼓を叩かせたが，そのときには話をはっきり聞きとることができた。また別の人は，鐘が鳴っているときだけ，音が聞こえた。オルデル氏も，似たような別の2つの例をあげている。ある男性は，

8章　無から有へ──完結化と創造

脇においてある大太鼓を叩いてもらわないと，耳が聞こえなかった。別の男性は，敷石の上をがたごと走る馬車のなかにいるときだけ，よく聞こえた。

　この逆説的な現象の解釈は，ノイズが音声に加えられると，会話の断片が聴覚閾の上に押し上げられる，ということである。耳の遠いこの女性は，これらの断片にもとづいて会話全体を再構成し，会話が途切れることなく聞こえるように錯覚するのだろう。

　最近行なわれたこの種のきわめて興味深い実験がある。聴覚の健常な被験者が，知人の唇の動きを見て，話の内容を理解するよう求められた。ひとつの条件では，話しているときの音声を聞かせず，もうひとつの条件では，意味のない音声からなる信号音を聞かせたが，その信号音は話している人の声と同じ音質のものだった。メッセージの理解は，後者の条件で格段によかった。

　ウォレンは，いまでは古典となったある実験を行なっている。"legislature" とい

図8.1　黒いタキシードを着た2人の紳士は，白い断片しか描かれていない（たとえば手は体にはついていない）のに，完全なように見える。『おもしろサイエンス』（ドゥ・サヴィニー，1905）の挿絵。

う単語をテープに録音し，そのなかの"gis"という音節を消す。これを聞くと，この単語の残りの２つの断片が聞こえる。ところが，消された音節の部分に音量の大きなノイズを挿入すると，この単語全体とノイズの両方が，一方が他方におきかわることなく，それぞれはっきり聞こえるのだ。脳は，ある音節にかぶせられたノイズがその音節を聞こえなくしているとみなす。その音節が聞こえなくとも，単語が完全な形で発音されていた可能性があり，脳は，欠けている部分についての仮説を作り上げて，信号を完全なものにするのだ。似た実験が，ヴィカリオによって楽音を用いて行なわれている。上昇していく音階のなかの一音を，それより20デシベルほど音量の大きな白色雑音（ホワイトノイズ）でおきかえる。すると，その削除された音の両側の音の中間にあたる高さの音が聞こえる。原理的にはほかの可能性もありうるのだが，聞こえるのはつねに，音階のなかで自然にあるはずの音である。ほかの実験では，聴覚でも，透明視のような現象——一方の音が他方の音の下で続いているように聞こえる——があることが明らかにされている。

芸術家も科学者も，「主観的輪郭」で構成された図がお好みである。もっともよく知られている例は，「カニッツァの三角形」だろう（図8.2）。この図では，中央に，くっきりした３つの辺をもった，まわりの白よりもほんの少し明るい三角形が

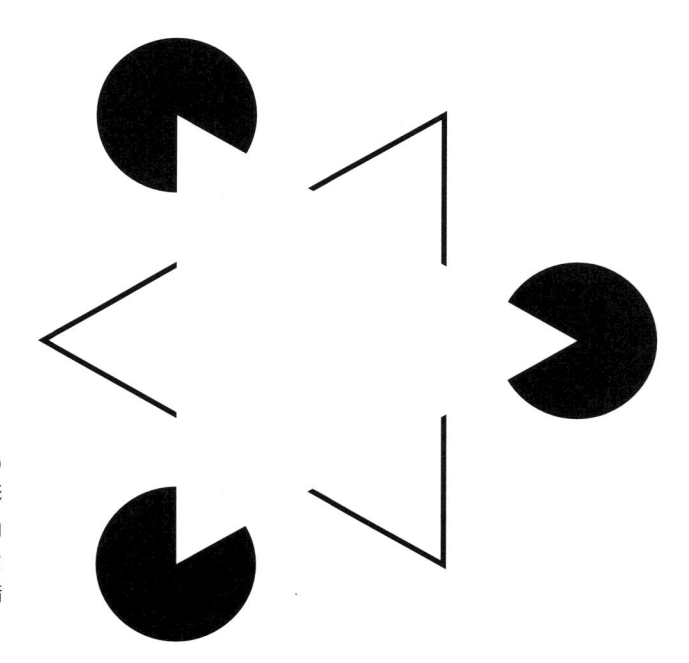

図8.2 カニッツァの三角形。３つの黒い円盤の切り込み部分が，錯覚の白い三角形の三隅になる。中断された線は，白い三角形の背後でつながって線の三角形をなすように見える。この中断された線は，この錯覚を強めているが，なくてもよい。

8章　無から有へ——完結化と創造

図8.3　エーレンシュタイン・タイプの主観的輪郭。描き手は，中断された線分の端をつなぐと整った曲線が現われるようにしたかったのだろう。

見える。三角形の輪郭は，実際に描かれているわけではない。輪郭は，ちょうど三角形の境界にある3つの黒い円の切り込み部分によって暗示されているにすぎない。もうひとつの有名な例は，エーレンシュタインの図形である。この図形でも，輪郭は，何本もの水平な平行線の中断によって示されている（図8.3）。いまではグラフィック・デザイナーがこれらの効果を多用していて，とくに立体的なレタリング文字で使っている（図8.5）。昔から，挿絵画家は，どうすれば部分だけを描いて完全な形を示すことができるかを知っていた（図8.1）。この錯覚は，2つの効果からなる。ひとつは輪郭の存在であり，もうひとつは，図と地（背景）の明るさの違いである。

　科学者の間には，2つの対立する考え方があり，両者譲らずの論争が続いてきた。その結果，これら2つの効果のそれぞれを生じさせるにはなにが必要かを突き止めるために，多くの図形が生み出された。一方の陣営は，この錯覚を認知的なものだと考えている。線の中断や円盤の欠けている部分は，2つの面の重なりを，あるいは一方の面の手前に他方の面があることを暗示する。なぜカニッツァの図形で三角

図 8.4 主観的輪郭の円盤とリング。これらの形は，強い規則性をもっていて，際立っている。もし中断された線分の隣り合う端を順々につないでいったとするなら，かなり不規則な形になるはずである。

形が見えるかと言うと，図の上に三角形があると仮定すると，この錯覚をもたらす図形要素の特殊な形態や配置がうまく説明できるからである。こうした考え方に対して，解釈の入り込まない，より基本的なプロセス，専門用語で言う「低次」のプロセスを支持する研究者がいる。かなり専門的な論拠をもとに，彼らは，ごく初期の段階の神経メカニズムによって，この錯覚を誘導する図形要素の近いものどうしをつなぐことによって輪郭が生み出されるのだ，と考えている。この輪郭は，ちょうど一連の点をエンピツで結んでいくと最終的にある形ができあがる子どもの遊びのように，補間によって生み出される。

「生理的」メカニズムの論拠は，主観的輪郭図形では，コントラストの微弱な光点をその輪郭上におくと，そうでないところにおいたときよりも容易に検出されるという事実である。コントラストを検出するメカニズムは視覚的解釈の初期段階にあるので，この結果は，主観的輪郭がかなり初期の段階で形成されるということを示唆している。これに対して，認知的アプローチをとる研究者は，被験者の注意が主観的輪郭に向くので，その結果として，コントラストの微弱な光点の検出が容易になるのだと反論する。同様の議論は，ヴィカリオの錯視（図8.8）にもあてはまる。この場合には，小さな四角ではストライプの間隔が広く見えるという錯覚が起こるが，同様により遠くからでもストライプとして見え，このことは生理的メカニ

ツ␣⌴␣⌴␣ツ

GREGORY

図 8.5 主観的輪郭による文字。下の例では，主観的輪郭の文字で GREGORY という名前が見えるが，これらの文字は黒い形によって暗示されているにすぎない。ここで，黒い形は陰影のようにはたらいている。文字の境界を区切っているのは一方の側のみだが，文字は完全な形に見える。上の例は，カニッツァの『視覚の文法』にヒントを得て作ったもの。この黒のパターンは，最初見たときには，なにかわからないかもしれない。しかし，ELFE という単語（フランス語では妖精という意味）の文字が横になっているとわかると，文字が主観的な面として見えるようになる（この例では，L が黒の輪郭のままだ）。

ズムを支持するようにも思える。

　私の考えを述べれば，主観的輪郭の錯覚には，2つの成分がある。一方で，この錯覚は，知覚の基本的メカニズムを反映している。もう一方では，私たちは，絵の描き方の慣習という文化の影響を受け，それが錯覚を生じさせる。ある対象を描くとき，私たちはその外側の輪郭を描く。この輪郭は一般には，実在するどんな線とも——その対象がもっているどんな明確な特徴とも——対応しない。この輪郭は一種の抽象であり，対象の部分として見えるものと見えないものとの境界を記述する。対象の向きを変えたり，違った角度から見たりすると，この境界は変化する。自然界では，シマウマの輪郭は，その縞模様の中断によって示される。したがって，知覚は，おそらく低次のプロセスを用いて，このような中断箇所を探し，ありえる境界の要素を作り出すのだろう。この点で，「低次」説の支持者は部分的に正しい。しかし，候補となる境界の要素は，（エンピツで線をつなげるような）補間のプロセスによってつなげられて有効になるのではない。逆に，明らかに，脳は一種の創造によって，図 8.4 の円や図 8.5 の文字のように，その境界をもっともうまく説明するような面を生み出す。ハリスとグレゴリーは，この考えを支持するもっとも強力な例を示している（図 8.7a）。

　彼らが示している例は，2枚の主観的輪郭の図形である。この2枚がステレオグ

図 8.6 主観的輪郭は，実際の線と同じように機能する。この図では，黒い正方形と円は，同心円の線と交わることによって，形がゆがんで見える（オービソン錯視）。同様に，白い主観的輪郭の正方形や円も，形がゆがんで見える。

ラムを構成する。一方の像を左眼で，他方を右眼で見ると，ウマの鞍の形をした立体的な錯覚の面が見える。この面は，補間されたものでも，対応する点ごとに計算されたものでもない。というのは，もとは均一の黒い2つの主観的輪郭の面であり，そこに奥行きの計算を可能にする特徴はなにも含まれていないからである。したがって，ウマの鞍の形は，円盤の切り込み部分で起こることだけによって決まる。両眼立体視では，切り込み部分の2つの縁(エッジ)は，立体的な角(かど)の2辺になる。知覚される面は，四隅が角(かど)にぴったりはまったウマの鞍のような形になる。

　出澤正徳(いでさわまさのり)は，立体的に交差する2つの錯覚の面が見え，知覚される交差も錯覚で

図 8.7 立体的な面の錯覚。上はハリスとグレゴリーによるステレオグラム（a）。両眼立体視で，2つの像が融合すると，ウマの鞍の形をした面が見える。下は出澤とザン（1997）によるステレオグラム（b）。錯覚の球面が見え，その球面上に円錐がくっついているように見える。

あるような，巧妙な図形をいくつも作成している。彼は，立体的な面の錯覚が生じるパターンも作っている（図8.7b）。この面は，錯覚を生み出す図形要素の延長によるものではなく，エーレンシュタインの主観的輪郭のように，図形要素自体にもとづいている。

「共感覚」は，自動的に生じる一種の感覚の連合である。こうした感覚をもつ人は，2千人に少なくともひとりの割合でいる。共感覚をもつ人は，たとえば，「母音に色がついて」聴こえる。1871年にランボーが書いた「母音」という詩は，「Aは黒，Eは白，Iは赤……」で始まるが，彼らには，これがそのままあてはまる。この現象は，女性では男性の6倍の頻度で見られ，遺伝的に受け継がれ，その現われ方もさまざまである。人によっては，文字や数字，あるいは単語によって色が喚起され，音楽によって色が喚起される場合もある。リストやスクリャービンなど，何

図 8.8 ヴィカリオの虫メガネ。小さな正方形のなかの線は，大きな正方形のなかの線より間隔が広いように見える。一定の距離をおいて見ると，大きな正方形は均一の灰色に見えるようになるが，小さな正方形は，まだ線が見える。この効果は，大きな正方形のなかに小さな正方形をおいても観察される。

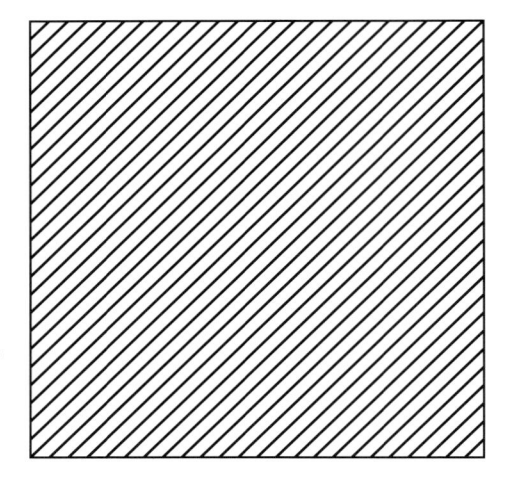

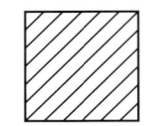

人かの作曲家も，共感覚の保有者だった。触覚や味覚によって色が呼び起こされる人もいる。また，視覚や聴覚の刺激が触覚の感覚を引き起こす場合や，ニオイが身体の運動感覚を引き起こす場合もある。共感覚のなかで群を抜いて多いのは，言語音（母音，子音，音節，単語）——文字ではなく音——が特定の色の知覚を引き起こすというものである。最初の科学的報告は，オーストリアの医師ニュスバウマーによって，1875年に『ウィーン医学週報』に発表された。1883年に，ゴールトンはイギリスで調査を行ない，9人の共感覚保有者を発見した。そのうち4人は"o"という音を白に結びつけ，残りの5人はほかの色に結びつけた。私は，ゴールトンの研究で用いられた"o"の音が，フランス語の"o"とはかなり遠い二重母音の英語の"o"であったに違いないと思う。バロン゠コーエンが最近イギリスで行なった確かな研究では，英語では"o"と白とを結びつけるきわめて強い傾向がある。これ以外でもっとも頻度の高かったのは，"u"と黄色あるいは明るい茶色，"i"と白あるいは明るい灰色との結びつきであった。

　これらの色はつねに「頭のなかに」見え，外の光景のなかに見えるのではない。共感覚保有者のなかには，色のつく位置がそのつど違う人もいるし，視野の中央の少し上といったように，必ず決まった位置につく人もいる。色は，その単語を聞くと自動的に生じる。共感覚保有者は，こうした現象を幼いときから——ものごころがつき始めたときから——体験していたと語る。単語とその単語特有の色合いとの結びつきは，きわめて再現性が高く，数か月の時間をおいても，同じように体験される。

　これまで，これらの共感覚的な結びつきは，文字を習得する際に作られると考え

られてきた。子どものときに特定の色のついた文字を見たことがあったのかもしれないというのである。現在出されている可能性のより高い説明は，脳のある領野が言語を担当し始めるとき，それまで色を担当していた領野の一部もとり込まれて言語を担当するようになる，というものである。色を受け持っていたニューロンが，言語を受け持つように変わったものの，色を処理する領野との連絡をまだ保っているために，共感覚が起こるというのだ。

イジア・ルヴィアンの連作『エニグマ（謎）』のひとつ。眺めて10秒もすると，リングのなかを回る流れが見える。

カラー図版1

カラー図版 2

上に流れる渓流。アメリカのヨセミテ公園のこの渓流は実際には向こうへと流れているが，写真だと，こちらに流れ下っているように見える。この錯覚はおそらく，前景の２つの明るい色の岩の配置が作り出す収縮効果によっている。渓流は，見る側から遠ざかるにつれて広がるため，この広がりを誤って登りの斜面として感じるのである（図 11.4 も参照）。

カラー図版3

対比効果。この図では，均一の色の長方形が並んでいる。2つの隣接する長方形の間の境界を指で隠すと，両側の明るさが同じに見えるようになる。さらにこの図では，輝度が段階的に変化することによる効果も観察される。すなわち，暗い長方形との境界に近い部分が明るく見える。

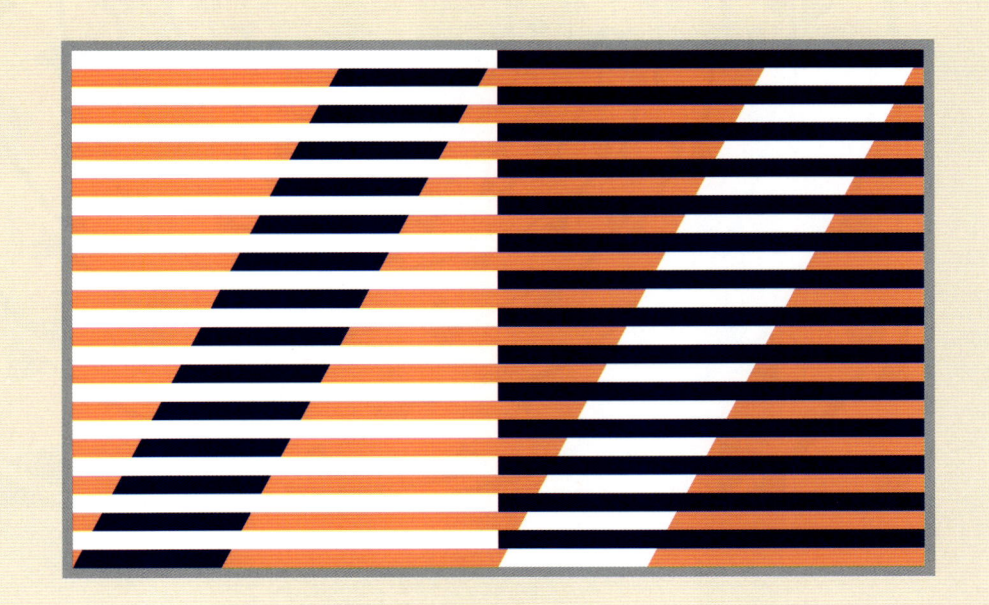

カラー図版4

色のムンカー‐ホワイト効果。隣接部分を隠してみるとわかるが，実際にはどの帯の赤も均一である。遠くから見ると，図の右半分の赤は，左半分の赤よりも暗く見える（つながっている中央の部分でもそう見える）。近くで見ると，これらの帯の中央部分は均一であるのがわかる。図の左半分の白と右半分の白も，異なって見える。

カラー図版 5

フレーザーのらせん。白と黒の弧を隣り合うように配置して、いくつもの同心円を作ると、それらがらせんをなしているように見える。この錯覚は、左ページの図では強く生じるが、右ページの図では、弱くしか生じないか、あるいはまったく生じない。2つの図の間には、わずかな違いしかない。左の図では、白い弧が暗い青の四角形の中央に、黒い弧が明るい

黄色の四角形の中央に位置している。これは，私たちの脳が，白の弧と黒の弧とを切り離し，それぞれを別のまとまりとして解釈しているかのようである。実際には，白と黒の弧それぞれがらせんのパターンを構成している。しかし，右の図のように，白と黒の弧がくっついているとみなされた場合には，実際通りに，同心円に見えてしまう。

カラー図版6

カラー図版 7

ダリオ・ヴァーリンの「ネオン拡散効果」。緑と赤の弧がピンクの正方形の面の錯覚を生み出す。

色の拡散。"PEACE" の文字は，赤い線の両脇におかれた小さな緑の線分によって構成されている。しかし，緑の文字が赤い線の下に連続して広がっているように見える。

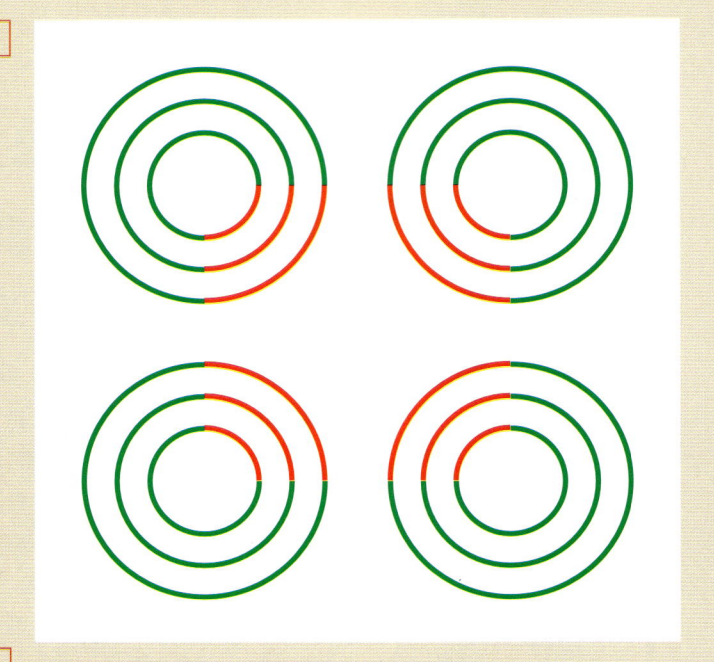

カラー図版 8

カラー図版9

バインジオ・ピンナの水彩効果。この白いページには，ぐにゃぐにゃの輪郭線が描かれているだけで，輪郭線の間に色が塗ってあるわけではない。しかし，同じ色の輪郭線の間の空間には，この色がうっすらとついているように見える。

カラー図版 10

マッカロー効果。下の白黒の縞のパターンを隠し，赤の縦縞のパターンと緑の横縞のパターンを数秒ずつ交互に，5分以上注視し続ける。そのあと，弱い照明下で，白と黒の縞のパターンを見ると，横縞がピンクに，縦縞が薄い緑に色づいて見える。つく色は，頭に対して縞が垂直か水平かによっており，頭を90度傾けると，つく色が入れ替わる。

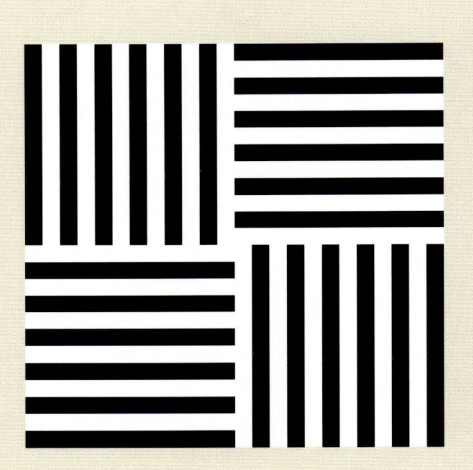

カラー図版 11

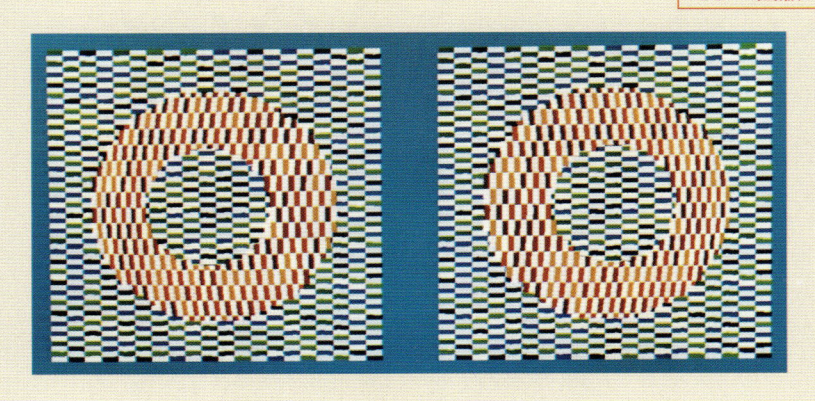

浮動する円錐。両眼立体視で，2つの像が融合すると，ランプのかさの形をした立体面が見え，ページを左右に小さく動かすと，背景の上で浮動するように見える。

大内錯視の変形。北岡明佳の『秋の沼』を作り変えたもの。この図を上下に動かすと，中央の正方形が水平方向に動くように見える。

カラー図版 12

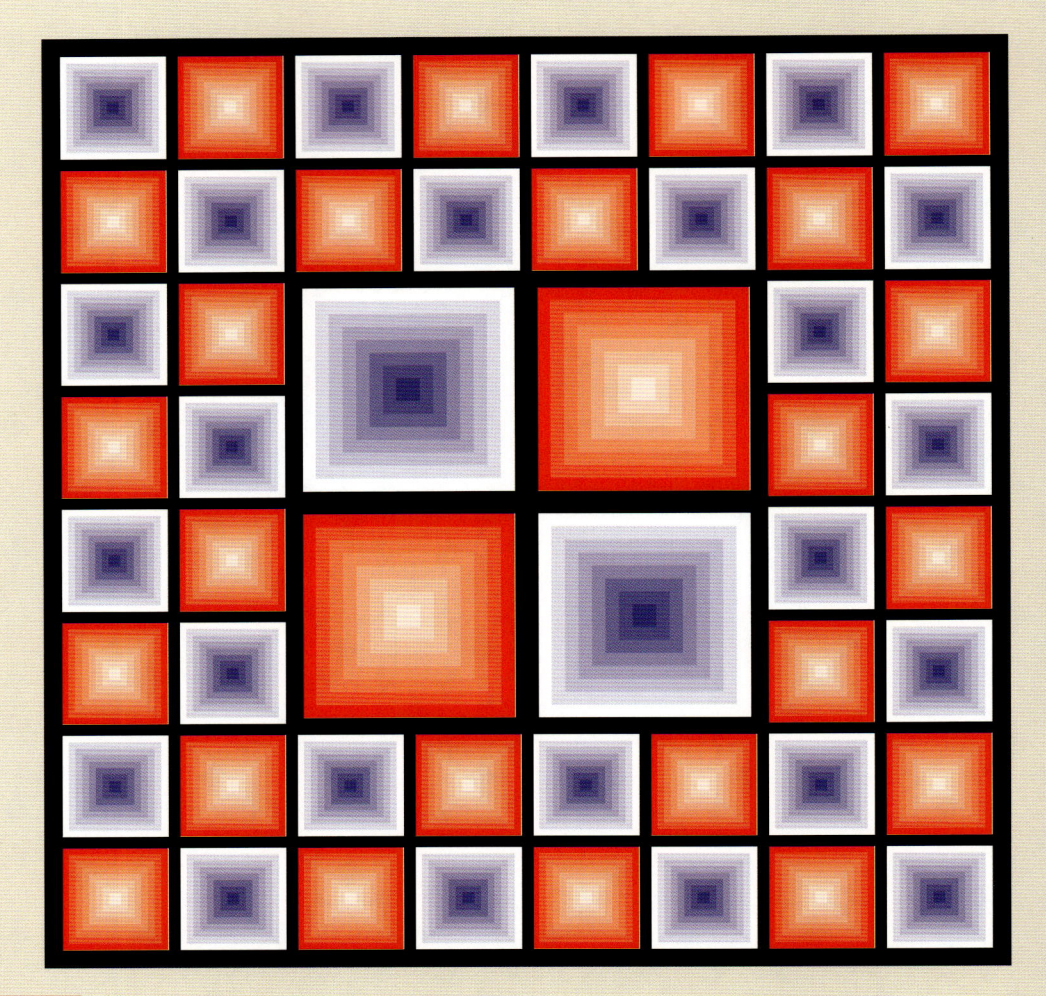

カラー図版 13　ピラミッドの稜線。この図では，いくつもの正方形が入れ子状に配置されている。図を近くで，あるいは拡大して観察すると，青や赤は中心から外側へと段階的に変化しているが，それぞれの段階では色が均一だというのがわかる。遠くから見ると，正方形の対角線方向に，ピラミッドの稜線のような線の錯覚が生じる。内側から外側にかけて，薄い色から濃い色に変わるピラミッドでは，輝く稜線が見える。

カラー図版 14

単眼で得られる立体感。細い筒越しか，手を丸めて筒のようにして，この海藻の突起の写真を観察する。突起がほんとうに屹立しているように見え，両眼立体視で得られる奥行きに似た立体感が感じられる。

カラー図版 15 連想。この図の中央の帯は，絨毯の断片の写真を貼り合わせて作ってある。左右の帯は，その鏡像である。垂直の対称軸に沿ってパターンが形をなし，長く見ていると，さまざまな形が現われる。このページを 90 度回転させると，もとのただのパターンに戻る。

逆さの世界に慣れる──順応

　知覚には，つねに存在するものを背景のノイズとして処理し，弱めるという傾向がある。だから，自分の体臭は感じないし，衣服やメガネが肌に触れていることも忘れている（私も，かけているメガネを探すということをよくやる）。鼻の先も，つねに視野のなかにあるのに見えない。異変が起こったときだけ，見えるようになる。私の体験をひとつ。プールで泳いでいたときに，眼から10センチほどのところを赤い点が動くのに気づいて，驚いたことがある。知らないうちに怪我をしていて，鼻先に血の一滴がついていたのだ。

　音は，聞き慣れてしまうと，特別なことを伝えるものでないかぎり，聞こえなくなる。毎朝いつも一定の小さな騒音がしていると，目覚し時計が鳴り出す少し前の音で，目覚めることがある。プリブラムは，高架の地下鉄の線路があって騒音がすさまじかったニューヨークの3番街のできごとを書いている。この線路がとり壊されたとき，警察署に，一晩中電話がかかってきた。この沿線のアパートの住人たちは，いつもなら安眠の最中なのに，なにやらただならぬできごとが起こったように感じて，夜通し眠れずにいた。実は，彼らが悩まされていたのは，聞き慣れた地下鉄の騒音がしないことだった。

　知覚には急速に順応するものがあり，これが数多くの「残効」を生じさせる。残効では，強い刺激作用によって，直後にそれとは逆方向の感覚が生じる。たとえば，熱い湯の入った洗面器に左手を，冷たい水の入った洗面器に右手を入れ，そのあとぬるま湯の洗面器に両手を入れてみよう。このぬるま湯は，左手には冷たく，右手には熱く感じられるだろう。眼を閉じてやってみると，それぞれの手が別々の洗面器に入っているように感じられるはずだ。

　同じような錯覚に，科学博物館などの体験コーナーによくある重さの錯覚がある。同じ直径の円筒形の2つの重り──下の重りは，上の重りよりも長く，したがってより大きい──があり，中心の金属棒に沿って垂直方向に動かせるようになっている。見学者は，その2つを一緒にもちあげてみるように言われ，下側の重りをつまんで，上側の重りごと，一番上までもちあげる。次に，上の重りだけをもちあげる

図 9.1　傾きへの順応．右の図を見えないように隠して，左の図のななめ縞を 1 分か 2 分凝視する．そのあとで右の図を見ると，垂直の縞は，順応したななめ縞とは逆方向に傾いて見える．

ように言われる．驚くことに，この小さな重りのほうが，いましがたもちあげた 2 つの重りよりも重く感じられるのだ．実際は，重りは見かけは同じだが，小さな重りは大きな重りよりも比重が大きくなるように作ってある．両方の重りをもちあげるとき，もちあげる人は，筋肉の緊張を全体の容積と関係づけ，この筋緊張を適度だと感じる．小さな重りをもちあげるときには，その容積に比して筋緊張が強いため，より重いものを動かしているという錯覚が生じるのである．

　ある色の対象をじっと見続けたあと，白い壁に眼をやると，その色の反対色の像が見える．これが補色残像である．次に示すのは，ゲーテの興味深い記述である．

　　夕方，私は宿屋にいた．透き通るように白い顔をした，黒い髪の，真っ赤な胴衣

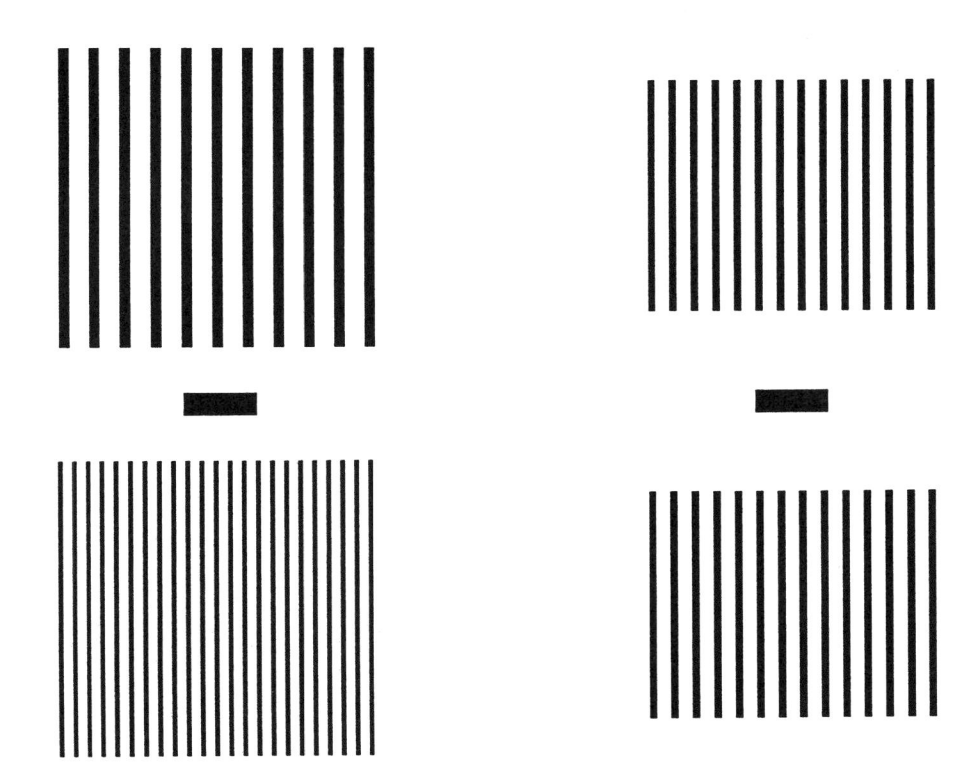

図 9.2 空間周波数への順応。右の図を隠し，左の図を1分か2分凝視する。そのあと右の図を見ると，上の縞の間隔は，下の縞に比べて狭いように見える。

を着た，均斉のとれたからだつきの少女が私のいる部屋に入ってきたとき，私は，少し離れたところから，私の前に立っている彼女を薄明りのなかでじっと見つめた。しばらくして彼女がその場から立ち去ると，向かい側の白い壁の上に，黒い顔が明るい輝きに包まれているのが見えた。残りの衣服も輪郭がはっきり見え，美しい淡緑色であった。

同じ効果は，目覚めのときにも観察できる。眠っている間，眼は暗さに順応している。朝，寝ていた部屋が明るければ，眼を開けた瞬間に光が直接入ってくるので，簡単に残像ができる。さらに，これらの残像が報告できる人なら，窓を見たあとに白い壁を見て，壁の上にどのような補色残像が見えるかも言えるだろう。同様の例は，暗い部屋で居眠りから目覚めた直後に，ついていたテレビ画面を見てしまった場合である。テレビ画面から眼を離すと，四隅の丸まった長方形の暗い残像が見え，眼を動かすと，それにともなってこの残像も動く。残像を効果的に作る方法には，

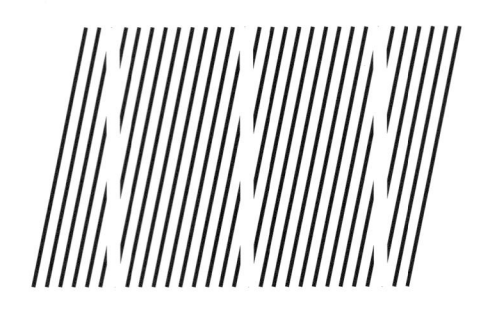

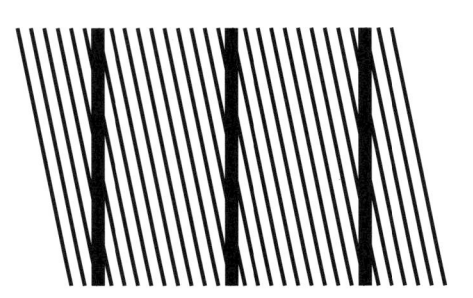

図 9.3 傾いた縞を背景にした黒と白の帯は，それらの縞とは逆方向に少し傾いているように見える。この効果が図 9.1 の順応効果と同じものだと考える研究者もいる。

フラッシュを用いる方法もある。部屋を暗くして，カメラのフラッシュをたいて対象を一瞬照らすだけで，その対象の残像を簡単に作ることができる。

　残像は，外界にあるように見える。明るい面を見ると，残像はその面上にあるように見える。しかし，残像はおそらくは網膜レベルでの順応によっている。残像が紙の上にあるように見えるようにして，紙を眼に近づけたり遠ざけたりしてみよう。残像はどうなるだろうか？　答えを知らないとすると，次の３つの可能性が考えられる。(1)感光した網膜の領域は変わらないのだから，なにも変化せず，残像の見かけの大きさは同じままである。(2)網膜に映る紙の大きさは，遠近法にしたがって，遠いほど小さくなるが，感光した網膜の領域は同じままなので，紙を遠ざけると，残像は大きくなるように見え，逆に近づけると小さくなるように見える。(3)紙を遠ざけても近づけても，紙の大きさは主観的には一定なのだから，残像の見かけの大きさも一定のままである。エンメルトの法則によれば，正しいのは２番目の答えである。すなわち，紙を遠ざけるほど，残像は大きくなるように見える。

　片眼だけで対象を見て残像を作ったとしても，その眼を開けても閉じても，残像が見える。私たちは，開いたほうの眼から光の感覚がくると思っているので，残像が閉じたほうの眼にあるときにも，迷うことなく，開いたほうの眼にあると思ってしまう。これは，残像が起こす二次的な錯覚であり，ニュートンもこの錯覚に惑わ

された。この観察には，ほかの場合にも言える重要なことが2つある。ひとつは，見えているもののなかで，左眼由来のものと右眼由来のものとを区別することはほとんどできないということである（たとえば，一方の眼を注意して閉じてみるまで，もう一方の眼が失明していることに気がつかない人がいる）。もうひとつは，閉じたほうの眼の残像は，もう一方の眼で見た光景のふつうの像と統合されてしまうので，閉じた眼由来であることを示すものはなにも残らないということである。

　聴覚でも，順応現象が見つかっている。なかでも，1929年に行なわれたフォン・ベケシーの実験は有名である。800ヘルツの大きな音を2分間聞き続けたあとでは，この周波数の音や，この音に近い周波数帯域の音（600ヘルツから1000ヘルツの範囲の音）は，より小さく聞こえる。さらに，順応音の提示される耳だけに起こるもっと驚くべき効果がある。順応音のあとに提示される異なる周波数の音が，高さが変化して——順応音と周波数の間隔が広がるような方向にずれて——聞こえるのだ。1200ヘルツの音は，1260ヘルツのように聞こえ，500ヘルツの音は，470ヘルツのように聞こえる。もうひとつの効果は，ツヴィッカーが報告しているもので，視覚では対応するものが知られていない。白色雑音(ホワイトノイズ)からある周波数帯域をとり除いた音に順応すると，そのあとでは，音が提示されていないのに，除かれていた周波数の音がかすかに鳴っているように聞こえる。

　聴覚的残像を作り出すには，専門的な技術が必要である。視覚での白い壁に相当するものが「白色雑音(ホワイトノイズ)」であり，この音には，ほとんどすべての周波数成分が同じ強度で含まれている。もし私たちが，かなり特徴的な周波数成分で構成された音を聞いて，そのあと白色雑音を聞くと，白色雑音は，順応音の周波数成分とは相補的な成分を含んでいるように聞こえる。より印象的なのは，順応音を，ある母音の相補的な周波数成分で構成することができることだ。この音を聞いたあとで白色雑音を聞くと，そのなかにその母音が聞こえる。

　1965年に，セレステ・マッカローは，長時間持続する残効を報告した。この残効は，彼女の名前をとって「マッカロー効果」と呼ばれる。この効果は，発見されて以来数々の議論を生んできた。赤と黒の縦縞と緑と黒の横縞（カラー図版10）を交互に数分間見つめ続け（順応時間としてはかなり長い），そのあと白と黒の縦と横の縞を見ると，縦縞は緑に，横縞はピンクに色づいて見える。この効果は，いったん形成されると，数時間ほど続くことがある。2時間半ほどかけて順応した場合には，1週間以上も効果が持続する。つく色は，網膜に依存していて，一方の眼で順応した場合には，他方の眼では残効が観察されない。頭を傾けると，つく色も変わ

る。白黒のテストパターンの向きを90度変えると，つく色が入れ替わり，頭を90度傾けても同様のことが起こる。マッカロー効果は，色収差への順応に関係している可能性が強い。粗悪な虫メガネや性能の悪いレンズを通して白黒の印刷物を見ると，色の筋がついて見えるが，これと同じように，光は眼のレンズによって分解されたあと，網膜上に不正確にしか合成されない。赤に比べ，青は周辺にずれるのだ。この色の筋は，明暗のはっきりした境界部分にできる。それゆえ，これらの色の筋をなくす順応メカニズムは有益である。色の筋を生じさせるレンズのついたメガネをかけ続けると，順応が起こり，2，3週間もすると，色の筋は見えなくなる。

　19世紀末，ジョージ・ストラットンは，網膜像を逆転させる実験を行なった。この実験では，彼自らが装置をつけた。この装置は，レンズのついた2つの短い筒からなり，これらのレンズが外界の像の上下左右を逆転させた。筒は，レンズを通った光だけが眼に入るように頭にしっかり固定された。実験は数日間続けられ，ストラットンは，この逆転装置だけを通してものを見た。この実験については，誤った解説がなされていることが多い。それは，ストラットンが，数日から数週間かけてその状況によく順応したというだけでなく，この装置を通して受けとった外界の像がもと通りになり，外界が実験前と同じに見えるようになったというものである。実際には，ストラットンも，この種の実験を追試した者も，逆転した像が順応によってもと通りになったとは感じなかった。

　ストラットンが装置をつけてはじめに観察したのは，次のようなことだ。視野全体は逆になって（上にあるものが下に，左にあるものが右にあるように）見え，頭や体の向きを変えると，視野全体が同じ方向にかなりの速さで動くように見えた（これは，幾何学的関係から容易に理解できることである）。視覚と聴覚の間には，乖離があった。すなわち，音が聞こえてくる方向は，音源が見える方向とは異なっていた。触覚と視覚も乖離し，体に触れている対象の触覚的位置と見えの位置とが違った。ストラットンには，とりわけ，自分の手足が，見える位置とは違うところにあるように感じられた。家のなかを歩く際には記憶に頼ることはできず，ふたたび歩き回れるようになるには試行錯誤を繰り返さなければならなかった。

　できるだけ視覚に頼って体を動かすことによって，いくつかの不一致は，しだいに小さくなっていった。たとえば，エンピツの先でアームチェアのアームを叩くと，音が実際にその場所でしているように聞こえた。身体感覚は，見えの世界に合致するようになった。たとえば，歩くときには，視野の上側に自分の足が地面につくのが見えたが，その感覚が正常なものになった。空間は再体制化され，ストラットン

図 9.4 運動残効。レコードプレーヤーの回転盤などを用いて，このプラトーの渦巻き（1850）を時計回りに回転させると，渦巻きは膨張するように見える。この動きを数秒凝視したあと回転を止めると，渦巻きが，見かけの大きさは一定のまま，逆向きの収縮運動をするように見える。

は，以前と同じように自分の家の部屋のなかを，あるいは部屋から部屋へと自在に動き回ることができるようになった。

　実験の終わりに，ストラットンがレンズをとり去ったとき（視野の広さを同じにするために筒はつけたままだった），見える世界は奇妙な感じがしたが，対象は逆転してはいなかった。おもな残効は，頭や体の向きを変えると光景が動いて見えるということだったが，この問題も2日目からはなくなってしまった。

　ストラットンの実験の追試が，オーストリアのイヴォ・コーラーとその同僚のエリスマンによって行なわれている。彼らは，被験者に，上下は逆転せず左右のみが反転するプリズムをかけさせた。しばらくすると，被験者は，障害物にぶつからずに動き回れるようになり，スキーをしたり，バイクに乗ったりできるまでになった。コーラーの報告によると，順応のはじめの頃には，部屋のなかの家具が正しい位置にあるように見え，路上では車が確かに右を走っている［訳注——オーストリアでは車は右側通行］ように見えたが，標札の文字や車のナンバープレートはまだ左右が逆になって見えた。順応の最終段階では，標札の文字もまったく正常に見えているように感じられた。しかし，疑問は残る。チャールズ・ハリスは，被験者が文字の向きをもと通りにしているのではなく，実際には，逆向きに文字を読むことに慣れて，書かれている文字の向きが気にならなくなったのではないかと考えている。

　この種の実験でそれほど極端でないものに，像を横にずらすプリズムをかける実験がある。被験者は，かけてすぐに，標的を指さしたり標的めがけてダーツを投げるよう求められると，一貫してずれた方向を狙ってしまうが，しだいにこのずれに

順応する。プリズムをはずすと，被験者は今度は逆の方向に誤るが，それほど時間がかからずにもとに戻る。しかし，プリズムには，順応に時間を要する別の効果がいくつかある。第一に，プリズムは光を分散し，コントラストの強い境界部分にはっきりとした色の筋を生じさせる。この色の筋に順応するには数週間かかるが，実は，マッカローが先ほど紹介した実験を思いついたのは，この現象を考えていてのことだった。それに，プリズムは，像にゆがみを引き起こす。頭を右か左に向けると，光景がアコーディオンのように伸縮するように見え，頭を上下に傾けると，光景がロッキングチェアのように揺れるように見える。これらの効果が消え去るのにも，数週間ほどかかる。

　これらすべての実験に共通するのは，被験者がとりわけ自分の身体の位置の判断を誤る，ということである。たとえば，被験者は，プリズムによって生じた横方向の位置のずれを補償する向きに頭を向けているにもかかわらず，真正面を見ていると思っている。ハリスは，順応の際に起こる知覚的再体制化が第一には視覚的信号に対する手足や頭の位置の再学習だということを示しているが，これには十分な説得力がある。哲学では古くから「視覚は触覚によって教育される」という考えがあるが，これらの順応実験は，それとは逆に，視覚が触覚よりも優位だということ，そして順応の本質が，視覚の新たな状況に合うように身体感覚を再体制化することだということを示唆している。

　最後に，私の同僚が実際に体験した例を紹介しよう。彼は，子どものときに水平方向の乱視をもっていたが，それを知らずにいた。25歳のときにそれが見つかり，メガネをかけたとき，彼には最初，ものの形がひしゃげて見えた。形が丸いとわかっていて，それまで丸く見えていた皿がいまは楕円に見え，前には細長く見えていた母親の顔が丸く見えた。それから数日すると，メガネをかけてもかけなくても，丸いものは丸く見えるようになったが，母親の顔は丸いままだった。母親の顔は，以前に見えていたように見えることはなかった。この体験は，二重に奇妙である。もし，メガネによって生じる圧縮効果を補正するメカニズムがあるとすると，メガネをかけてもかけなくても，形が変わらないということがどうして起こるのだろうか？　私は，この現象では，可能なかぎり信号の処理とは独立した結論を与えようとする知覚の重要な原理のひとつがはたらいているように思う。このことが，この処理過程がどのようなものかを解明するのをむずかしくしている。

10章 月を描く——知覚の恒常性

　ドライバーのなかには，スピードを出しながら，道の下の切り立った断崖のほうに顔を向けてその絶景に感嘆したり，うしろの人間を向いてジョークを飛ばしたりする人がいる。このとき，知覚は，頭の動きにかかわらず，ドライバーに道路の安定した映像を提供するという離れ業をやってのける。これほど極端ではない状況の例で考えてみよう。部屋のなかに静かに座って，まわりに視線を巡らせてみよう。光景は動き，ほんの少し変化するように見える。私たちは通常，こうした変化に気づくことはない。ふつうは，頭を上下させてうなずけば，光景はほんのちょっと動くように見えるだけである。しかし，一方の眼を閉じて，もう一方の眼を開けてその下まぶたを軽く押してみると，光景が動いて，そのあともとに戻るのがはっきり見える。専門家に受け入れられているこの現象の説明は，次のようなものだ。環境を探索する眼の動きは，通常は脳が指令を出す。このとき，脳は，眼がどこを向くかを知ることによって像がどう変化するかを予測し，像が安定したものになるように補正を加えている。ところが，眼を指で押した場合には，眼は動くものの，その動きは意図したものではないので，脳は補正をしない。それゆえ，外界が動いて見えるのだ。

　私たちは，知覚を通して場所，対象，人物を特定しようとするが，そのためには，その不変の性質を記憶し，見かけが変化してもそれらがわかる必要がある。知覚は，文脈のあらゆる効果を補正することによって，恒常性のある標準化された表象をもたらす。この表象は，記憶のなかに保持されている表象とも共通性をもつ。恒常性の効果は，色，明るさ，大きさ，形，音の大きさなど，あらゆる次元に認められる。ただし，速さの見積もりだけは例外である。哲学的にものを考えるなら，恒常性の効果を（あるいは逆に，恒常性の欠如を）錯覚の一種として分類することもできるかもしれない。知覚は恒常性を自然に生じさせるから，恒常性が心的過程を通して生じるということを理解するためには，分析的な研究が必要になる。それに加え，恒常性をなくしたり，それを逆説的な効果に変えたりする実験を考えつくのにも，想像力が必要になる。

よく知られているように，知覚される色は，照明光の違いに応じて補正されている。夕暮れどき，光は赤味がかる。これは写真にははっきり現われるが，知覚される色調にはほとんど影響がない。このような色の恒常現象について最初に述べたのはイブン・アル゠ハイサムで，1040年頃のことであった。1694年に，ラ・イールは次のように記している。

　　　眼は，色の変化にもっとも速く慣れる。これを示すには，次のような簡単な実験をしてみるとよい。少しだけ緑（ほかの色でもよい）に色づいた透明なガラスを通して，その周囲は見えないように隠してものを見る。少したつと，ものが緑に色づいているのには気づかなくなる。眼をずっと閉じていて，眼を開ける前に，眼の前に緑に色づいた透明なガラスをおいた場合も同様で，ものは緑に色づいているようには見えない。

　彼は，ロウソクの明かりのもとでは青いものは実際には緑がかるが，依然として青に見え続けることについても説明し，これを確かめる次のような実験を提案している。陽の光に照らされた部屋に入り，ロウソクだけに照らされた隣の部屋を鍵穴越しに観察し，部屋のなかの色を比較する。すると，それらのものが「同時に見比べることができれば，太陽に照らされているものに比べて，赤味がかった黄色に色づいて見える」ことがわかる。

　恒常性があるため，生(なま)の感覚をとり戻すのはきわめてむずかしい。ヘルムホルツは，光景の実際の色合いを知るには股覗きで見るとよいと言ったが，それはこうした理由からである。同様に，画家も，絵のなかの色が調和しているかどうかを知るために，絵の向きを変えて見るということをする。

　月は，太陽から受けとる黄色い光をはね返し，はね返された光はさらに黄色味を帯びる。しかし，私たちには，月はふつう白っぽく見える。私は，子どもたちに，月や星はなに色に見えるか聞いてみて，黄色に見えるという答えがあまりにたくさん返ってきて驚いたことがある。確かに，月はもやがかかった天気のときには黄色に感じられることはあるが，星の色が黄色いと感じられることはまずない。しかしフォントネルは，通常とは違う色のつき方をしている夜空について，次のように記している。

　　　月が昇ってから1時間もたったろうか。月の光は，木の枝越しに私たちのもとに届き，明るく鮮やかな白と黒く見える緑との混交を織りなしていた。かすかな星さえ隠したり見えにくくするような雲はなかった。星は，澄んだまばゆいばかりの金色に輝き，青い背景がそれをいっそう強めていた。

10章　月を描く——知覚の恒常性

　プトレマイオス以来，大きさの恒常性については，数多くの解説が書かれてきた。網膜に映る対象の像の大きさは，距離に反比例して変化する。ところが，顔は，3メートルの距離でも，50センチの距離の場合と同じ大きさに見え，（直径で）1/6の大きさや（面積で）1/36の大きさに見えたりはしない。大きさの恒常性は，視覚的に豊かな環境のなかの近距離の対象で起こる。自分の親指を眼に近づけても遠ざけても，その見かけの大きさには変化がない。しかし，背景を均一にして，内壁を黒く塗った筒を通して（あるいは手のひらを丸めて）この親指の動きを見ると，見かけの大きさが変化する。遠近法から予測されるように，指の見かけの大きさは，遠ざかるにつれて小さくなる。

　対象が恒常性をもって見えるためには，その距離に応じて見かけの大きさを修正する補正のメカニズムが必要である。距離がまったくわからない場合や不正確にしかわからない場合には，どうなるだろうか？　グレゴリーは，このとき脳は遠近法的手がかりを用いるという仮説を出している。たとえば，凹状や凸状の対象や奥行き的に層をなす光景には，特有の線の配置がある。グレゴリーによれば，紙のような平面の上に描かれた幾何学図形の場合にも，これと同じ線の配置が遠近法的手がかりとして処理され，大きさの恒常性のメカニズムが不適切に適用されて，過大視や過小視が引き起こされる。彼は，幾何学的錯視の大部分はこうして起こると主張している（たとえば図10.1，10.2，10.3を参照）。

　マッフェイとフィオレンティーニは，画面の大きさにも，大きさの恒常性があて

図10.1　大きさの修正と逆遠近法。同じ大きさのレゴブロックを積み重ねて作ったこの直方体は，写真に撮っても実際に見ても，底のほうが広いように見える。しかし，写真では，底の幅はてっぺんよりも8％ほど狭く写っている。これもおそらく，数ある山形模様の錯視の一種だろう。これは，グレゴリーが発見したもので，グレゴリーとゴンブリッチ（1972）には，次のように述べられている。「新たに発見された錯覚。この縞模様の直方体は，子どもの遊具のレゴで構成されている。底に行くにつれて，遠近法に反して広がるように見える。（……）おそらく，互い違いになった輪郭が，細長い対象に合った大きさの修正を引き起こすのだろう。」

図 10.2　前景の 2 つのブロック間の間隔は，左側の一番手前のブロックの幅よりも広く見える．しかし，実際にはほんの少し狭い．この錯覚は，おそらくこの間隔の「奥行き的」解釈による．

はまるという，興味深い観察を行なっている．テレビ画面は，近くから見ても小さいままだが，映画のスクリーンは，劇場のうしろの席から見ても，視野のなかで小さな部分しか占めないのに大きく見える．その結果，テレビ画面上の人間はどうしようもないほど小さく，映画のスクリーン上の人間は巨大に見える．

　奥行き手がかりを操作すれば，錯覚が作り出せる．もっともよく行なわれるのは，強力な遠近法的手がかりのある光景のなかに，同じ大きさの 2 つの対象をおくという手法である．より遠くにあると解釈された対象のほうが，もう一方よりも大きく見える（図 10.4）．この論証が完璧であるためには，ページの向きを変えた場合には，遠近法がもうはたらかないはずなので，この効果がなくならなければならない．はたしてそうかどうかの判断は，読者のみなさんにお任せしよう．

　大きさの恒常性は，垂直方向ではあまりよくはたらかない．飛行機のタラップの上にいる人は，下から見ると，それほど高いところにいるわけでもないのに，小さく見える．ビュフォンによれば，私たちは，水平方向については大きさや距離の見積もりを経験的に学んでいるが，垂直方向ではそういう経験がないからだという．こういうわけで，

10章　月を描く——知覚の恒常性

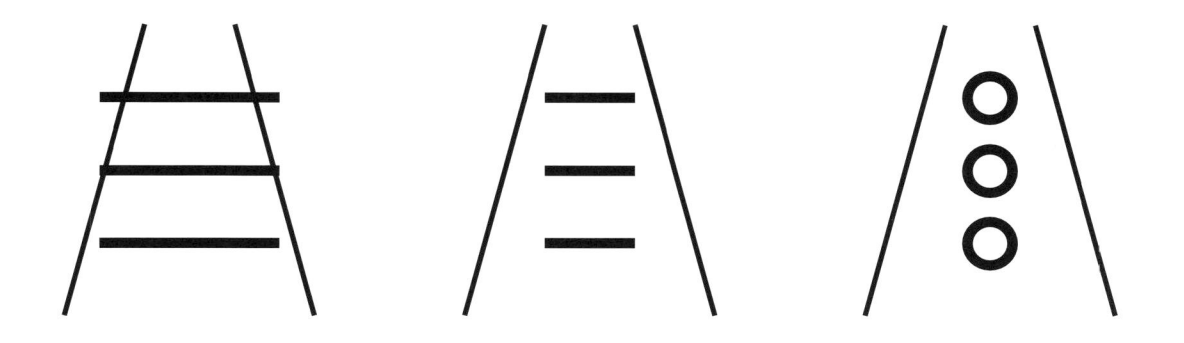

図 10.3　幾何学的錯視と遠近法。写真のなかの2つの白い長方形は，実際には同じ大きさだが，遠近法的な解釈と一致して，上にあるほうが大きく見える。一部の研究者は，幾何学的錯視は強い遠近法的手がかりのある図形配置で起きると主張している。たとえば，上の図で，3本の同じ長さの水平線分をもつ左と中央の図形は，遠近法的には道路や線路のように見える。上の水平線分は下の水平線分より長く見えるが，この錯覚は，明らかに，写真の場合のほうが強い。注意していただきたいのは，どちらの場合も，ページの向きを変えても，この錯覚が起こるということである。左上の図は，シャルル・エドゥアール・ギョームが，錯視と遠近法の関係について述べた論文（『ラ・ナチュール』，1893年，下半期号，315-318ページ）のなかで発表したもの。中央の図は，ポンゾ錯視（1928）の名で知られている。

図 10.4　ビュフォン高校のスキー選手たち。パリのビュフォン高校の2階の廊下を歩くスキー選手たちのシルエットは，みな同じ大きさである。しかし，遠近法の強力な手がかりによって，一番遠くにいるスキー選手がもっとも大きく見える。

　　　　　高い塔のてっぺんから見ると，下にいる人間や動物が，ふだん見ている方向である水平方向に比べて，同じ距離なのに，はるかに小さいと判断される。教会の尖塔の上の風見鶏や頂華(ちょうげ)を下から見る場合にも，同じことが起こる。それらは，いつもの水平方向で見て判断する場合に比べて，同じ距離にあっても，はるかに小さく感じられる。

　彫刻家にとって，「上方向の恒常性」がはたらかないのは問題である。そのため，台座の上に据える彫像では補正が行なわれる。下から見たときに均斉がとれて見えるように，彫像の下の部分に比べて上の部分を大きく作る。このやり方は，対象が実際通りに見える「水平方向の」知覚について知られていることとは違っている。たとえば，彫刻家は，ウマにまたがった人間の彫像の場合には，高くなるにつれて大きさが縮んで見えないように，ウマに比べて人間を大きくしたほうが自然だと思っている。しかし，正面から見るように作られた彫像（たとえば神殿の入口にあるスフィンクス）の場合には，前の部分に比べてうしろの部分を大きくしようなど

とは考えない。垂直方向での補正に関しては，異論もある。ヴェルニョーは，彼の遠近法マニュアルのなかで，こんなふうに辛辣に述べている。

> あまりに間近にあって，あまりに高い建物の上におかれた巨大な彫像は（……）一般大衆の浅はかさとの妥協の産物だ。建物を至近距離から見て，それから上にそびえ立つ彫像を見るには，眼をぐいと上げなければならない。それというのも，その建物のまわりにはほかの建築物がごちゃごちゃあって，全体を眺めようにも，そんな場所などどこにもないからだ。

　視覚の恒常性のなかでもっとも顕著なのは，おそらく形の恒常性だろう。図形が前後に近づいたり遠ざかったりするだけなら，すべての部分が同じ比率関係で変化するから，形は変化しない。円は，近くても遠くても，つねに同じ円に見える。しかし，3次元の立体の場合には，遠近法からわかるように，距離に応じてその見かけが変化する。すなわち，正面の部分は，距離に反比例して縮小するが，厚みは距離の2乗に反比例して縮小する（図3.9参照）。写真に詳しい人なら，写真を見ただけで，写っている顔が近くから（一般には広角レンズを用いて）撮ったのか，遠くから（望遠レンズを用いて）撮ったのかがわかる。よく言われるのは，広角レンズは顔の凹凸を際立たせるのに対し，望遠レンズはそれを弱めるということだ。しかし，実際に問題なのは，撮影の際の距離であって，広角か望遠かではない。写真に詳しくない人でも，極端な条件なら，こうした効果に気づく。たとえば，映画でコミカルな効果を出すために，顔を間近で撮ると，鼻やあごが異様な大きさに写る。

　同様に，傾きによっても網膜像は変化するが，この変化も補正される（図10.5）。丸い皿は，ななめから見ると，網膜には楕円に映るが，丸く見える。平面上で図形の向きを変えた場合には，形の恒常性はよくはたらかない。上下が逆になった顔の解釈は不正確で，この場合には一般に形が明らかに違って見える。前に紹介した正方形-ひし形の錯視も，その例である（図3.10参照）。実際，対象を回転させると，形も変わる。渦巻きを回転させた場合，収縮運動や膨張運動といった錯覚が生じるし（図9.4），楕円を回転させると，形が柔軟に変化する。回転する正多角形を小さなスリット越しに見た場合にも，形や大きさが変化するように見える。

　持続時間の知覚はあまり正確ではなく，速さの知覚もそれ以上に不正確である。ただし，これらのなかで正確なものがひとつだけある。それは，危険に対して反応するときである——顔面に飛んできた石をよけるとき，ジャンプして着地の瞬間を見極めるとき，車が行き交う道路を安全に横断するタイミングを計るときなど。し

図10.5　形の恒常性。この写真では，小さな正方形の模様の入った同じタイルが，中央の直方体やまわりの壁や床をおおっている。強力な遠近法のため，正方形は多少ゆがんだ平行四辺形をしているが，これを正方形として見ないようにするには努力が必要である。たとえば，中央の直方体の右の側面では，正方形は下に行くにつれて圧縮され，左の側面では，正方形が幅の狭い長方形に近い平行四辺形をしている。

かし，いま自分がどれぐらいのスピードで移動しているかを言うときや，遠ざかったり横切ったりする対象のスピードを見積もるときには，知覚は信頼性に欠ける。

　スピード感は，とりわけ身体で感じる。昔は列車に乗ると，乗客は窓を開け，身を乗り出して，顔で風を感じたものだった。今日，列車は走る石棺になってしまった。窓を開けることもできず，外部との身体的接触は一切絶たれている。確かに，知識としては，列車が時速300キロで走っているとか，飛行機が時速千キロで飛んでいるとかいうのはわかる。しかし，かりに実際にはその半分だったとしても，そうでないかどうかは視覚によっては確認できない。

　私たちの文化は，スピードに対してマニアックなまでの関心を示し，それをストップウォッチで計測する。100メートルを47.95秒（すなわち時速7.51キロ）で泳ぎ，2位に0.1秒の差（2位は時速で7.49キロになる）をつけて優勝した選手は，とてつもないことをやってのけたとみなされる。この違いは，記録を0.1秒縮めるのがどれだけ大変なことかを知っている選手にとっては意味がある。この場合も，基準は身体的なものであって，視覚的なものではない。

　私たちは，網膜に映る対象の大きさが距離にともなって小さくなるはずだということを知ってはいるものの，網膜上では速さも同じ比率で遅くなることに惑わされる。たとえば，フロベールは『感情教育』のなかで，競馬場を走るウマを次のように描写している。

10章　月を描く——知覚の恒常性

　　　遠くから見ると，ウマはそれほど速く走っているようには見えない。シャン・ドゥ・マルスの向こうの端にいるときには速力をゆるめているように，ただわずかに滑走して動いているだけのように見えた。(……) だが，たちまちこちらに帰ってきて，形が大きくなり，風が鳴り，地面はふるえ，小石が飛び……。

　壁の上で動き回っているハエに近づいていっても，私には，ハエの動きが速くなるようには見えないだろう。このように，ごく近い距離であれば，速さの恒常性がある。中程度の距離になると，大きさの恒常性はまだあるが，速さの恒常性はもうはたらかない。テレビでカーレースやテニスの試合を見るときのスピード感は，実際にその場でそれを見るときと同じではない。テニスの場合，長さ 24 メートルのコートを 20〜30 メートル離れた席から観戦しているなら，3 メートル離れて見るテレビの映像——コートは 30 センチほどの大きさに映る——と比べて，ボールは 10 倍以上の角速度で動く。

　聴覚にも，恒常性がある。おそらくもっとも不思議な効果は，人が大声で話していることや曲が大きな音で演奏されていることが，実際に聞こえる音が小さくてもわかることだろう。ホールでは，声や楽器の音は，私たちの耳に直線的に届くだけでなく，間接的に，ものや壁に反響しても届く。私たちは反響音に気づかないことが多いが，これらの音を録音したものを聞くと，反響音が聞こえる。一般に，音が障害物と作用し合うとき，その音は，周波数が変わらずに反射され，聞き手の耳に直接届く音よりも少し遅れて届く。人間の聴覚は，音の恒常的な性質である周波数を細かく聞き分けることができるが，それに比べると，環境に応じて変わる到達時間の微妙な差に対する感度は明らかに悪い。ヘルムホルツは，この「位相感度の悪さ」を観察しているが，このおかげで，たとえばヴァイオリンの奏でる音は，弓を押しても引いても，まったく同じ音に聞こえる。音をさまざまの倍音に分解して実験を行なってみると，音色はそれらの相対的な強度に依存するが，それらの位相のずれの影響はほとんど受けないということがわかる。

　視覚での形の恒常性に相当する，きわめて強い聴覚の恒常性がある。それはメロディの不変性である。移調しても，メロディはわかる（ただし，いくつか例外はある）。

　プロの音楽家は，音叉の音が若い頃より高くなった，すなわち，楽器の調律に用いる標準音のAの音が少しずつ高くなったとこぼすことが多い。レップは，これを錯覚だと言う。彼によれば，時間は年齢とともにしだいに詰まったものでなくなって，「心理的一瞬」が長くなる。彼は次のように言っている。「ところで，すぐれた

音楽的記憶をもつ音楽家は，高齢になっても，若い頃に記憶した短い『心理的一瞬』の時間的基準を保持している」。この説明を支持するものとして，レップは，説明するのがむずかしい次のような個人的な観察をあげている。オペラの公演で音の高さを測定してみたところ，盛り上がる感動的な場面では，歌手と演奏者が，楽譜よりも高い声で歌い，高い音で演奏していることがわかった。演奏者は，このように緊張が高まるときには，「心理的一瞬」が短くなり，自分が出す音が低すぎると感じ，音の高さをしだいに上げていくのだろう，とレップは推測している。さらに，音楽史家は，標準音の高さが実際に進化してきたと信じている。A3は，ルイ14世の時代は404ヘルツであり，ナポレオン1世の時代には423ヘルツで，ナポレオン3世の時代には450ヘルツだった。最近は440ヘルツ付近を推移しており，インフレがうまく抑えられているようだ。

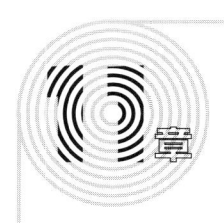

11章 登る下り坂——基準点

　見知った人間や見慣れたものは，家のなかでも外でも同じ大きさに見える。しかし，つねに家のなかにしかないものや，逆に家のなかには決してないものもある。これらを屋内と屋外で見た場合，同じ大きさであるとはなかなか思えない。4メートルほどある部屋の壁の間の距離は，かなりあるように見え，私にはとてもひと跳びで跳べるようには思えない。ところが，野外の競技場の走り幅跳びのコーナーに立つと，4メートルはさほどの距離ではない。運動神経が抜群というわけではない平均的なおとなでも，5メートルは跳べるし，走り幅跳びの世界記録は9メートル弱で，これは2部屋分の長さをゆうに越える。おとなが全身をゆったり伸ばせる2メートルほどの長さのベッドを例にとると，中型車の長さにするには，これを2つ縦につなげなくてはならないというのは，私にはちょっと信じがたい（図11.1）。

　私たちの暮らす建物の空間には，直角の成分がいたるところにある。部屋は直方体で，床や天井は壁と直交する。私たちは，それとは矛盾する証拠が出てこないかぎり，そういうものだと思っている。それゆえ，これらの制約に従わない異様な状況では，誤ることになる。このアイデアをもとに，エイムズは，現在では科学博物館の目玉の展示物にもなっている錯覚の部屋を製作した。エイムズの部屋の壁と窓は台形に作られているが，特定の位置（壁のひとつに開けられた穴）から見ると，ふつうの部屋のように（床や天井と壁が直角をなす長方形の部屋のように）見える。ところが，なかの人間は，低い天井側では巨人のように，高い天井側では小人のように見えるのだ（図11.2）。

　天空は，扁平に湾曲したドームをなしていて，地面と平行に遠くまで延びているように見える。このように，私たちの視空間は，垂直方向よりも水平方向に広い。この空間の見かけの点から，地平線近くの月が真上の月よりもはるかに大きく見えるという月の錯視を説明しようと試みた人たちもいる。この錯覚は，明らかに知覚現象であって，光が異なる状態の大気を通って屈折するために生じるのではない。月の直径は視角で0.5度ほどで，この大きさは地平線からの高度が違ってもほとん

図11.1 屋内と屋外。知覚は，動き回れる空間の大きさにしたがう。ものは，野外にあるときよりも部屋のなかにあるときのほうが相対的に大きく見える。たとえば，一番上の写真に示した乗用車は，長さが4.46mあり，一番下のベッドは1.94mある。したがって，実際には，乗用車はベッドより2倍以上も長い。中央の写真は，乗用車と同じ縮尺で再現したベッド。

11章　登る下り坂——基準点

図 11.2　エイムズの部屋。この部屋の窓や壁は実際には台形をしていて，床面は遠くになるにつれて低くなり，天井は逆に高くなっている。これらの寸法は，特定の位置から見ると，部屋が遠近法的に長方形の部屋に見えるようにしてある。私たちは，この誤った解釈のほうをとり，右にいる人間を左にいる人間よりもはるかに大きいと錯覚してしまう。パリの科学・産業シティの資料から。

ど変わらない。月の錯視については，古来よりさまざまな説が考え出されてきた。もし月を扁平な天空のドームの一部だと考えるなら，地平線方向の月は，真上の月よりも遠くにあるはずである。それゆえ，視角での月の直径は同じだから，地平線上の低い位置にあるときのほうが大きいと判断される。要するに，天空のドームは，月にとって，巨大なエイムズの部屋のようにはたらくというのだ。このほか，よくあげられる次のような説もある。月が高い位置にあるとき，月と私たちの間には介在するものがない。これに対して，月が地平線近くの低い位置にあるときには，月までの距離は，はるか遠くにある地上の基準物との関係で判断される。

　ここで，私の知るかぎりではこれまでとりあげられてこなかった，ある要因を強調しておこう。それは，水平方向に比べて「上方向」では，大きさの恒常性があまりよくはたらかないということである。月は，水平方向では，見慣れた地物や対象と同じようにあつかわれ，したがって奥行き的に大きさの補正が強く起こるが，上方向ではわずかにしか起こらない。

月の錯視は，空に多少靄がかかっているときのほうが顕著に起きる。このように，遠いほどコントラストが弱まる「大気遠近法」の効果も，この錯覚に大きな役割をはたしている。つまり，対象の視角が同じで，コントラストが弱ければ，それは遠くにあるということであり，より大きく見える傾向がある。この錯覚は，朝霧のなかで獲物を狙うハンターによく知られた錯覚とも関係している。ハンターは，巨大な翼の鳥を何度か目撃するが，あとからそれが小さなカラスだったということを知る。鳥を狙うとき，ハンターは上を見上げるが，上方向には距離を正確に見積もるための基準物がない。それゆえ，鳥の大きさは，おもに空とのコントラストにもとづいて判断される。網膜に映る像の大きさは同じでも，霧はコントラストを弱めるので，鳥は巨大に見える。ドライバーに知られたある種の錯覚も，同じ理屈で説明できる。ドライバーは，夜間運転中に自分の数メートル前を大きな動物がさっと横切ったという目撃談を語ることがある。彼には，前方を一瞬だけ通りすぎる動物までの距離を正確に見積もるだけの時間がない。しかも，その距離も急速に変化する。さらに，通常とは異なる照明条件も誤りを誘導する。距離を過大に見積もってしまう結果，その動物が途方もない大きさに見えてしまうのだ。
　光景を見て判断するのに十分な時間がある場合でも，これに類する錯覚を体験する人がいる。1905年頃，ハーヴィ・カーは，350名ほどの学生に調査を行ない，そのうち58名が距離の錯覚を体験したことがあるという結果を得た。報告の多かった錯覚は，見えているものすべてがはっきりしたまま遠のき縮小するというもので，失神するときに体験する錯覚に似ていた。しかし彼らは，ものが遠のくという錯覚を，これまで何度も，しかも意識がはっきりしていて体調がよいときでも体験していた。何人かの学生では，光景が近づき遠のくのが交互に繰り返された。ほかの学生では，その変化は1回だけの全体的な動きであった。
　珍しい例では，全体の光景は動かずに，ひとりの人物だけが近づいてきたり，遠ざかったりした。たとえば，ある女子学生は，教会で牧師が遠ざかって壁の向こう側まで行き，しばらくの間そこにとどまっているのを見た。この錯覚は教会だけで起こったが，教会の見かけには変化がなかった。別の女子学生は，通りにいるときに，こうした錯覚を経験した。突然，彼女が話しかけている近くの相手が，通りの端——この通りは長くはなく，すぐほかの道と交差していた——までゆっくりと遠ざかり始め，そのあとゆっくりともとの位置に戻った。近づき遠ざかるという逆向きの動きは，明確に異なるものとして知覚された。光景の「遠近法的」特性は，強烈に感じられた。すなわち，家々の大きさは，距離が遠いほど小さく見え，人の大きさも，遠ざかると小さくなり，近づくと大きくなるように見えた。カーが紹介し

ているいくつかの例では，視覚的にものが遠のくという感覚には，聴覚も対応していた。たとえば，こういう錯覚をする人は，しゃべっている人が遠ざかるように見え，その話をはっきり聞くために身を乗り出し，耳をそば立てなければならなかった。

　最後に，カーは，350人の学生のうち5人がこの現象を意のままに体験できることを見出した。ある女子学生は，両眼立体視においても，周囲の光景を変化させることなく，対象を意のままに近づけたり遠ざけたりできた。しかし，注意をゆるめてしまうと，光景全体が近づいたり遠ざかったりした。意図的にこの現象を生じさせた場合には，遠ざかる対象は大きくなり，不明瞭になった。この学生の場合，対象の前後の移動は，眼の焦点合わせ（調節）の変化と強く関係していたが，両眼の輻輳の変化とは関係がないようであった。

　私たちは，平衡器官によって垂直を感じているが，視覚的手がかりによっても大きく影響され，ときには垂直を誤ることがある。とりわけ，道がそうだ。自転車に乗っているときに，あるいは車を運転しているときに，道路がほんとうは坂なのに「平坦に見える」ことがある。
　ドゥ・グラモンは，次のような珍しい例をあげている。

　　たとえば，ランド地方の海岸近くの松林では，松が海からの風にさらされて育ち，内陸に傾いでいて，みな同じ方向を向いている。私たちは，木々の幹を垂直だと思うので，家が松林に囲まれていると，その壁の柱はもう垂直には見えず，松の列の向きとは逆方向に傾いているように見える。

　私も，水面をじっと見ていると，それが水平に見えなくなるという錯覚を経験することがある（図11.3とカラー図版2）。
　フランスのバニュルス近くの県道には，車を止めて景色をじっくり眺めたくなるようなスポットがある。ここは道が丘の中腹を走り，ヘアピンカーブを描いている。車を止めて，サイドブレーキを引かずに車から降りたドライバーは，車がひとりでに動いて，登り坂にしか見えない道を登り始めるのを見て仰天することになる。実際には，道路は下り坂なのだが，地形のさまざまな特徴が，登り坂の錯覚を生み出している。ドライバーが不注意にも車を止めてしまうこの場所の近くには電柱があるが，傾いていて誤った垂直を示し，さらにそれに合致して，ぶどう畑の列も傾いていて誤った水平を示している。気づきにくいもうひとつの要因も，おそらくこの錯視に大きな役割をはたしている。道の両端が平行な平らな道路を考えてみよう。

図 11.3 傾いた水面。パリ郊外のソー公園にあるこの池は，水面が水平には見えない。右から左に，もしくは手前から奥に向かって下がっているように見える。この錯覚は，実際にこの場所に立っても強く起こる。

網膜に映る像では，距離とともに幅が減少する。道路が下り坂の場合，この幅はより急激に減少し，道の両端は合わさるように見え，俯瞰の効果を生み出す。道路が登り坂の場合，その幅は，道が平らなときよりもゆるやかに減少する（図 11.4）。逆に，それが眼の高さにあって，予想されるよりも広い場合は，登り坂を示している。もしカーブに近づくにつれて実際に道路が広くなっていて，その道路を直線だと思っていたとするなら，その道路は登り坂に見えてしまう。私がバニュルスの道路を調べてみたところ，カーブに近づくにつれて，実際に道路が広くなっていた。

　古代の人々も記している代表的な錯覚に，雲の多い夜，月が雲に向かって動くように見えるという錯覚がある。雲は風によって運ばれるが，日中なら，その動きは地上の基準物との関係ではっきりわかる。しかし夜だと，雲が基準物になり，月が雲に対して相対的に運動するのが見えるが，それは絶対運動として解釈される。相対運動が絶対運動に見えてしまう興味深い例は，ハトの頭の動きの錯覚である。地面を歩いているハトを横から見ると，ハトの頭が前後にひょいひょい動くのが見える。これは錯覚である。実際には，頭が少し先に水平方向に前に動いて停止し，体

11章　登る下り坂——基準点

図11.4　登り坂と下り坂。道路の両端が描く曲線は，自動的に登り坂や下り坂として解釈される。道路の両端が近くで急激に収束することは下り坂を示し，遠くのほうでゆるやかに収束することは登り坂を示している。逆に，もし実際に道路が広がっていたり狭くなっていたりすると，登り坂や下り坂として錯覚しやすくなる（カラー図版2も参照）。

がそれに追いつく。しかし，私たちは，体のほうの規則的な動きに対する頭の相対運動を絶対運動として解釈する。基準物が問題で生じる運動の錯覚は豊富にあるが，これらはふつうは紙面では再現できない。私の知っている例外が2つほどある。ひとつは，イジア・ルヴィアンによって発見されたもので，彼はこれを「回る円錐」錯視と呼んでいる（図11.5）。もうひとつの例は，私が「フラフープ」錯視と呼んでいるもので，これはおそらくこれまで報告されたことがない（図11.6）。

　飛んでいる飛行機から外を見るとき，翼に注目するか，雲に注目するか，その下方の地表に注目するかによって，雲の動きが違って見える。アルンハイムは，次のように述べている。飛行機がちぎれ雲の層の上を飛んでいて，それ越しに地表を見るとき，雲はほとんど動かずにいても，遠近法的には地表よりも速く動くので，地表の上を横切って進んでいるように見える。しかし，雲と地表とをつながっているものとして見るようにすると，雲のほうが固定し，その雲と地表という全体が不動のものとして見え，その上を動いているのが飛行機のほうだと感じられる。2つの雲の層の奥行き関係が反転して見えるという，より複雑な知覚的再体制化の例も報

図 11.5 イジア・ルヴィアンの回る円錐。このページを上下にゆっくり往復運動させると，2つの縞の面が円錐の軸のまわりをそれぞれ逆方向に回転する。この錯覚はおそらく，縞には基準となるものがないため，縞の動きの判断がしにくいことから生じるのだろう。

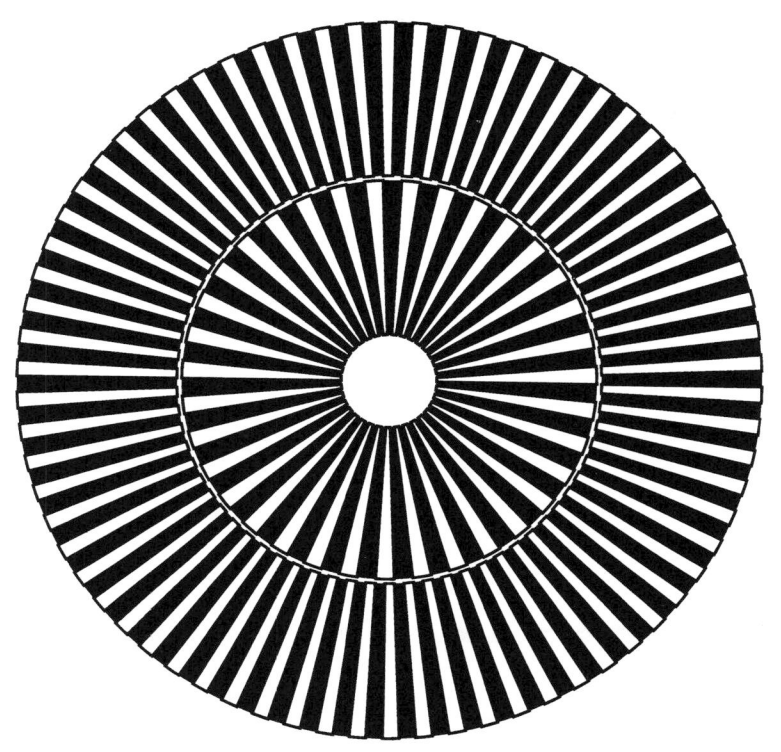

図 11.6 回る円環——「フラフープ」錯視。このページを，大きな円を描くように同じ回転方向に速く回し続けると（コップに水を入れてすすぐときの，あるいはコップのなかの砂糖を溶かすときのような動き），その動きにつれて，間にある細い円環が，ちょうど腰でフラフープを回すときのように，回るように見える。中央付近には，主観色も見える。

告されている。

　平野を走る列車に乗っていて，ある町に近づきつつあったときに，次のような観察をしたことがある。遠くには，見渡すかぎりの平野が広がっていたが，異なる距離に家屋などの基準物がぽつりぽつりあった。近くでは，線路脇の電柱が私のほうに向かって来るように，すなわち列車とは逆方向に動くように見えた。その中間の距離（約 400 メートル）にある家は，風景の大部分と同じく，不動であるように見えた。しかし，はるか遠くの家は，ゆっくりとではあったが，列車と同じ方向に動くように見えた。ブルドンも，これと同じような観察を報告している。彼はまた，列車の窓から見える外の垂直線が傾いて見えることがあるとも記している。ブルドンによると，この錯覚は，線路がカーブしているところで起こる。こういう場所では，

　　線路の一方が，遠心力の作用を相殺するために，もう一方よりも高くなっている。その結果，私たちが乗っている列車も，そして私たちの身体も，少しななめに傾く。

ところが，私たちは，自分たちが傾いていることに気づかないか，あるいは気づいたとしても，その傾きを実際よりも少なめに見積もってしまう。私たちは，自分の身体が垂直か垂直に近い向きにあると思う傾向があるため，外の垂直な対象のほうを傾いていると錯覚してしまうのだ。

　ほかの車に追い越されるときに体験する錯覚は，私にはいつも驚きだ。たとえば，時速100キロで車を走らせていて，それより少しだけ速い車（時速120キロ？）に追い越されるとしよう。私はまず，左側にその車がいるのに気づき，少しの間は並んで走っているように見え，そのあとその車が私の車を追い越すと，みるみる間に車間距離が広がって，数秒もすると，追いつけないところに，それこそはるか彼方にまで行ってしまったように感じる。海でほかのモーターボートに追い抜かれるときも，同様の錯覚を経験する。相手のボートは猛スピードで走っているわけではないのに，私を追い抜いてしまうと，数秒もたたないうちに，そこまで行くには1時間もかかりそうなところに行ってしまったように見える。

　この現象は次のように説明できる。その車が近くにある場合は，距離が正確に見積もられ，車はほぼ不変の大きさに見える。ところが，50メートルも離れてしまうと，大きさの補正ができなくなり，車の大きさが縮むように見え，急に無限遠まで遠ざかってしまったように感じられるのだ。これには別の説明もある。ただし，この説明は，いまの説明と相容れないものではない。それは，こうした状況では，車間距離が視線の方向にもとづいて見積もられるというものである。その車の後輪を見るために視線を下に向けるとすれば，それはその車がすぐ近くにあるということであり，水平方向へと視線を上げるとすれば，それは車が遠くにあるということである。ドライバーの眼が地面から約1.5メートルの高さにあるとすると，5メートルと30メートルの距離の間では，視線は8.2度も変化するのに，10メートルと無限遠の間では，8.5度しか変化しない。

　街路灯のような同じ高さのポールが端に並んだ道を車で走りながら，もっとも手前のポールを見ると，そのポールは動かず，高さも変化しないように見えるが，周辺の視野に見えているその次のポールは，実際には近づいているはずなのに，縮んで遠ざかるように見える。走りながら，道路に対して直交する向きに並んだポールの列を見ると，列の向きが回転するように見える。マッハは，走る列車から空間がどう変化して見えるかを，次のように記している。

　　私が走る列車に乗って進行方向に向いて座っているとすると，左側の空間全体は，少し考えてみればわかるように，はるか遠くを軸にして時計回りに回る。同じく右

11章 登る下り坂——基準点

側の空間全体も回るが，回転方向は反時計回りである。注視し続けるのをや̇め̇て̇はじめて，前に進んでいる感じがする。

　似たような現象は，吹雪の夜，ヘッドライトをつけて走る車の前のシートに座ると，簡単に体験できる。垂直に落ちてくる雪片が，前方中央から現われて，車にほぼ直角に向かってくるように見える。前方正面をじっと見ると，横の雪片は，少しだけ浮き上がるようにさえ見える。

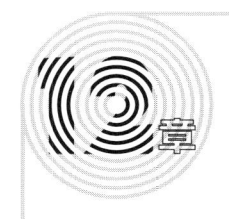

10章 視覚が王様──矛盾と仲裁

　感覚の種類が異なると，提供される情報が食い違うことがある．その場合には，2つの情報を折衷したり，一方の感覚を優先させて，仲裁が行なわれる．哲学においては，触覚が優位だとされ，生まれてから数年のうちに視覚は触覚の経験を通して学んでいくのだと考えられてきた．しかし，ある対象（たとえば立方体やまっすぐな棒）を手で触り，同時にそれとは少し形の違う別の対象（平行六面体や湾曲した棒）が見えるという実験状況を作ってみると，哲学者たちの直観に反して，被験者は，触ったものではなく，見えたものがあるように感じる．

　多くの劇作家や小説家が書いているように，視覚は，誤っているときでさえ，ほかの感覚に優越する．女性の主人公が，男の格好をして長い髪を隠すだけで，声を変えなくても，男になりすませるという芝居は，数多くある．暗がりで夫になりすました男が，そうとは知らない妻の寝ているベッドに忍び込むのに成功するという小噺もあるが，彼女は，ニオイや触感，愛の行為によっては，夫でないことに気がつかない．

　視覚は，聴覚信号の解釈にも影響する．人の話を聞く場合，しゃべるのを見ながら聞くと，内容がよくわかる．マガークとマクドナルドは，ある音節を発音している人の映像をビデオに撮り，その人が別の音節を発音しているときの音声を録音した．この映像と音声とを同時に提示された被験者は，それらが一致していないことに気がつかなかった．彼らには，録音された音節とは違う音節がはっきりと聞こえた．それは，映像で発音されている音に音韻的に近い音節であった．たとえば，映像が"ga‑ga"で，音声が"ba‑ba"の場合には，眼を閉じて聞いたときには"ba‑ba"と聞こえたが，眼を開いて見たときには"da‑da"と聞こえた．音源の定位も，視覚に影響される．マイクを通して人がしゃべったり歌ったりするのを聞く場合，私たちは，音がスピーカーからではなく，その人の口から出ているように感じる．オペラのコーラスでは，女性歌手がうしろで歌い，その前で美人の若い女優が歌うふりをしていることがある．観客は，これにまったく気づかない．

　原理的には，2つの耳で聞いているおかげで，多少のあいまいさはあるが，音源

の方向がわかる。あいまいさがあると言ったのは，耳は左右についているため，前後の区別がむずかしいからである。フォン・ベケシー［訳注——ノーベル生理・医学賞を受賞しているアメリカの聴覚・触覚研究者。9章と16章にも登場する］は，次のような話を書いている。ある日のこと，ひとりの政治家が彼のもとを訪れた。その政治家は，ステレオのヘッドフォンで音楽を聞くと，オーケストラが彼の前ではなく，うしろで演奏しているように聞こえるので，とても困っていた。彼の妻は，精神分析医に診てもらうよう勧めたが，彼のほうは，ステレオを修理に出そうと考えていた。フォン・ベケシーは，彼にある簡単な練習を提案した。練習をしたところ，彼はすぐによくなった。フォン・ベケシーは，彼をスピーカーに向かい合うように座らせ，両手を耳にあてさせ，その手を回させて，前方からくる音と後方からくる音を交互に集めさせるようにしたのだ。この方法を用いると，オーケストラを自分の前にもうしろにも意のままに定位することができた。その後彼は，手を使わなくても，思うように定位を逆にすることができるまでになった。

聴覚的定位において，左右の耳は，まったく同じ役割をはたしているわけではない。これについて，ダイアナ・ドイチュが興味深い実験を行なっている。彼女は，被験者の右耳に高さの交替する一連の音——高，低，高，低，……——を提示し，左耳にはこの同じ音を半周期ずらして提示した。つまり，左耳に高い音が提示されるときには，右耳には低い音が提示され，次はこれが逆になった。したがって，被験者はつねに，高い音と低い音を同時に受けとったが，その音は左右の耳の間で交替した。しかし，被験者にはそうは聞こえなかった。右耳に高い音が，左耳に低い音が交互に聞こえたのだ。この実験結果についてのドイチュの巧妙な解釈はこうだ。脳は，聞こえる音が単一の音源からくる単独の音であるかのようにみなす。音源定位において，脳は信号のなかの高音の成分に頼る。高音は低音に比べ指向性が強いので，これは当然である。それゆえ，被験者には，音が右と左から交互にくるように聞こえるのである。知覚される音の性質（高い音か低い音か）については，脳は，右耳からくる情報を優先的に用いる傾向がある。右耳が低音を受けとるとき，音源定位がもとづいている高音は左側にあるので，被験者は，低い音が左からくるように錯覚するのだ。

腹話術師は，視覚と聴覚を通して私たちをあざむく。彼らの唇はかすかに動くだけか，隠されるかしているので，私たちは，その声が別のところからやってくるように思い込んでしまう。腹話術師が人形の口の動きを操っている場合には，とりわけそうだ。彼らは，しわがれた声，くぐもった声，あるいはよく響く声を出して，人形の口の動きもその声にうまく合わせて，人形がしゃべっているように見せる。

12章　視覚が王様——矛盾と仲裁

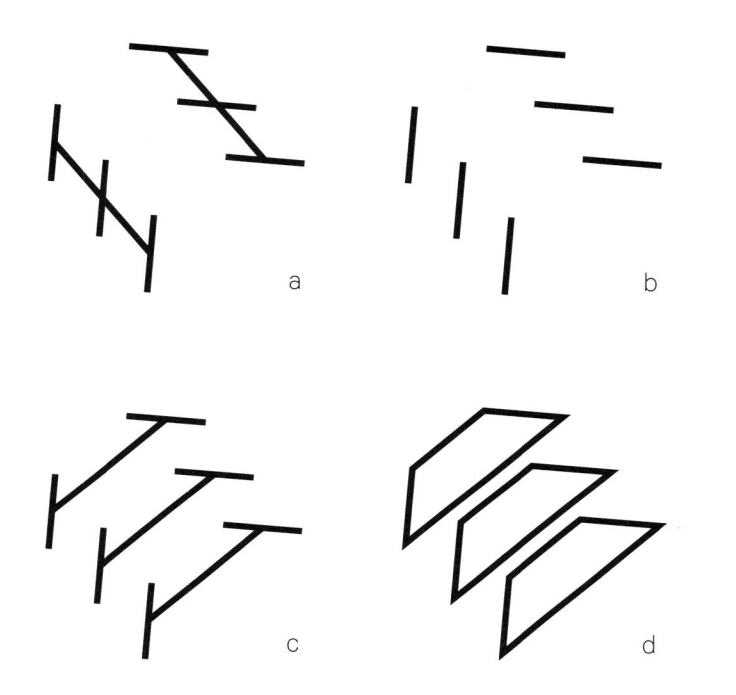

図12.1　ツェルナー錯視から台形錯視へ。aはツェルナー錯視の古典的な図形。3本の平行線分と軸からなる2つの集合は，上に行くほど反発し合い，下に行くほど引きつけ合うように見える。この錯視は，これらの集合の軸が45度の向きのときに最大になる。これは，向かい合う2つの集合が同時に存在することによって起こるわけではない。それぞれの集合だけでも，向きの変化が見られるからである。さらにこの錯視は，bのように軸がなくても観察され，cのように向かい合った線分どうしを線で結んでも観察される。この図形は，ツェルナー錯視とdの台形錯視との間につながりがあることを示している。台形錯視では，上側の台形は下側の台形よりも大きく見える。この錯視には，台形の2つの傾いた側辺の存在が不可欠である。

　注意すべきことは，私たちが手にするのは知覚の分析結果であって，その結果をなにによって得たのか（たとえば聴覚によってか視覚によってか）は正確にはわからないということである。ウォレンは，情報源は聴覚なのに触覚として感じられるという，盲人が体験する興味深い例をあげている。盲人が障害物を避けて歩くことができるのは，その表面にあたってはね返ってくる反響音によっている。盲人は，その信号の聴覚的性質には気づかずに，これを自分の皮膚にあたる「気圧の波」のようなものとして感じる。この気圧の波は，障害物に近づくと強くなって，そのまま歩き続けた場合には不快感が「つのる」。

　ここでは，幾何学的錯視を仲裁の問題として説明してみよう。もちろん，通常は幾何学的錯視をこのように説明することはない。幾何学的錯視は，少数の線で構成されたきわめて単純な図形であり，そのなかの特定の部分の形や大きさが実際とは違ったように知覚される。最初の幾何学的錯視は，1851年にフィックによって（図3.1），55年にオッペルによって（図12.8），60年にツェルナーによって（図12.1）（ツェルナーはポゲンドルフ錯視（図12.4）も報告した）発見され，続いてデルブフ，ヴント，ヘルムホルツ，ミューラーリヤーによる発見があった。これらは，幾何学的錯視の典型例としてつねにとりあげられ，専門家によって詳しく研究されて

図 12.2　ツェルナー錯視の 2 つの変種。左側は山形模様の錯視。積み重なった四辺形はみな同じ大きさだが，下から上に行くにつれて柱が狭くなるように見える。右側は 1905 年にドゥ・サヴィニーが発表した「三日月錯視」。下の三日月は上の三日月よりも大きく見え，錯視が顕著に起きている。台形錯視（図 12.1d）については，上側の台形が下側の台形を「包み込む」ことによって起こるとする説明があるが，この説明は，三日月の図形配置では，実際に観察されるのとは逆の錯視を予測する。これに対して，三日月の先端でツェルナー効果が生じるという解釈は，観察される通りの錯視を予測する。

きた。これらの錯視に関しては，おびただしい数の変種が作られており，現在も毎年新しいものが発表されている。しかし，発表される錯視がほんとうに新しいものなのか，これまでに知られている錯視の組合せにすぎないのかを判断するのは，しだいに困難になりつつある。

　ある錯視について，数ある変種を考えに入れなければ，それにあてはまりそうな説明を思いつくのは容易である。しかし，哲学者や科学者によって考え出されたそうした一見「自明な」説明は，すぐに誤りとして排除できることが多い。

　いまだに見かけるのは，眼球運動によって大きさが見積もられるという説明である。たとえば，古典的なミューラーリヤー錯視の場合（図 12.5a），矢羽の「外向」図形を見るときのほうが，矢羽の「内向」図形を見るときよりも，眼の動きが大き

図 12.3 3枚の同じ写真が並べられているが，中央の半球は，上の半球よりも小さく見える。建物はパリの科学・産業シティの映像ホール。

く，これが前者の主線の長さを過大に評価させる，と説明する。しかし，ミューラーリヤー錯視も，ほかの幾何学的錯視の多くも，眼が動かなくても起こる。これは，少なくとも2つの方法で示すことができる。ひとつは，被験者に眼を動かす時間を与えないように，フラッシュをたいて，瞬間的に図形を見せるという方法である。もうひとつは，眼が動いても，網膜上では像が動かないように像を「静止」させるという方法である。どちらの場合にも，錯視は起こる。

ミューラーリヤー錯視のほとんどの説明は，矢羽に重要な役割を与えている。だが，ミューラーリヤー錯視のさまざまな変種を考えてみると，これが誤りだというのがすぐわかる。矢羽はなくてもよい（たとえば図 12.5b）。

同様に，幾何学的錯視が網膜レベルで起こる現象だという説明も，すべて棄却できる。これを示すには，両眼で見たときにだけ錯視図形が見えるように，両眼立体視用の図形対を作成する。錯視図形が，網膜上に形成されることなく，両眼立体視の過程の結果としてのみ生じるようにするのだ。大部分の錯視は，これらの条件下でも生じる。したがって，錯覚は，両眼の像の融合以降の視覚的解釈の段階で生じていることになる。

なにが幾何学的錯視を生じさせるかについての私の考えを紹介する前に，幾何学的錯視のもつ一般的特性のうちで重要なものについて述べておこう。まず，錯視量

には個人差があるということである。ある錯視が強烈に起きる人もいれば，ほとんど起きない人もいるし，別の錯視では，それが逆になることもある。だから，錯覚の「強さ」を単一のものさしの上に並べることはできない。一般に考えられているのとは逆に，幾何学的錯視は，私たちが図形の形や大きさに対して並外れた感受性をもつことも示している。見積もりの実際の誤差を測ると，その量はきわめて小さい。誤差は，平均すると，線の向きで2度，2つの大きさの比率で5％程度である。

錯覚してしまうことは，私たちが信頼性に欠けるのだとか，比率の見積もりや判断に問題があるのだということなのではない。たとえば，私などは，ツェルナータイプの方向の錯視が強く出て（図12.1），その錯視量はほかの人々の平均の1.5倍にもなる。しかし，何度繰り返しても同じ錯視量になり，自分の判断がおかしいという感じはまったくないし，ツェルナー図形の線分を平行に見えるように並べるのも迷うことなくできる。一方，距離や大きさの調整をする場合には——たとえば，垂直水平錯視の図形で，2つの部分を同じ長さに見えるように調整するとき——，自信がなくて迷ってしまう。しかし，この場合には，ほとんど誤りをおかさない。

錯覚は，どんな条件でも起こるというわけではない。たとえば，ある種の錯覚は，ふつうに見た場合には生じるが，両眼立体鏡を通して見た場合には生じない。また，親指と人差し指を開いて，錯視の生じている図形をつまむよう求めると，被験者は，正確な間隔で指を広げる。したがって，脳のある部位——最初の例では両眼立体視に関係した部位，次の例では手の指による把握に関係した部位——は図形の大きさに関して正確な情報をもっているが，形を意識させる脳の部位が，ゆがみを生じさせていることになる。

さらに，私たちの視覚はかなり首尾一貫しているので，複数の錯覚を矛盾させることは，きわめてむずかしい。3つの部分a，b，cをもつ図形で，aがbより大きく，bがcより大きく，cがaより大きく見える図形を作るのは簡単なことのように思えるが，私の知るかぎりでは，そういう図形の例はない。より正確な言い方をすると，ある図形の量的側面（大きさ）を矛盾させることはできないが，大きさと配列の判断を矛盾させることはできる。この例が盛永の矛盾である（図13.1参照）。

もうひとつの重要な点は，その錯覚がなにからなるのかを言えない場合がかなり多いということである。一直線上にある2本の線分がずれて見えるポゲンドルフ錯視を例にとろう（図12.4）。一直線上にあるように見えないのは，2つの線分が互いにずれることによるものなのか，それとも線分の向きが回転することによるものなのか？　前者の場合には，2本の長い平行線にはお互いに引きつけ合う傾向があって，その結果，ななめの線分も互いに寄り，一直線上にないように見えるのだと仮定す

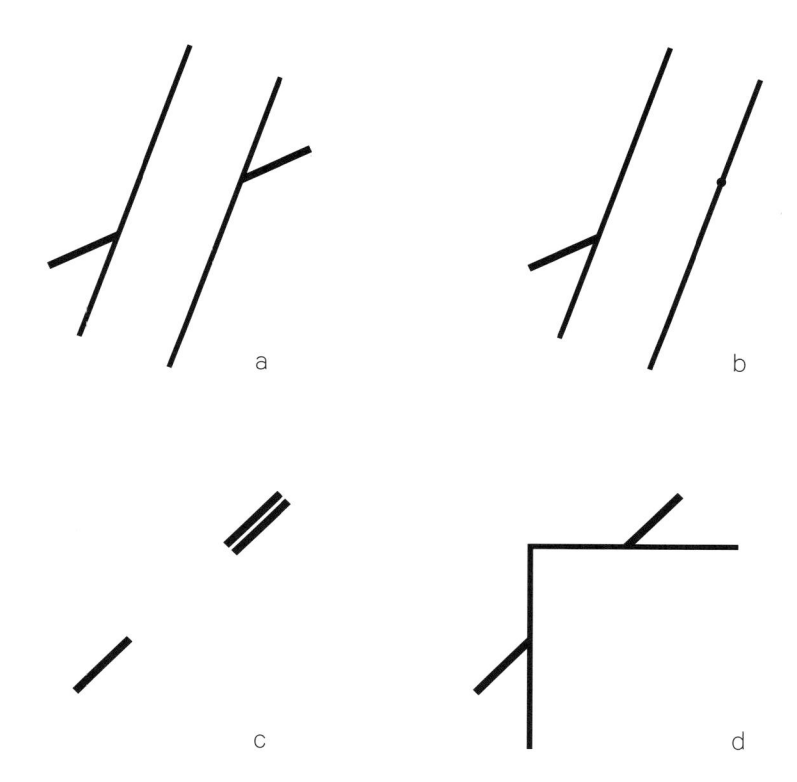

図 12.4 ポゲンドルフ錯視。aは古典的な配置。平行線と交わる2本の太い線分は実際には一直線上にあるが，左下の線分を延長したなら，右上の線分の接点よりも少し下を通るように見える。この錯視量は，bやcの配置を用いても測定できる。bでは，1本の線分と点が一直線上にある。cでは，左側の線分は実際には右側の上の線分と一直線上にあるが，下の線分と一直線上にあるように見える。bでは，向きの誤りは，鋭角が実際より過大に評価されるという傾向にしたがって，線分と長い直線がなす角度の誤りから生じているように思える。aの図形の錯視量はほぼ，bとcの効果を合わせたものになる。dは，グリーンによって発見されたコーナーで起こるポゲンドルフ錯視。2本の線分は，実際には一直線上にあるが，向きが違っているように見える。

図 12.5 ミューラーリヤー錯視。幾何学的錯視としてもっとも有名な錯視である。aは古典的配置。2 本の水平線分は同じ長さだが，上の線分は下の線分よりも短く見える。この錯覚は，線分の両端にある「矢羽」の幾何学的配置——内向か外向か——によって生じると言われることが多い。しかし，矢羽のVはこの錯覚には役割をはたしていない。Vを正方形や円におきかえても，またbのように線分になにもつけなくても，錯覚が起きる。この場合に重要なのは，線分をはさんでいる長・短それぞれの線分の存在である。cのように図形を交差させると，錯視は弱まる。dはジャッドの図形。水平線分の中央の点は，内向の矢羽のほうに位置がずれて見える。

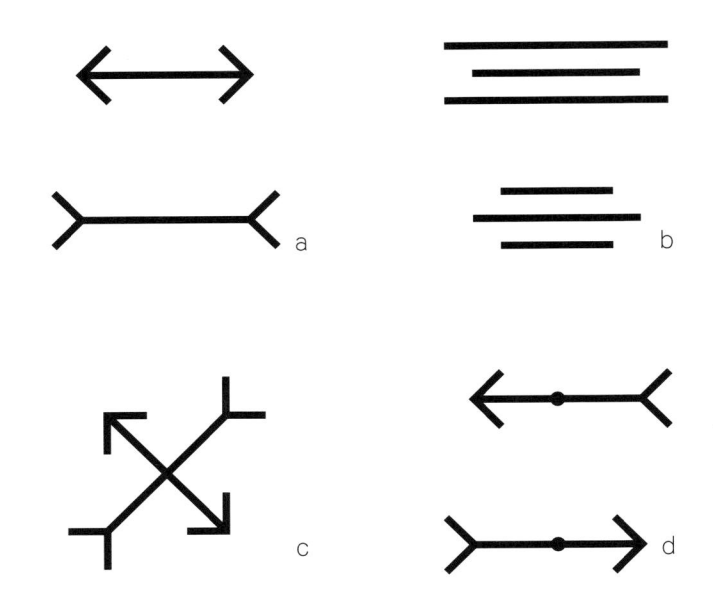

ることもできるだろう。あるいは，それぞれの線分が平行線の近いほうの端へと垂直に引き寄せられるという，ずれの効果を仮定してみることもできるかもしれない。後者の場合には，鋭角を実際よりも大きく知覚するという傾向があって，そのため線分が平行線との接点を軸にして回転するという説明もできるだろう。あるいは，それぞれの線分が水平方向に近づくようにその中心を軸にして回転するのかもしれない。ここ数年来，私は，これらの位置のずれの性質を明らかにすべく，さらにこの錯覚の主観的な記述をその錯覚の中身についての正確な記述におきかえるべく，組織的な研究を行なっている。私は，これらの錯覚の中身を正確に記述することが，それらの間のつながりを明らかにし，客観的方法による分類を可能にし，そして最終的には，それらの錯覚の原因の理解を深めるだろうと考えている。

　私は，向き，配列，角度に関係する錯覚はすべて，遠近法によって引き起こされる実質的なゆがみを補正するための修正メカニズムに起因する，と考えている。遠近法は，角度を変え，平行線を収斂させ，格子縞を圧縮する。しかし，これらの形が恒常的な見かけを保つためには，遠近法のゆがみとは逆のゆがみを像に加えなければならない。残念ながら，いまのところ，この考えは，見る方向によって錯覚がどう変わるのかを理解させてはくれない。遠近法のみの解釈に立てば，図形を180度回転させることは，状況を一変させるはずである。ところが，そういうことはめったに起こらない。あるいは，これらの錯覚は，はるか遠い昔に私たちの祖先が

木の枝から逆さにぶらさがる生活を送っていたことの名残りなのだろうか。

　私は，大きさの錯覚はかなり単純な少数の規則の点から記述できると考えている。明るさの錯覚については，専門家はこれまで2つの用語を用いて記述してきた。並置された2つの灰色の違いが強められる対比と，違いが弱められる同化である。この同じ用語が，幾何学的錯視を記述するときにも用いられているが，私はこうした用法は誤りだと思う。ここでは対比や同化といった用語を捨てて，別の考え方をしてみよう。

　長さaとbの2本の線分を含む単純な図形があり，bはaより長いとしよう。私の第1の原理は次のようなものだ。大きさの錯覚の背後にある基本的な効果は，b/aの比率を実際よりも大きく知覚するという傾向である。aとbの対比の強調もあるのかもしれないが，そうした強調は通常は目立たず，第3の大きさが加わったときに，矛盾した見かけをとることがある。ミューラーリヤー錯視では，同じ長さxの2本の主線が違う長さに見える。このときにはなにが起こっているのだろうか？　図12.5ｂの矢羽のない図形で考えてみよう。比較すべき2つの図形があって，上の図形では，長さxの線分が，それより長いｂの2本の線分にはさまれていて，下の図形では，長さxの線分が，それより短いａの2本の線分にはさまれている。もし，aとbの比率を強調する傾向があり，同時に図形全体の特定の比率も保つ傾向もあるとするなら，線分ｂにはさまれた線分xは多少引き伸ばされ，線分ａにはさまれた線分xは多少縮められるだろう。この記述は，ミューラーリヤー錯視のこれまで知られている変種のすべてを説明する。

　ミューラーリヤー錯視を記述する上でこれまでもっとも有効だった概念は，同化であった。すなわち，中程度の長さxの主線は，隣接する線分のほうに引き寄せられるというわけだ。この考え方をとると，長さaとbの外側の線分には，接近の傾向が，すなわちそれらの違いを弱める傾向があることになる。私の仮説は，これとは逆に，ミューラーリヤー錯視の背後にある原動力が外側の線分の間の違いを強める傾向にあるというものである。こう考えると，ほかの図形における一連の効果もすべて理解できる（そしてそれらの効果を意のままに生み出せる）。正方形とひし形を例にとってみよう（図12.6）。図のなかの小さい正方形は，小さいひし形より小さく見える。これは古典的な錯覚である。しかし，ここで私が問題にしたいのは，ひし形（小さな正方形でも同じだが）の対角線と同じ長さの辺をもつ大きな正方形のほうである。この場合にも，錯覚が起こっていて，正方形の辺は，ひし形（あるいは小さな正方形）の対角線より長く見える。同じ効果は，正方形を円におきかえても得られる（図12.7）。このことが示すように，違いの強調の効果は，正方形－

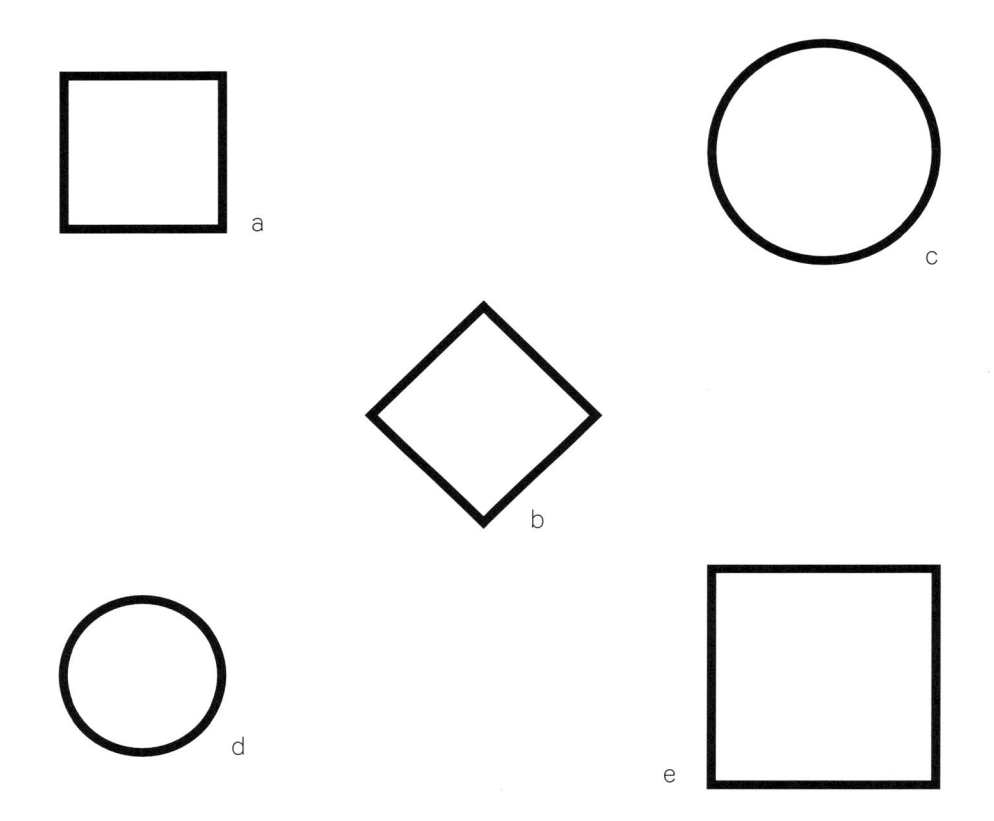

図 12.6 大きさの錯視。この図では，正方形 - ひし形錯視（ｂの「ひし形」がａの正方形より大きく見える）は，それほど顕著ではない。むしろ，大きな広がりは小さな広がりに比べ大きく見えるという，もうひとつの錯覚が強く起こっている。たとえば，ｅの正方形の辺もｃの円の直径も，ｂのひし形の対角線と同じ長さなのに，それよりも大きく見える。さらに言えば，ｃとｄの円の直径はそれぞれ，ｅとａの正方形の辺よりも小さく見える。これはおそらく，正方形ｅとａは，それらに対応する円ｃとｄの直径の２点よりも間隔の広い２点（たとえば対角線の両端）を含んでいるからである。

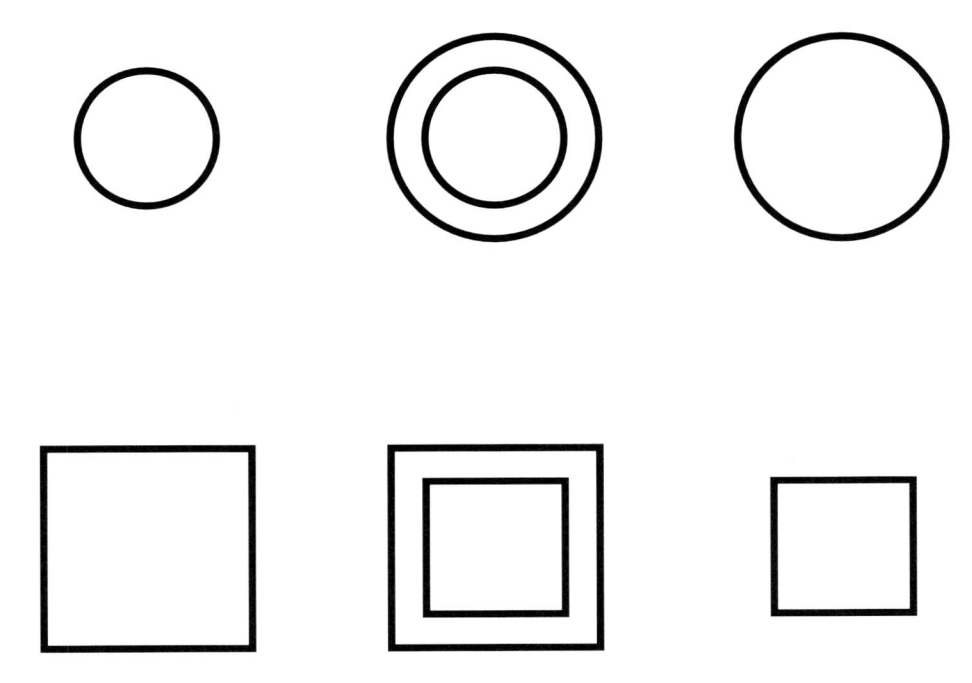

図 12.7 デルブフ錯視。上段中央に同心円状に配置された 2 つの円はそれぞれ，左右の円と同じ大きさである。しかし，中央の内円は左の円よりも大きく見え，中央の外円は右の円よりも小さく見える。同じ現象は正方形でも起こる。

ひし形錯視で見られる効果よりも強い。この効果がいったんわかってしまうと，同じような効果が，ほかの幾何学的錯視にも見出せる。

　幾何学的錯視ではたらいていると私が考える第 2 の傾向は，標準化の傾向である。小さなスケールで生じる誤りの累積は大きなスケールで修正されて，図形が標準化される必要がある。こうした標準化は 2 つの形式をとる。ある図形が細かく分割されている場合には，それぞれの分割部分が過小視されるので，その誤りが累積するはずである。このときに，補正のメカニズムがはたらいて，多くの部分に分割されている図形全体が大きく知覚される。したがって，こうした図形では，修正のしすぎによって錯覚が起こるのかもしれない（例は図 12.8 参照）。

　さらに，ある図形（それ自体もいくつかの図形から構成されているが）がページ上で占める空間が問題になるときには，その空間全体を考慮に入れて標準化がなされるだろう。これがティチナータイプの錯視で起こることである（図 12.10）。この場合にも，従来の説明とはまったく逆の説明を提案しよう。これまでの説明は，これらの錯視を対比の効果だとしていた。すなわち，大きな円の集団は，それらがと

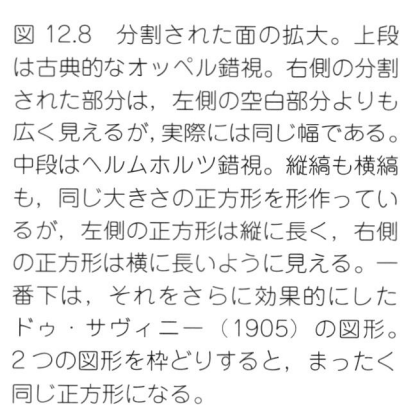

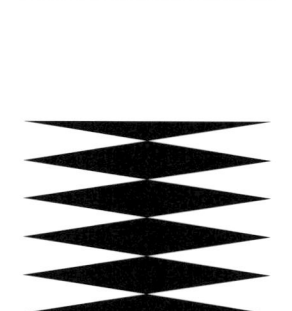

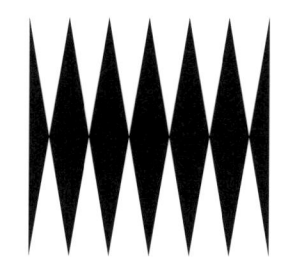

図 12.8　分割された面の拡大。上段は古典的なオッペル錯視。右側の分割された部分は、左側の空白部分よりも広く見えるが、実際には同じ幅である。中段はヘルムホルツ錯視。縦縞も横縞も、同じ大きさの正方形を形作っているが、左側の正方形は縦に長く、右側の正方形は横に長いように見える。一番下は、それをさらに効果的にしたドゥ・サヴィニー（1905）の図形。2つの図形を枠どりすると、まったく同じ正方形になる。

り囲んでいる円を小さく見えるように、小さい円の集団は、それらがとり囲んでいる円を大きく見えるように「強いる」。これに対して私の説明では、2群の図形を平均化する傾向があり、より大きな空間を占める図形は縮小され、より小さな空間を占める図形は拡大される。したがって、大きな円の集団に囲まれた内側の円は縮小され、小さな円の集団に囲まれた円は拡大される。これは、ミューラーリヤー錯視で用いたのと同じ論法である。

　私は、数種類の錯覚について、左眼で見るか右眼で見るかによって、錯視量がどの程度違うのかを、自分を被験者にして調べたことがある。すべての錯視図形で、そして図形のどの向きでも、左右の眼の錯視量はほぼ同じで、その違いは10％程度であった。しかし、錯視量そのものはわずかで、平均すると図形全体の2～3％の量でしかなかった。ということは、左右の眼は、2/1000や3/1000程度しか違わ

図 12.9 トランスキーの扇。線分で分割された右上の扇と左下の空白の扇は，実際には角度が同じだが，前者のほうが小さく見える。しかし，一般に分割線はそれと直交する方向に拡大効果を引き起こすので，予想されるのとは逆である。

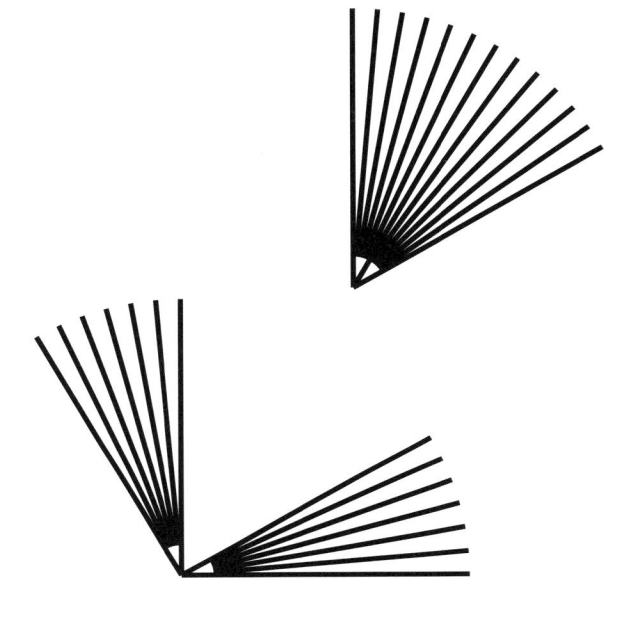

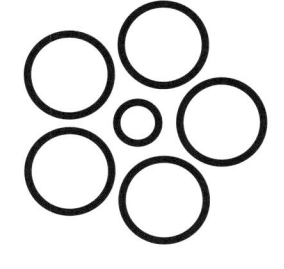

図 12.10 ティチナー錯視。上段の図では，左側の大きな円に囲まれた中央の円は，右側の小さな円に囲まれた円よりも小さく見える。この錯視は一般には，対比の効果で説明されている。しかし，私は，この錯視を「標準化」——小さな図形を拡大し，大きな図形を縮小する傾向——の効果だと考えている。この解釈では，左側の図形の場合，縮小効果が外側の大きな円だけでなく，中央の円にも一様におよぶと考える。同様の効果は，主観的輪郭を用いた中段の図でも観察される。下段の左側の図形は，中段の図形に似ているが，それぞれの円には左右に線分がついている。これらの線分だけでも，効果は生じる。一番上の円は，一番下の円よりやや大きく見える。同様の効果は，その右側の図形でも観察される。2つの三角形の間隔は，底辺から頂点にいくにつれて，広くなるように見える。これらの図形は，ティチナー錯視やポンゾ錯視（図10.3）とブルドン錯視（図 12.11）とが合わさったものである。

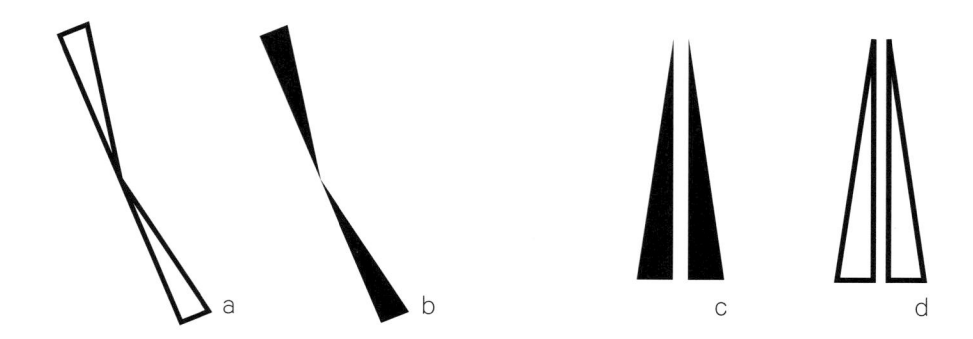

図 12.11　ブルドンの三角形。1902 年にブルドンがこれらの図形を発表したのを機に，フランスは幾何学的錯視の研究に本格的に参入した。aとbでは，2 つの三角形の左辺は一直線上にあるのに，少しだけ右に傾いて角をなしているように見える。cとdでは，2 つの三角形のすき間は一定の幅だが，どちらの三角形でも，底辺に近づくにつれて，すき間が狭くなるように見える。フランスでは，この錯視以前にも，いくつかの錯視が「科学的遊び」として知られていたものの（たとえば図 10.3 や図 12.2 を参照），研究として認知されていたわけではなかった。

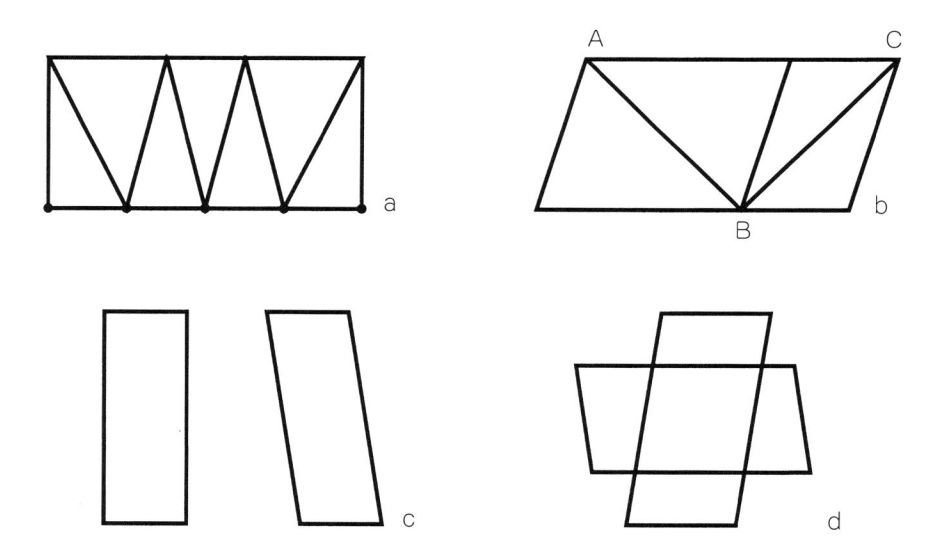

図 12.12　平行四辺形の錯視。aは，ナントの第 11 師団の医長だったフィーの錯視。これがおそらくフランス人によって発見された最初の幾何学的錯視である（『ラ・ナチュール』，1888 年，第 2 期号，287 ページ）。長方形の底辺が 4 等分されているが，中央の 2 つの線分は，左右の端の線分よりも短く見える。bはザンダーの錯視（1926）。対角線ABは，BCよりも長く見える。cはボッティの錯視（1909）。平行四辺形は，左の長方形よりも面積が大きく見えるが，底辺×高さという面積の公式通り，実際には両者の面積は等しい。dでは，平行四辺形が図 3.4 のシェパードのテーブルのような向きで重ねられている。この場合にも錯覚が起こっている。

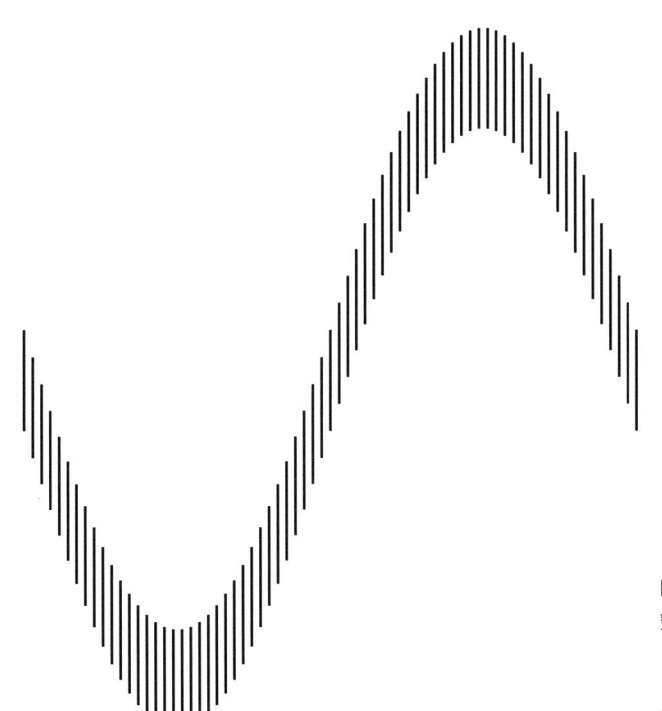

図 12.13　デイの正弦波錯視。垂直の線分はみな同じ長さなのに，山と谷間にある線分に比べ，間にある線分は短いように見える。

ない情報を提供しているのだ！　私たちは，感覚の不確かさを示すものとして錯視の研究から出発したが，その結果たどり着いたのは，感覚がきわめて精密な仕事をしているということであった（なぜそこまで精密でなければならないのか，究極的な目的ははっきりしないが）。

　考えてみれば，左右の眼がこのように互いに一致した情報を提供するのは当然である。というのは，両眼立体視は，奥行きを知るために，2つの像の間のごくわずかな差を用いているからである。2つの像がゆがんでいても，そのゆがみ方が一貫していれば，問題はない。さらに言えば，2つの像が比較できるためには，まずそれらを共通のフォーマットにする必要があり，したがってそれらに補正が加えられる必要がある。たとえて言うなら，異なる言語で話す専門家の国際シンポジウムでのように，参加者はみなそれぞれの言語に翻訳可能な共通の用語（厳密には，それらのどの言語のことばでもない）を用いている。

　別の調和の問題もある。ある光景を見るには，眼を動かさずに見ることもできるし，眼を探索的に動かすことによって連続的にサンプリングして見ることもできる。眼を動かさない場合には，像は線遠近法にしたがい，正面から見た長方形は長方形

図 12.14 遮蔽効果。イタリアの研究者による数多くの発見のうちの2例。上はジェルビーノの錯視。線をつなげると完全な正六角形になるが，三角形で遮蔽されると，ずれているように見える。下はカニッツァが発見した錯視。長方形で遮蔽されたひし形は，遮蔽されないひし形より小さく見える。

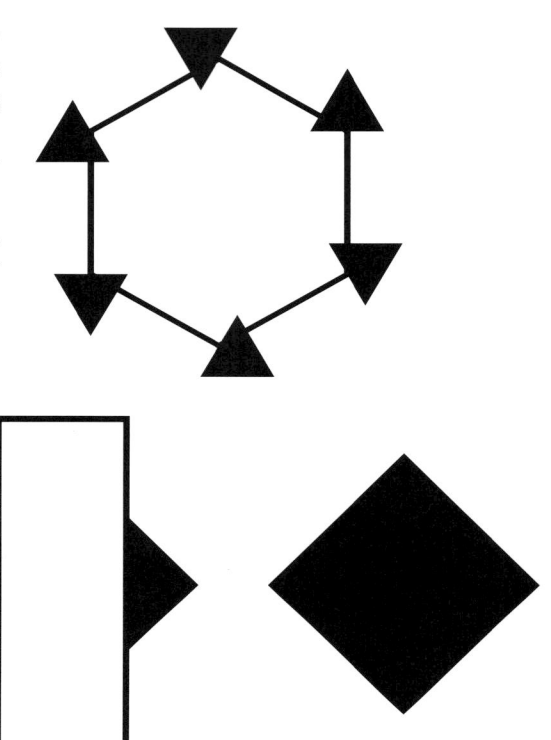

として投影され，直線は直線のままである。光景のなかのさまざまな位置に眼を向ける場合には，像は別の幾何学，曲線的な遠近法にしたがう。このほうがものを見るときのふつうのやり方だが，得られる結果は，眼を動かさずに得られる結果と似たものになる。したがって，この結果を得るために，脳は像をゆがめるのだ。

さらに，眼や頭を固定した状態で像を把握するやり方と，動きを通して光景を分析するやり方がある。観察者が動くときには，像全体が変化し，運動の分析システムは，連続する像の比較によらない「直接的」なプロセスを通して情報を抽出する。この場合にも，観察者が動かずにいて，そのあと動いても，幾何学的関係は変化しない。光景の視覚的把握の2つのやり方は，その結論において完全に一致するのだ。

10章 神経か経験か——文化と個人差

　写真は，実際には奇妙で不自然なものだ。私たちは，そのことに気づかなくなっている。ある人類学者は，文字をもたず，西洋文明とも接触したことのない部族を調査し，その部族のおとなが生まれてはじめて写真を見たときにどのような反応を示したかについて書いている。彼は，手にした写真の重さを確かめ，ひっくり返してみたりしたが，どうしていいものかわからなかった。人類学者は，それが彼の息子だということを説明する。「これが頭で，これが脚……」。たまたまそこにいた少年がすぐにわかって，次のように続けた。「これが鼻で，これが眼だよ……」。そのおとなもやっとわかって，そのように見た。写真がどんなものかを知るには，この最初の体験だけで十分だった。これ以降，彼はほかの写真も容易に解釈することができた。

　写真を理解する私たちの能力は，考えてみると，実に驚くべきものだ。自然のなかでは，眼に届く光の強さには，たとえば太陽から直接あたった光を反射している白い壁と，影になった木の枝のもっとも暗い部分とでは，強烈なコントラストがある。写真の場合，私たちは，その表面のさまざまな部分からの反射光を受けとるが，その光の量は，最小を1とすると，最大で100程度までの間で変化する。これは，自然の光景を見たときの光の変化量の100分の1ほどでしかない。したがって，写真では，明暗の微妙な差の多くが失われ，写真家は，暗い部分でも（影のなかの暗い部分は影に紛れ込んでしまう），明るい部分でも（光が強烈だと細部は消されてしまう），細部の再現をあきらめざるをえない。

　写真は，輝度がごく狭い範囲の値しかとらないのに，強いコントラストをもつように見え，片側から光があたった顔は半分が明るく，もう半分が影になって暗く，その境界はくっきりしている。エルンスト・マッハによれば，自然の状況では，陰影は対象の形の理解を助け，陰影そのものとしては見えず，自動的に奥行きの手がかりに変換される。逆に写真では，陰影は，光景のなかの一部をおおっているペンキのようにも見える。画家や版画家は，描かれたものが絵や版画の面上で見やすくなるように，陰影や光を弱めて描く。

絵画は，遠近法の点で写真とは異なる道をたどった。遠近法は，眼を完全に固定したとき——これは現実には起こりえないことだが——の見え方である。たとえば，ある光景のなかで端にある球は，遠近法的には楕円に見える。これは，写真でもそうなる。しかし私たちは，写真の場合には，楕円に見えることをレンズの性能の悪さのせいにして，レンズが周辺の光景をゆがめているのだと思っている（これは誤りだ）。画家は，絵画の端でも球を円で表現する。しかし私たちは，それをおかしいとは感じない。

　錯覚の科学的研究には，対極にある2つのアプローチからの誘惑がある。一方の極では，神経生理学者が，動物の脳のニューロンの電気的活動を測定して，心のはたらきを解明しようとしている。ある知覚現象が人間で見られる場合，研究者は，サルでその同じ現象が得られる実験状況を作り出す。サルの脳のニューロンの電気的信号を測定すれば，サルにもその心的現象に対応する神経事象があるかどうかがわかる。もしあるのなら，サルと人間は同じやり方で知覚していると結論できる。人文科学の側では，これとは対極にある「文化中心的」伝統が優勢である。人類学者は，西洋文明との接触がほとんどなかった部族のなかに分け入って，彼らに一連の質問をし，写真や絵にどう反応するかを調べ，その結果から，文化が異なると見方も異なると結論する。しかし，色の領域を除けば，両方のアプローチが，同じ問題を研究していることはほとんどない。

　神経生理学者の言うところでは，「色の恒常性」（特定の色の強い照明条件下でも，ものの色が誤ることなく，正しく認知されること）がサルでも観察される。人類学者の言うところでは，色（あるいは面の質）の分類は文化によって違う。たとえば，ある部族は，たった3つの色彩語，白，黒，赤しかもっていない。

　神経生理学者によれば，「主観的輪郭」（8章）は，像の解釈過程のごく初期に，すなわち形の解釈以前の段階で生み出される。彼らは，サルの脳で，どのニューロンがこの過程に関与しているかも明らかにしている。文化的アプローチ（認知的アプローチ）をとる人々は，主観的輪郭によって知覚される面が，像の解釈という問題へのひとつの答え——私たちの文化のなかで意味をもつ形（たとえば，アルファベットの文字など，高次の処理を必要とする形）に結びついた解決——なのだと主張している。たとえば，ステレオグラムのなかの少数の図形要素から3次元の複雑な形が生じるといった場合がそうである（図8.7）。この論争におけるカニッツァの立場は微妙である。彼は，図8.2で主観的輪郭の三角形が見えるのは，そうした三角形が，図形要素の特定の配置と切り込みの形をもっともよく説明するからだとい

13章 神経か経験か——文化と個人差

う。しかし，これは問題をすり替えたにすぎない。彼にとって，本質的な問題は，次のようなことである。

> 知覚システム（脳）にとって欠けているものはなにか？ 言いかえると，知覚システムにとって，なぜある図形は完結していて，別の図形は完結していないのか？ 私の印象では，グレゴリーはこうした疑問を少なくとも目に見える形では問うてすらいない。しかし私にとっては，これこそ中心的な問題だ。

幾何学的錯視の場合も，これまで両極の立場があった。いまのところ，これについて神経生理学者が言えることは限られている。代わって活躍しているのは，画像の自動処理の専門家である。彼らは，画像から形を抽出するために，処理の普遍的なアルゴリズム（フィルタリング，コントラストの強調など）を研究している。生の画像データにこうしたアルゴリズムを適用すると，ときには多少ゆがんだ修正像が得られるので，その点から，幾何学的錯視の生成モデルを導き出せるかもしれないというわけである。しかし，これらの試みは，避けて通れない障害物にぶつかっている。それは「盛永の矛盾」である。幾何学的錯視はときには，矛盾する見かけをとることがある。ミューラーリヤー錯視の図形配置にもとづいた図 13.1 は，ミュー

図 13.1 盛永の矛盾。矢羽の間隔に注目した場合，外向図形のほうが内向図形よりも，間隔が広いように見え，これはミューラーリヤー錯視（図 12.5）と一致する。しかし，基準を変えて，矢羽の角の頂点の位置を縦に見ていくと，どの列でも，内向図形のほうが外向図形よりもより外側に出ているように見える。これは，間隔の錯覚と矛盾する。

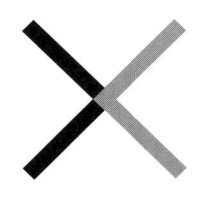

図 13.2　注意の効果。黒い矢羽と灰色の矢羽のどちらに注意を向けるかによって，上の十字形の間隔が，下よりも広く見えたり，狭く見えたりする。

　ラーリヤー錯視と同じく，矢羽の間の間隔は外向図形のほうが内向図形よりも広いように見える。ところが，矢羽の角の頂点の縦の並びに注目すると，一直線上にあるようには見えず，そのずれは，間隔の錯覚から予想されるのとは逆である。このように，盛永の図形を見たときに形成される表象には，矛盾がある。比較の方法しだいで，この図形のなかの距離が大きく見えたり，小さく見えたりすることがあるのだ。この観察は，像をどう見るかによって異なる処理が行なわれると考えるのでないかぎり，錯覚が像の客観的なゆがみだとする説とは相容れない。矢羽の内向図形と外向図形を重ねた刺激の場合には，注意の効果もある。図 13.2 に示すように，黒い矢羽と灰色の矢羽のどちらに注意を向けるかによって，上の矢羽の間隔は，下の矢羽の間隔よりも広く見えたり，狭く見えたりする（図 13.3 と図 13.4 も参照）。

　幾何学的錯視の説明のもう一方の極には，グレゴリー流の認知的説明がある。グレゴリーが言うには，ミューラーリヤー錯視の内向図形と外向図形はそれぞれ，外側から見た建物の角と内側から見た部屋の隅を連想させる。この遊びをさらに続けていけば，ある錯覚と，都市化された私たちの環境のなかによく見られる配置との間に，ほかの対応関係も見つけ出せるだろう（図 13.5）。こうした理由から，住居が丸くて直角といったものがない村で生活する人々では，私たちほどには幾何学的錯視が起こらないのだという。グレゴリーの説が人類学者に好まれるのは，その説が彼らの旅を正当化するからではないか，と私は思っている。それは，宇宙開発の研究機関が人工衛星で「生物実験」を積極的にやりたがるのとどこか似たところがある。その研究機関にとって，生物実験の価値は，実のところ，衛星の打上げを正当化してくれるという以上のものではない。

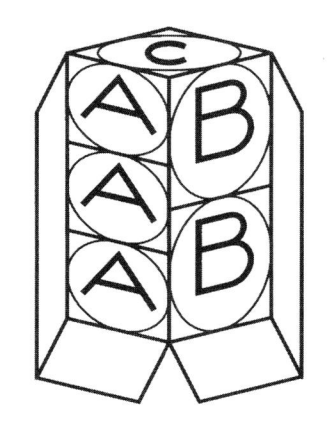

図 13.3 シェパードの多義的な円。中央の図は，Cと書かれた楕円と平行四辺形を無視すると，互いに少しだけ向き合った2つの平行六面体に見える。左の図のように見ると，Aと書かれた楕円はほぼ正円に見えるが，Bと書かれた楕円は縦長の楕円に見える。逆に，図の上側の部分に注意を向けて，右の図のように縦長のひとつの直方体として見ると，楕円Bのほうが正円に見え，楕円Aは横長の楕円に見える。（シェパード『視覚のトリック』，1991をもとに著者が作成）

　錯覚に関する最初の人類学的研究は，1901年にリヴァースによって行なわれたが，その後1956年から61年にかけて，大規模な研究が人類学者と心理学者の手で行なわれた。アフリカの12の村とフィリピンのひとつの村に住むエキゾチックな名前の部族，バンヤンコル族，ファン族，ソンジュ族，ハヌノオ族，スク族などの人々を被験者にして，4種類の錯視――ミューラーリヤー錯視，ザンダーの平行四辺形錯視，LとTの2種類の垂直水平錯視――について，錯視量が測定された。対照群として，3群の「西洋」の人々――2群は米国，1群は南アフリカ――でも，同じテストが行なわれた。この研究は，シーガル，キャンベル，ハースコヴィッツが共同で行なったものであった。彼らは，この研究から，西洋とは異なる特殊な環境のなかで生活する人々では，西洋の人々に比べ，垂直水平錯視が顕著に起こるが，ザンダーの平行四辺形錯視はそれほどではなく，ミューラーリヤー錯視はわずかに起こる程度であると結論した。
　しかし，これらの研究には，いくつか大きな問題点がある。そのひとつは，得られた反応が，被験者が質問をどう理解していたかによるということである。質問は，通訳を介して被験者に伝えられたが，通訳はその質問を自分なりに解釈していたかもしれない。実験は確かに慎重に行なわれてはいるのだが，これらの研究で示された違いは，都市化された環境か否かとはまったく関係がない可能性がある。

図 13.4　カニッツァの透明視パターンの灰色の見え方。この図は 2 つの解釈が可能である。ひとつは，白い縦長の長方形の上に，透明な灰色の長方形がななめにおかれているという解釈で，黒い円が白い長方形の一部になる。このときには，灰色は相対的に明るく見える。もうひとつは，白い縦長の長方形に 5 つの円形の穴が開いており，その下に黒い大きな縦長の長方形があり，間に灰色の長方形がななめに入っているという解釈である。このときには，灰色は，最初の解釈に比べ暗く見える。

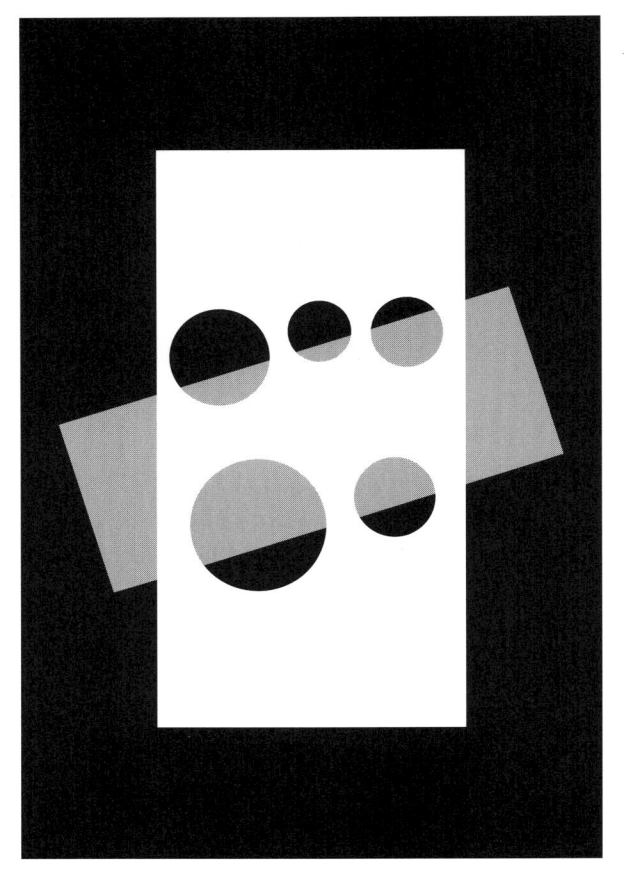

　はるか遠いところへ出かけて行く前に，私たちの文化のなかで，知覚に関して，大きな個人差がないかどうかを調べてみる必要があるだろう。

　人々は，同じように見たり，聞いたりしているのだろうか？　知覚の個人差がこれほど最近になって明らかになったということ自体，驚くべきことだ。もちろん，昔から，視覚や聴覚に障害をもつ人がいることは知られていた。しかし，より質的な，だが注目すべき差異は，最近になるまでわからなかった。1例をあげると，色覚障害——たとえば赤と緑を混同するといった色覚の障害——がそうである。私たちの社会では 10％の人々が色覚に障害があり，はるか昔もその数は 5％よりも少ないということはなかったはずだが，これらの障害が，最初に科学論文のなかでとりあげられたのは，1790 年になってのことである。ジャック・ロオールは，1671 年の『物理学論考』のなかで，色覚障害の可能性について述べているが，それは，

彼自身が獲得性の色覚障害をもっていたからである。

　しかし，私は，あえて次のように主張したい。同じ肉でも人によって味がまったく違って感じられるように，同じものを同じように見たときも，人によってその見え方がまるで違っているかもしれない。私がこのことを確信するに至ったのは，きわめて特殊な体験をしてからである。私は，以前に軍隊の戦闘の様子を4キロほど離れたところから望遠鏡越しにぶっ続けで12時間以上見たために，右眼を傷めてしまった。いまの私には，右眼で黄色のものを見たときには，以前見えたような色にはもう見えないし，左眼で見たときの色とも同じには見えない。そして驚くべきことに，さまざまな色からなっているはずのものが，ほんの少数の色にしか見えない。たとえば，緑は，右眼で見たときには，青に近い色に見える。こうした体験から，私は，私の傷めた右眼のような状態の眼を生まれながらにもち，これまでずっとそうであった人がいたり，そのなかにはもう一方の眼が私の左眼と同じように見える人もいたりするのではないか，と思うようになった。けれども，彼らも，ほかの人々も，そんなことに気づくことはない。なぜなら，どの人もふつうは，特定の対象によって引き起こされた感覚を，みなが用いている名前で呼ぶからである。しかし，その名前がそれぞれの人がもちうるさまざまな感覚に共通だとしても，それであいまいさがなくなるわけではない。

　同じく意外なのは，両眼立体視という視覚の次元がまったく問題にされてこなかったことである［訳注——両眼立体視の研究が始まるのは19世紀前半である］。もちろん，奥行き知覚が単眼よりも両眼でのほうが正確だということは多くの研究からわかっていたが，なぜそうなのかが明確なわけではなかった。

　聴覚では，個人差の発見がさらに遅れた。1800年頃，ウラストンは，低い音への感度が同じ人たちであっても，どの程度高い音まで聞こえるかには違いがあること，たとえば，聴覚が正常でも，コオロギの鳴き声やコウモリの発するかん高い声が聞こえない人がいるということを発見した。

　現在では，時間的分解力にも個人差があることが知られている。レップは次のように書いている。

　　数ミリ秒だけ間隔の開いた音が，ある被験者にははっきり別々の音として聞こえ，別の被験者には合わさったひとつの音に聞こえる！（……）時間的分解力がすぐれた人なら，たとえばヒバリやコマドリといった鳥の急速に変化する歌に興味を示し，それらの「メロディ」がおもしろく聞こえるだろう。だが，それらの歌は，ほかの人たちにはなんの変哲もない歌にしか聞こえないだろう。同様に，ある音楽家は，特定の楽器（たとえばハープシコード）のきわめて短い変化音を聞き分けることができて，その楽器に魅力を感じるが，ほかの音楽家は，彼らほど耳が「速く」ない

ため，それらを聞き分けられない。

　多くの場合，これらの個人差には，文化的差異が重なる。言語の習得過程で，子どもは，言語音をグループ分けするようになり，さまざまな発音を特定の子音や母音に属すものとみなすようになる。このグループ分けは，言語によって異なる。よく知られた例は，日本人が l と r の音を区別しないというものだろう。西洋では，リズムパターンの持続時間はほんの数秒であり，それより長いリズムのまとまりは認識できない。しかし，ほかの文化の伝統音楽のなかには，20秒かそれ以上持続するリズムを用いるものもある。私たち西洋人には，調性システムに制約された（腕時計の文字盤の時刻のような）循環構造をもつ音楽がしみ込んでいる。それゆえ，半オクターブ離れた連続する2音は，上がるようにも下がるようにも聞こえる（70ページ参照）。どちらに聞こえるかは，どんな2音かや聞く人によって異なる。ダイアナ・ドイチュによれば，こうした個人差は，言語習得の際に形成される音声カテゴリーと関係している。

　一般の人々が個人差に気づき，それを話題にするという機会はめったにない。最近のことだが，1992年から94年にかけて，たまたまそうした機会が訪れた。オートステレオグラムという新しい種類の画像が市販され，一般の人々の熱い関心を呼んだ。立体感が強いか弱いか，凹に見えるか凸に見えるか，面がつながって見えるか重なって見えるか，どのパターンが立体視しやすくてどのパターンがしにくいかは，人によって異なる。おそらく，これはそんなに驚くほどのことではない。というのは，実際に実験をしてみると，量的にも質的にも，つねに大きな個人差が見られるからだ。古典的な幾何学的錯視を用いて，本格的に錯視量を測定すると，同じ文化に属す人々の間でも，その錯視の強さや，ときにはその錯視の特徴，図形の向きによる錯視量の違い，異なるタイプの錯視の錯視量に関して，大きな個人差が見られる。
　実験心理学の実験の多くでは，その状況について確実なことを言おうとするなら，「多く」の被験者でテストしてみなければならない。私が言う「多く」とは，20人ぐらいである。この程度のサンプル数だと，大きな個人差がほぼ必ず見られる。しかし，個人差はタブーだ。とくに，科学の専門誌は，男と女で差があるとか，人種間に差があるとかいう研究は喜んで掲載するのに，均質な集団内の個人差をあつかっただけの論文を載せることはない。
　研究者のなかには，たった2人か3人の被験者――研究者本人が含まれることが

多い——しか用いていないのに，論文中ではこうした個人差の問題を隠す者もいる。したがって，結果は見かけ上整然としている。私たちは，数を表わすのにたった3つの単語，「1」，「2」，「多い」しかもたない未開社会を馬鹿にすることがある。マスコミ受けするある高級ブランドの科学雑誌は，知覚の実験で，被験者の数を明示せずに複数形で（私はその数が2だと思うが）述べている論文を何度も掲載している。これはおそらく，その論文が信頼に欠けるものだと読者に思われないようにと配慮してのことだろう。

　個人差を隠すためのもうひとつの古典的なトリックは，それを統計的な数値におきかえることである。たとえば，ある集団には10％の左利きと90％の右利きがいると言う代わりに，「側性化の指数」を測った結果，それが0.9で，分散は30％だったと記述する。

　同じ被験者が同じ試行を何度も繰り返して行なうと，その反応は，時間とともに変化する。錯覚は弱まることが多いものの，つねにそうなるわけではなく，場合によっては強まることもある。被験者は最初，その図形をどう見たらよいかがまだよ

図 13.5　遠近法的解釈。エミール・ジャヴァルによれば，「線分 ab と線分 cd が同じ長さには見えないのは，家具が部屋の天井より高いわけがないからである」。線分 ab とその端の角，そして線分 cd とその端の角は，ミューラーリヤー図形のような配置をしている。ab の配置は，遠くの垂直線であるのに対し，cd の配置は近くの対象の線である。したがって，この錯覚の遠近法的説明は以下のようになる。私たちはつねに ab のような線分をより長く，cd のような線分をより短く見積もる傾向があり，たとえばミューラーリヤーのような錯視において，「こうした理由が存在しないときも，この習慣をとり続けてしまうのだ」（『ラ・ナチュール』1896年1月18日号，111-112ページ）。

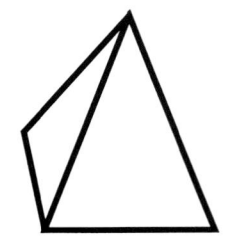

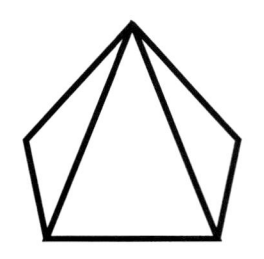

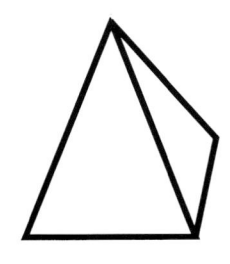

図 13.6 逆遠近法。小さな四角錐（底辺の長さが両眼の間隔よりも小さい）は，左眼で見ると左側の図のように見え，右眼で見ると右側の図のように見え，それらが一緒になると，中央の図のように同時に 3 つの面が見える。こうした描き方は，古典的遠近法に反している。

くわからずにいる。「A は B よりも大きく見えるか？」といった質問に対する反応は，まったく明快だというわけではない。何度か試してみて，どのように図形を見ればよいのかやどのように A と B を比べればよいのかが，はっきりしてくる。そして，錯視量が必ずしも減ることなく，被験者は素早く，つねに同じように反応できるようになる。

　私たちは，ほかの文化が生み出した絵や，ほかの文明の画家がおかした「遠近法の誤り」を笑う。このことは，はっきりと述べられることはなくとも，（西洋）美術の歴史について書かれた文章の行間にかいま見える。それらは，線遠近法の発見と絵におけるその使用に並外れた地位を与えている。同時に，私たちは，セザンヌが人間の身体や静物を描くときに用いた形のゆがみや，現代のグラフィック・アーティストによるイメージの操作を天才的で斬新なものだとみなす。なのに，私たちの文化と質を異にする表現様式の場合には，それを斬新とは認めない。チベットの僧が描くマンダラでは，人物は，絵の四辺に配置され，彼らの頭はもっとも近い縁に向いており，絵は 4 つのどの方向からでも見ることができる。図像のこうした概念は，宗教的なシンボリズムをもち出してこなくても，十分に理解できる。西洋の天井画でも，人物はさまざまな方向を向いているものの，頭だけは天井の中心を向くように描かれているものがある。

　逆遠近法は，実際に特定の状況で観察される。2 章で紹介したように，ユークリッドは，次のように述べていた。「球の直径が左右の眼の間隔より小さいなら，半球以上の部分が見える」。これが顕著に観察されるのは，側面が平たい小さな対象——たとえば立方体，あるいはもっとよいのは四角錐——を正面から見た場合である。左眼には前面と左の側面が，右眼には前面と右の側面が見え，2 つの見え方

が合わさると，逆遠近法の見え方になる（図13.6）。逆遠近法では，前面と2つの側面が同時に見えるが，これは写真ではありえないことだ。東アジアの美術では，逆遠近法がよく使われているが，これは，扇に描かれた絵では，扇の根元に行くにつれて対象を縮めるしかなく，したがって後方よりも手前を狭く描くしかないという，かなり基本的な技術的制約によるのかもしれない。いったんこの表現方法に慣れてしまうと，おそらくこの描き方を好むようになり，その利点もわかるようになる。線遠近法は，単一の視点からものがどう見えるかを示しているにすぎない。逆遠近法を用いれば，家の正面だけでなく，左右の側面にあるものも同時に示すことができる。同じひとつのフレスコ画のなかに，風景が逆遠近法で描かれていて，同時に複雑な建築物が西洋の基準に近い線遠近法を用いて描かれているものがある（私の念頭にあるのはバンコックのラーマヤナにあるフレスコ画である）。つまり，前者の風景では，逆遠近法が意図的に用いられているのだ。

❿章 タネも仕掛けも──マジックと錯覚

　マジックのトリックのなかでもっとも驚くのは，観客を煙に巻くための方法が実に簡単で，観客もそれがわかっている場合である。たとえば，3本脚のテーブルの上に載った頭がしゃべるというトリックがある。実際には，頭の持ち主は観客のほうを向いてしゃがんで，テーブルの面に開いた穴から頭を出しているのだが，観客にはそれが見えない。彼の前には鏡があって，それが首から下の部分を隠し，テーブルの下にステージが続いているように見せている。

　とはいえ，鏡の錯覚の力はよく知られている。喫茶店やレストランでは，大きな鏡が壁一面を占めていることがあるが，この鏡が空間を「広げ」，壁の向こうにも部屋が続いているように見せる。座ったままでいると，そうだとは気づかず，去るときになってはじめて鏡だとわかることもある。このように，鏡の効果が装飾の一部として実用的にうまく使われることもあれば，どこかにトリックがあるとわかっている観客の前で，マジシャンがありえないものを披露するために使われることもある。さらに，これらの効果は，古代の神官，現代の占い師や魔術師によって，超自然的な力や神のお告げを人々に信じさせるという邪ましな目的でも使われてきた。

　マジックには，マジシャンの並外れた手先の器用さと下準備を必要とするトリックがあったり，巧妙に細工された仕掛けを用いるトリックがあったりするが，残念ながら，私はそれぞれのトリックがどの程度むずかしいのかを言える立場にない。司会者と超能力者の間の「テレパシー」実演の一種は，記憶力と冷静沈着さを必要とする。2人の間であらかじめ信号をとり決めておき，司会者の質問のことば使い──抑揚のこともある──が，超能力者に手がかりを与えて，正解へと導くのだ。「私はなにを持っているでしょう？」「私が見ているものはなに？」「なにを手に持っている？」「答えてみて……」「なにが見える？」などなど。異なる言い回しがそれぞれ，特定のメッセージを伝える。私たちは，ごく短い質問にすぐさま答えが返ってくるのにだまされ，質問そのものが密かに情報を伝えているとは想像だにしない。テレパシーの別の種類の実演には，なんのことはない，舞台に鏡をおく仕掛

けや，相方が舞台の下に隠れて答えをそっと教えるものがある（図14.1）。

別々の密室にいる者どうしの「テレパシー」の実演では，超小型の送受信機が用いられることがある。超能力の第一人者を自称するユリ・ゲラーは，送受信機を改造して，歯のなかに埋め込み，受け手は，メッセージをかすかな振動のモールス信号として受けとっていた。市販されているサイコロには，小さな送信機が仕掛けてあるものもある。これを用いれば，いかさま魔術師は，別の部屋で振られたサイコロの目を言い当てることができる。ユリ・ゲラーは，自分のサイコロでは，出た目を言い当てることができたが，ほかの人がもってきたサイコロで実演を頼まれると，それは断った。「超能力」を見せて金を稼ぐ輩は，今日は調子がよくないとか，霊力を使い果たしてしまったとか，言い訳にこと欠かない。これらの「霊能力者」のすることはどれもみな，プロのマジシャンもやっていることだ。しかも，マジシャンなら，下手な言い訳などせず，だれの前でも，どんなときでも，それをやってみせる。

マジックの多くは，もののおきかえにもとづいている。マジシャンは，一本の紐を観客に見せ，次にそれをバラバラに切断し，そのあとで一瞬のうちにもと通りにする。観客は，その紐には巧妙な細工があって，切られた紐の端がつながるのではないかと想像する。だが実際には，マジシャンが切るのは，最後に見せる紐とは別の紐である。私たちは，こうしたおきかえが可能だとは思うものの，実際にそうしているという説明はなかなか受け入れない。幼児期からすでに，私たちは，イナイイナイバーをする顔が同じ人のものだということ，オモチャがなにかのうしろに隠れて出てきたら，同じオモチャだということがわかっている。ものの永続性，安定性，連続性の仮説はおそらく，知覚においてもっとも強い仮説のひとつであり，マジックにおける代表的なトリックを支えている。

舞台の上で演じられる，驚くようなマジックがある。バラバラになった出演者をつなげてもと通りにするのだ。出演者が，爆発によって，8つの部分にバラバラになる。もうひとりの出演者が腕，脚，胴体，頭を拾って，カゴに入れる。そのあと，マジシャンが残った片方の脚を拾い上げ，舞台の奥に回って，それをセットし，同様に身体のほかの部分をセットして，バラバラになった出演者をもと通りにする。この作業が済んだあと，もと通りになった身体は，最初は自分では立てないかのようによろよろしているが，やがて前のように歩き出す。このトリックは，おきかえによっている。図14.2には，19世紀に用いられた方法が示してある。現在は，もっと強力な方法が用いられているはずである。というのは，私は，操り人形が舞台の

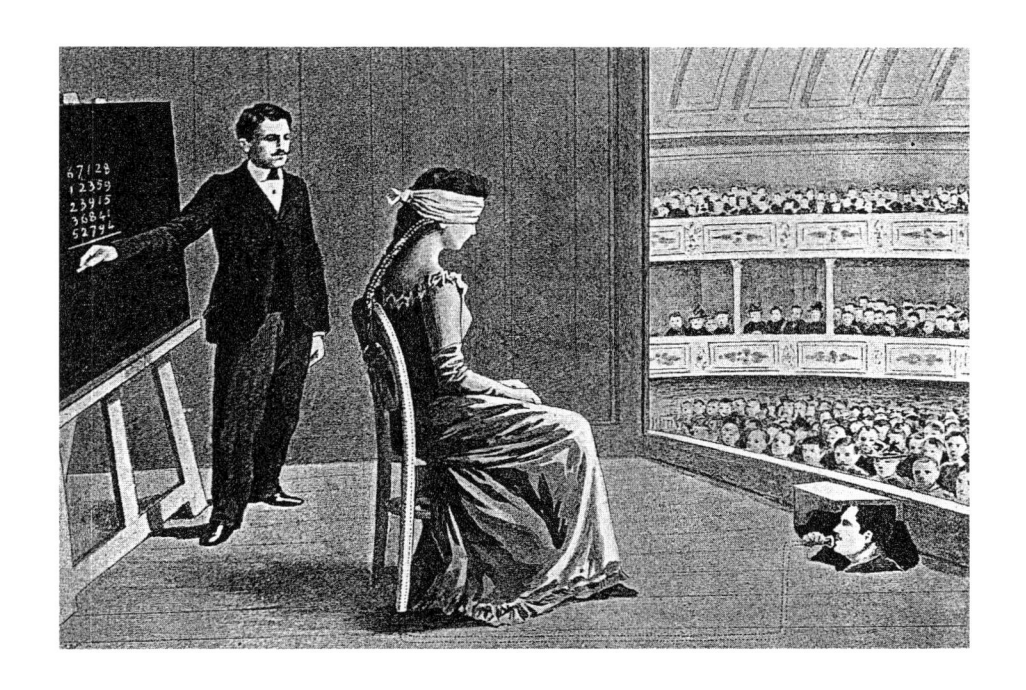

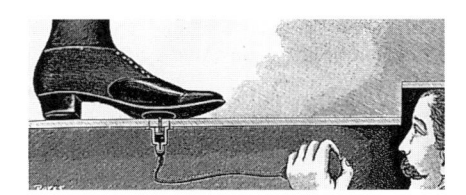

14章　タネも仕掛けも——マジックと錯覚

図 14.1　舞台でのテレパシー実演。このショーでは，次のようなトリックが用いられている。「靴底には，ゴムのチューブ内の空気圧で動く小さなピストンが仕掛けられている。舞台の下にいる相方は，観客の書いた黒板の数字を見ながら，ゴムのチューブの端のスイッチを手で押して，靴の下にあるピストンを動かす。こうして，目隠しをした女性は，とりきめてあった信号によって，どう答えればよいかがわかるのだ」(『ラ・ナチュール』，1899 年，第 1 期号，111 ページ)。

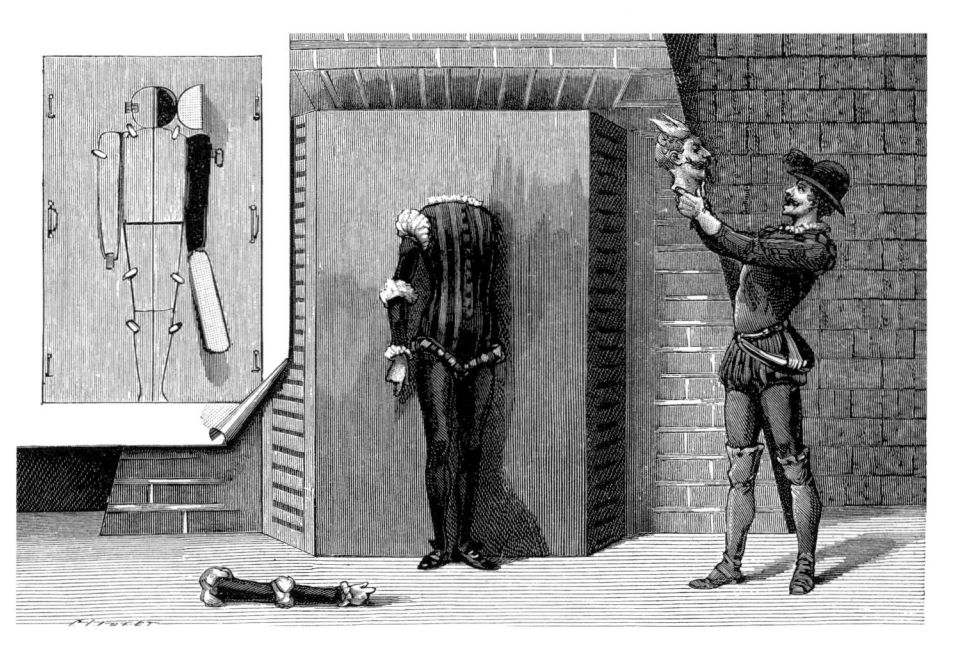

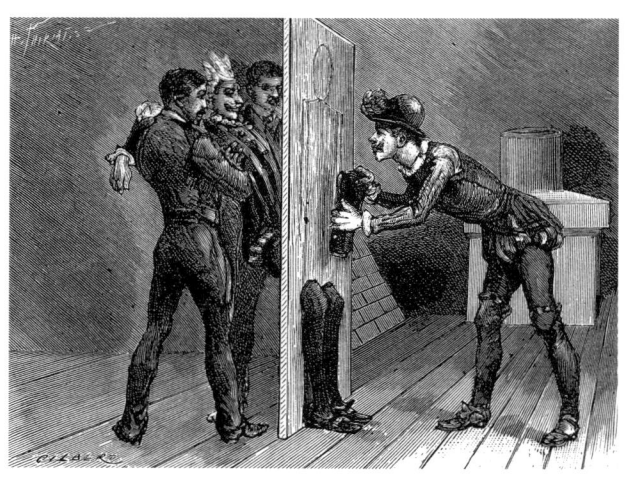

図 14.2　バラバラになった出演者。人形の身体の部分は，舞台の奥に運ばれ，黒い衝立てに押しつけられてセットされる。衝立てのうしろには出演者がいて，人形の身体の部分に対応させて，衝立てに開けた穴からまず脚を出し，次に腕を出す。「このようにして，一部分ずつ，ほんものの出演者が人形とおきかわる。出演者は，この作業が済むまで上半身を反っていなければならないので，相当大変である。（……）最後に頭がセットされ，おきかえが完了したところで，彼は，しばらくの間人形のふりをして，バランスがとれずぎこちない動作をしなければならない」（『ラ・ナチュール』，1890 年，第 2 期号，96ページ）。

14章　タネも仕掛けも──マジックと錯覚

上で驚くべき速さで出演者に変わるのを見たことがあるからだ。

このトリックやその変型では，生身（なまみ）の人間をその人形でおおうだけの時間が必要である。これを応用したものに，顔を用いるトリックがある。まず，生身の人間が舞台の上で動き回る。観客は，その人間が実は仮面をつけていることに気がつかない。彼は大きな箱のなかに入り，箱に開いた穴から頭を出すのだが，実際にはその顔は，先ほどの仮面と同じに作ってある別の仮面である。このようにして，マジシャンは容易に，頭の下には身体がないように見せることができる。

映画では，多くのトリックでおきかえが用いられている。たとえば，人間ではない主人公（キングコングとかE.T.とか）には，2つのサイズがある。ひとつは，大部分のシーンで使われる，全身が見えるもので，高さが30から50センチほどのミニチュアサイズである。もうひとつは，身体の一部で，大きなサイズだ。キングコングが手のひらに女性を載せて運ぶシーンでは，巨大な手が作られた。冒険映画では，危険なシーンになると，スタントマンや人形が主役の代役を務める。首がはねられるシーンでは，転がる頭が実際の俳優のものなんてことは，そうあるものではない。私が覚えているところでは，あるフランス人男優が，映画『最後の女』で自分のペニスを電動ノコギリで切断し，その2年後の『猿の夢』では，ペニスがもと通りについていた［訳注──マルコ・フェレーリ監督の1976年と78年の作品］。どちらかの映画にトリックがあるに違いない。

マジックの多くでは，「タネや仕掛けに思えるものが実は錯覚」である。たとえば，私が思いつくのは，マジシャンが宙に浮き，鳥のようにはばたくというマジックである。考えられる仕掛けは，マジシャンが目に見えないワイヤで操り人形のように吊り下げられているというものだろう。そのこと自体は，驚くようなことでもない。ところが，マジシャンは，左右の手に環を持って，腕を大きく振り回すのだ。ワイヤがそこにあるのなら環は通れないはずだから，観客は，ワイヤで吊られているのではないと考えざるをえない。おそらく，マジシャンが手際よくやってのけるのは，環の手さばきのほうである。

多くのマジックは，トリックを使わずに，マジシャンの手さばきの巧みさによっている。「目にも止まらぬ早業」のことば通り，この手の動きは，そうだとわかっていても，見えない。最近，私は，プロのマジシャンが行なっているマジックを撮影したビデオを再生して分析してみた。マジシャンは，ポケットから10センチほどの長さの青いゴム風船をとり出し，ふくらませた。風船が十分にふくらんで，頭ほどの大きさになったところで，彼はその端を結んだ。次に，左手に結び目をつか

図 14.3 マジックのトリックのビデオ映像の連続するコマ。マジシャンが，手に持ったナイフで風船を突くと（a），風船が割れ，なかからハトが現われる（d）。少なくとも，通常の条件で見えるのはこれだけである。実際には，マジシャンは，目にも止まらぬ速い動作で上着からハトを出し（b），風船を持っていた手へと放り投げている（c）。

んで風船を持ち，右手にナイフを持って，さっと一刺しで風船を割った。風船がぱんと割れ，なかからはばたく青いハトが現われた。考えてみれば，ハトが風船のなかにいたはずはなく，目にも止まらぬ速さでおきかえが行なわれたのに違いない。このおきかえがどのように行なわれたかは，ビデオ映像を１コマ１コマ見ていくことによって明らかになった。

　テレビでは，画面上の映像が１秒間に 50 回変化する［訳注――日本は 60 回］。各映像は，偶数列と奇数列のそれぞれの走査線からなる画像の２つに分けて提示される。したがって，完全なひとつの映像は 40 ミリ秒の時間をカバーしている。図 14.3 は，

14章　タネも仕掛けも——マジックと錯覚

このマジックの早業がどのように行なわれたかを時間を追って示したものである。

映像1（時間T）。マジシャンはナイフを右手に持ち，風船を突こうとしている。風船を持っているのは左手で，その手は胸のそばにおかれている。

映像2（時間T＋40ミリ秒）。風船が割れ，ナイフはもう見えず，ナイフを握っていた右手が上着の襟の折返しに伸びて，青いハトを出そうとしている。

映像3（時間T＋80ミリ秒）。右手がハトを出し，それを左手（先ほどまで風船を持っていた手）めがけて投げる。右腕は身体に沿って，ナイフで一突きしたあとにあるはずの位置にある。

映像4（時間T＋120ミリ秒）。ハトが左手のほうへ飛ぶ。

すべては，映像2がカバーしている40から80ミリ秒の間に起こっている。映像3ではもう，ハトの青い色が，それまで風船の青い色のあった場所にある。

このトリックを分析したあとで，私は，この場面をふつうのスピードで何度も再生して見てみたが，ナイフを突き刺す右手はさっと動くようにしか見えなかった。このスピードでは，ハトを出す動作は，まったく見えなかった。ちなみに，ある行為とは無関係の1コマの映像を映画に挿入したとしても，観客がそれに気づくことはない。これまで何度か，こうした特殊な映像の情報が無意識のうちに受けとられて，それを見た者の行動に影響を与え，それによって一種の隠れた広告や政治宣伝も可能になると主張されたことがある。しかし，こういうサブリミナル映像の効果は，誇張されすぎだ。かりに「コカコーラを飲め」というメッセージがなにかを飲みたいというあいまいな欲求を刺激するとしても，その欲求は特定の商品だけを選ばせるものにはならないだろう。いずれにしても，連続する映像のなかに1秒の25分の1の間だけ挿入された予期せざる映像が，意識的な痕跡を残さないのは，明らかである。すご腕の手品師にとって，この程度の時間間隔なら，観客の鼻先で決定的な動作をするのはわけないことだ。

政治経済の情報でも，科学的研究の報告でも，客観的だと錯覚させるために，数々のテクニックが使われている。この点で，統計学はもっとも効果的である。ごまかしをしたい者が自分の偽りに科学的な化粧をほどこすには，統計学はもってこいだ。統計学のごまかしでもっともよく使われるテクニックは，「有意水準」を与えることである。一般には，この結果が千分の1の確率で有意だとか，1万分の1の確率で有意だとかいった言い方がされる。これが意味することは，偶然にその観察結果になるのが1万回に1回であり，それはきわめて起こりにくいことだから，

想定されている原因によっているに違いないということである。

　たとえば，理想的な条件下で，完全なコインを放り投げたとすると，表が出る確率は2回に1回で，裏が出る確率も2回に1回である。コインを何度も何度も放り投げて，「裏」と出る事象が51％以上になる確率を計算してみよう。この確率は，コインを1万回投げた場合には，20分の1であり，10万回では25億分の1であり，投げる回数がさらに増えるにつれて，その確率は目がくらむほどに小さくなる。これをそのまま政治にあてはめると，どうなるだろうか。どこぞのバナナ共和国で，銀行間協定の是非を決めるために国民投票を行なうことになって，それについては皆目知らない国民が投票し，その結果国民の51％が賛成票を投じ，その結果を聞いた大統領は，わが国民がなんと賢明かと喜んだとしよう［訳注――1992年，EUの通貨統合の条約批准をめぐるフランスの国民投票の結果を見て，ミッテラン大統領が言ったことばをもじったもの。このとき，賛成は51％だった］。統計学的に言えば，この結果は，とんでもなく有意である――確率を計算すると，これが純粋に偶然だけだとすれば，この宇宙で150億年に1回起こるか起こらないかのできごとである。しかし，常識をもった頭で考えれば，投票日が晴れずに雨だったなら，あるいは隣国の銀行が利率を1/4下げるのではなく，逆に上げたなら，あるいはほかのなんらかの条件が違えば，結果は逆になっていたかもしれない。実際には，統計学は，得られた結果が完全に理論的な理想からずれているということを証明するだけであって，そのずれが想定されている要因によるものだということを証明するわけではないのだ。

　科学者自身が統計学の罠にはまっていることもよくある。実験心理学の雑誌では，この条件とその条件とを比較して千分のいくつの確率で有意な効果があったとだけ書いて，効果がどちらの方向かを明示していない論文が増えつつある。これは，国民投票のあった翌日の新聞が，賛否の内容という肝心な点には触れずに，「結果は一目瞭然」とか，「フランス人，でたらめに投票せず」とか，「地方の投票率，有権者の好みを反映」とかいった見出しを載せているようなものだ。

　統計のマジックのもうひとつのテクニックは，データの表が大きければ，「有意な相関」が出現するということである。たとえば，200人からなるサンプルを調べて，いろいろな特性――特定の病気の発症率，性行動，皮膚の色，社会的成功といったもの――があることに気づいたとしよう。また，個人ごとに，多数の遺伝子の特性も決定できたとしよう。そしてそれぞれの遺伝子には，＋と－という2つの可能性があるとしよう。多数の遺伝子について組織的な研究をした結果，次のような2つの次元からなる表が得られたとする。

14章　タネも仕掛けも——マジックと錯覚

ポーカーのうまさ	もっている遺伝子型				
	遺伝子1	遺伝子2	遺伝子3	遺伝子4	遺伝子5
人間1（上手）	＋	－	－	＋	＋
人間2（上手）	－	＋	＋	＋	－
人間3（下手）	－	－	＋	－	＋
人間4（下手）	＋	＋	－	－	＋

　このような表から，ポーカーのうまさは，遺伝子4と相関していると推論できる。なぜなら，ポーカーの上手な人は，＋の型の遺伝子をもち，下手な人は－の型の遺伝子をもっているからである。ここで理解しておかねばならないのは，たとえ＋と－が完全に偶然に分布したとしても，縦の列が十分な数あれば，＋と－の分布が，個々の人間に認められる特性のひとつとたまたま相関してしまうことがあるということである。こうして，統計学で守りを固めながら，できあいの科学雑誌はいつも，これの遺伝子が発見された，あれの遺伝子が発見されたと書き立てる。これらの雑誌の編集責任者は，論文や記事がしっかりしたものでないことや，得られた相関がすぐに別の結果によって崩れ去ることは，先刻承知の上だ。そして，それに関係する「第二の遺伝子」とか，それらの遺伝子の作用に影響する「新たな要因」とかを持ち出すことになるだろうことも，お見通しだ。

　では，なぜこんな安易なサイエンスがつねにもてはやされるのだろうか？　それは，これらの雑誌には，おもしろそうなことを新聞やメディアにたえず提供するという役割があるからである。掲載する記事の選択にあたっては，科学的な基準よりもまず，メディアに売り込めるかという商業的基準が優先される。

　政治や科学や宗教の論争が，ある定石のやり方によってゆがめられることがある。それは，一方に，間違ってはいるが，陰に信者の多い，口八丁手八丁の煽動者をおき，もう一方には，正しいが，個々の専門的問題について相手に立ち向かうだけの知識はもっていない専門家をおいて，対峙させるというやり方である。テレパシー能力者を自称するいかさま師の場合を例にとろう。客観的で，偏見がなく，読者の立場に立った，政治色のないことを謳い文句にするある新聞が，2人の談話を並べて掲載したとする。物理学では説明できない能力をもっていると主張するいかさま師の談話と，そんなことはありえないとする側の談話である。それが学識者やノーベル賞受賞者であれば，格調高い憤りを表明し，物理学の神聖なる法則にまったく反するような現象などあるわけがないと言うかもしれない。2つの対立する談話を

読んだ読者は，その新聞が公平だと感じるかもしれない。だが，ほんとうに話を聞くべき人間がいる。「そのトリックを知っていて」，人々の目の前でそれを簡単にやってのけるプロのマジシャンである。彼に話させれば，読者はすぐにすべてがわかって，新聞もほとぼりが冷めるまではこの話題をしなくなるだろう。したがって，問題なのは，一方ではいかさま師に話をさせ，他方では，その話題について直接的なことが言えない著名な科学者に話をさせているということである。しかし，時々あるように，なんのことはない，週刊誌がトリックをばらしてしまったりする。

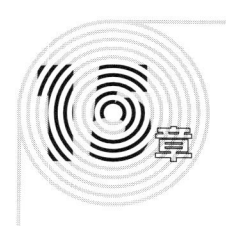

非現実の現実——映像技術と錯覚

　ところは騒がしいカフェ。客の一団がテレビにかじりついて，サッカーの試合中継を観戦中だ。ななめ横から見ると，テレビの画面には，横3センチ，縦15センチほどの大きさの人間らしきものがいくつか，ジグザグに動いて，小さな白の斑点を奪い合っている。その斑点がどうやらボールのようだ。このプレーに夢中になっている客たちは，自分がいま，芝生の上でボールを蹴る選手とスタンドで絶叫する観客との間に――ちょうどグラウンドの端に――いるような気分になっている。聞き慣れた2人のスポーツ解説者の声も，スタジアムにいるかのように錯覚させる。なぜ，小さなテレビ画面上のこんなちっぽけな像が，これほどまでの興奮を引き起こすのだろうか？

　かつて，聖人画や肖像画のような絵は，見る者の心をとりこにした。その後，写真などの技術が進歩し，またそうした絵を見る習慣が廃れたことによって，それらが持つ錯覚の力，実物におきかわる力は失われてしまった。こういう絵を見ても，私たちは，当時の人々の身になるのがむずかしい。昔の人々が額縁に入った絵を前にしてその奥行き感に驚嘆したり，時代が下ってからは拡大鏡を通してありふれた写真を見てその奥行き感に驚いていたとは，にわかには信じがたい（図15.1）。

　たとえば，額縁越しに，特定の様式で特定の画布に描かれた絵を見ることに慣れてしまっていると，新たに考え出された手法が驚きになる。はじめ，新しい手法（たとえば，明暗法や遠近法）を用いた絵は，それまでの絵にはなかった実在感の一部をとり込んでいたため，驚きをもたらした。しかし，その後，別の効果も生じた。新しい映像が習慣になって，現代の技術として特徴づけられると，そのほうが標準になり，現実を忠実で正確に映しているように感じられるようになる。最終的には，そうした手法が日常生活の一部になり，その映像の錯覚の力は大部分が失われてしまう。たとえば，映画が登場した最初の頃がそうだった。列車が駅に入ってくる映像は，観客をパニックに陥れた。だが今日，撮影技術の進歩にもかかわらず，こうしたことは起こりようがない。

　画像を縁どる枠が見えると，それが画像だということがすぐわかってしまう。枠

図 15.1　単眼での奥行き感。拡大鏡と 45 度の傾きの平面鏡からなるこの装置は，当時，「すごい奥行き感」が得られると評判であった。『ラ・ナチュール』，1886 年，第 1 期号，176 ページより。

が見えないように，筒越しに，あるいは手のひらを筒状にして覗くと，強い奥行き感が得られる。映画や静止画像（図 15.2）などで試してみよう。印刷物では，紙の表面の肌理（きめ）が，平らな面だということを教えてしまうかもしれない。写真のネガ用スコープを用いて，うしろから光をあててスライドを見ると，強い効果が得られる。

17 世紀半ばに考案された「遠近法箱」は，覗き穴からなかを覗くと，複雑な室内装飾が見える箱である（家具のおかれた部屋が見え，その部屋の向こうには別の部屋が続いているように見える）。これは，驚くばかりの実在感をもたらした。それらは実際には箱の内壁に描かれていて，箱の内部には実物もいくつかおかれ，さらに反射像によって隣に別の部屋が広がっているように見せるために鏡も張られていた。床に見える面は，実は箱の内部の床から始まって壁に描かれていた。この場合も，覗き穴に釘づけになった眼にはそれらしか見えず，絵の縁は見えないということが，奥行き感を生じさせるのに大きな役割をはたしている。

19 世紀末から 20 世紀初頭にかけて，両眼立体鏡（実体鏡）によらずに，「奥行きの錯覚」を生み出す多くの装置が発明された。たとえば，「単眼立体鏡」や，カール・ツァイス社製の「ジノプター」や「フェラント」と呼ばれた仕掛けがあった。単眼立体鏡（ゾグラスコープ）は，写真を平面鏡で反射させ，それを大きな拡大鏡を通して両眼で見るという装置である（図 15.1）。フェラントは，接眼レンズのついた箱で，箱のなかのスライドを見る装置である。像は無限遠に位置し，眼の水晶体の焦点は，スライドを見るときには一定の状態になる。接眼レンズの焦点距離は，

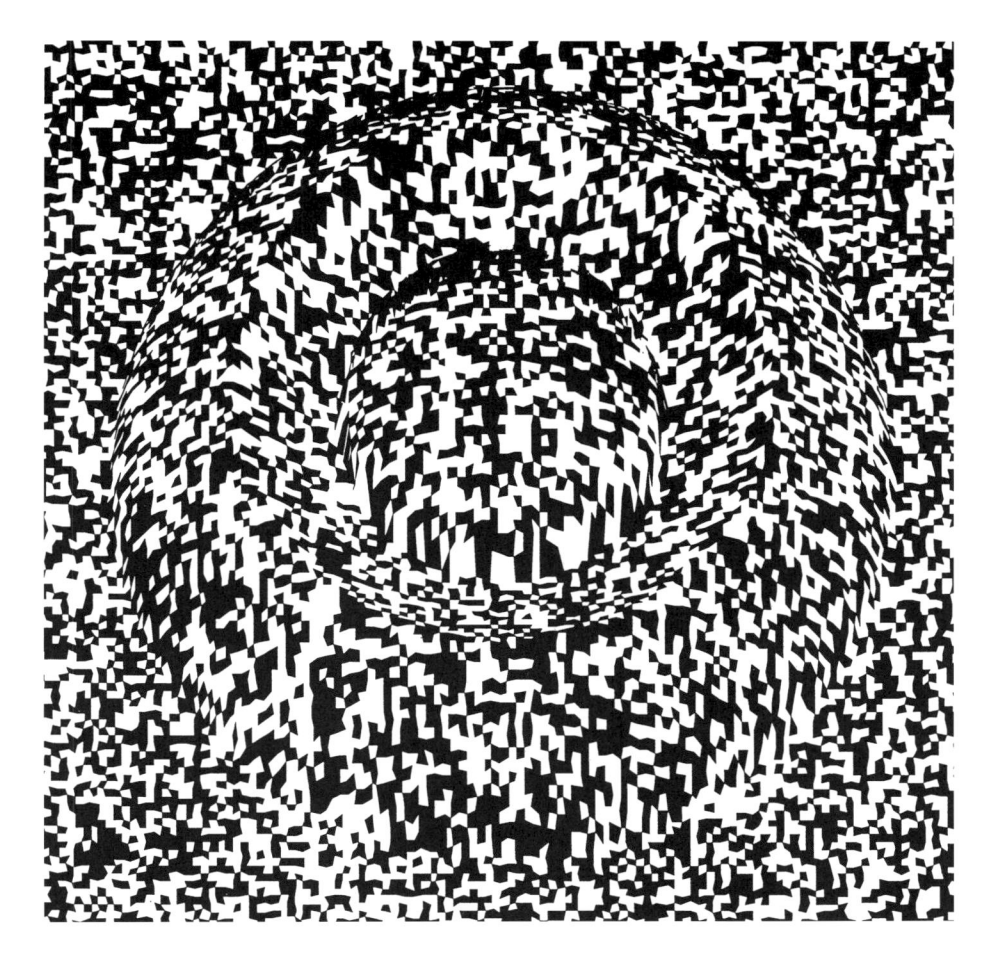

図 15.2 クラパレード効果。細い筒を通して（紙を丸めてもよいし，手のひらを筒状にして覗いてもよい），このパターンを観察すると，両眼立体視で得られるような奥行き感が生じる。

標準的なカメラで撮った場合の像までの距離と同じにしてあり，実際通りの遠近が再現される。さらに，レンズの接眼部は，眼球の回転中心に一致しており，「鍵穴」効果を避けることができる。1907 年に特許がとられたジノプターは，鏡のついた双眼鏡で，単一像が見える（図 15.3）。この像は，両眼で観察するが，両眼の間にあるひとつの眼で見ているような状態になる。ジノプターで写真を見ると，奥行きが感じられ，人によっては，それが両眼立体視で得られる奥行き感より強いことがある。ケンデリンクによると，自然の光景をジノプターで見ると，逆に光景が奇妙に平べったく見え，その見え方は片眼で光景を見た場合とも違うという。さらに，

図 15.3 ジノプター。双眼鏡のように2つの接眼レンズがあるが，光はひとつの入口だけから入る。図に示したように，光は左右の眼に振り分けられる。上の写真では，中央に眼がひとつ見えるが，これは，光路が逆になって，ジノプターをかけている人の左右の眼が重なって写ったものである。この装置は，美術館の絵画を見るときに用いられ，強い奥行き感を生み出した。

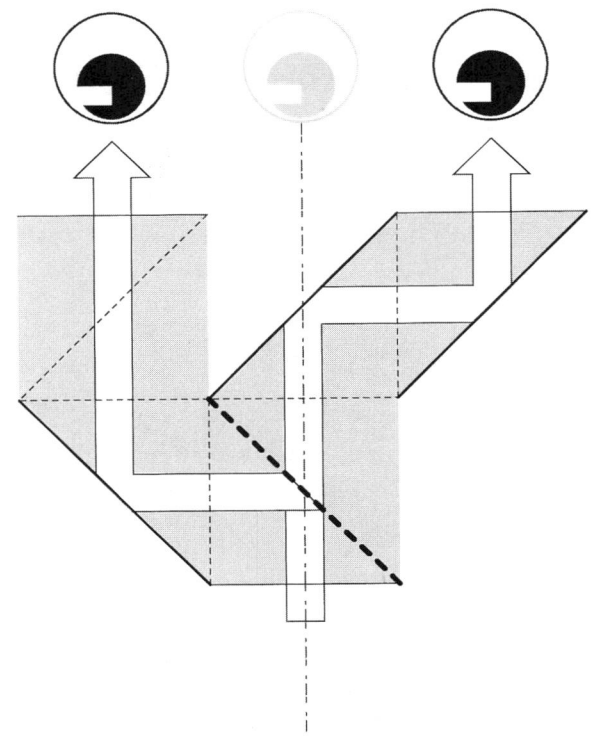

図 15.4 コロセウム。1829 年にロンドンのリージェンツ公園に建てられたこのパノラマでは，セント・ポール大聖堂の屋根の上から見たロンドンの風景が巨大な画布一面に描かれていた。観客は，円筒形のタワー（絵の左手）の最上階の回廊までエレベーターで上がり，円筒形の壁いっぱいに描かれた風景にとりまかれる。ルドルフ・アッカーマンの『コロセウム描画集』(1829) の図版より。ケンプ (1990) を参照。

こういう条件下では，大きさの恒常性がほとんどなくなる。

　18 世紀の末，スコットランドの画家，ロバート・ベイカーは，「パノラマ」と呼ばれる巨大絵画の製作にとりかかった。これは，巨大な円筒の内壁に絵を実物大で描いたもので，中心に立つ観客は，この絵に目を奪われずにはいられなかった（図 15.4 と図 15.5）。ブートンとダゲールが 1823 年に製作を開始したジオラマは，錯覚の効果を高めるために特殊な照明法を用いていた。観客は，円筒形の部屋のなかにいるが，部屋の土台のプラットフォーム全体が回転し，観客は，個々の小部屋に繰り広げられる光景を続けざまに見て，感嘆する。暗い小部屋の奥の画布には絵が描かれていて，光が画布と天井の間のすき間から入り，観客は，小さな覗き窓から遠くに広がる光景全体を見る。1826 年，ヴェルニョーは，次のように書いている。

図 15.5　アヴェンジャー丸。1892 年にパリのシャンゼリゼに建てられたこのパノラマ館は，1794 年にケサント沖でフランス艦隊とイギリス艦隊が衝突した海戦を描いていた。観客は，プラットフォームに立ち，円状に配置された画布に描かれたアヴェンジャー丸の沈没の様子を目のあたりにした。観客が 2 本マスト船クーリエ丸のデッキにいるという想定である。船のまわりには，交互におかれた板から突き出た硬い画布が波を形作り，プラットフォームは最大 50 センチの範囲で上下に揺れるようになっていた。「この効果は絶大で，パノラマの画布に描かれた幾隻もの艦船が動いているかのような錯覚を生み出した。クーリエ丸のまわりの波も，上下するように見え，観客は，海に呑み込まれる寸前のアヴェンジャー丸の壮麗な船体を目のあたりにしているような気になる」。『ラ・ナチュール』，1892 年，第 2 期号，129 ページ。

　　パノラマは人をあっと言わせるような錯覚を生み出すが，ジオラマもそうだ。これは，絵の一部に動きがあり，機械仕掛けと特別な照明のあて方によって，空の動きや光と影の変化——自然のなかの天体のおごそかで規則的な動きや漂う雲の動き——がもたらされる。

　　数年後，ダゲールは，「二重効果の」ジオラマを考案した。透明な画布の両面には，それぞれ別の絵が描かれる。手前から光をあてると，一方の絵が見え，背後から光をあてると，もう一方の絵が見えた。(同様の仕掛けは，舞台でも用いられている。手前から照明があてられると，半透明の画布に描かれた風景が，観客の注目

を引く。ところが突然背後から光があてられると，背景が消えて，風景がさっと遠のき，そこに壁や家具が出現する。）

　パノラマもジオラマも，遠近法箱，舞台装置，蝋人形館などで使われているトロンプ・ルイユのさまざまな手法を用いていた。その手法のひとつは，ある部分は立体的な実物を用い，それに続く部分には画布に描いた絵を用いるという方法である。この実物の部分にも，画布の部分と同じに見えるように，絵の具が塗り直されている。もうひとつの手法は，視差の効果を生み出すために，背景の要素を前後に層状に並べるというものである。

　これまで，映画の画面を巨大にするさまざまな試みがなされてきた。そのひとつは，水平方向360度をカバーする8台のカメラで光景を撮影し，それらの映像をつなげてパノラマ画面を作るという方法である。円筒形の映画館の壁面に光景を映写し，観客は中央からそれを見る。ただ，現代のこの技術の生み出す効果も，150年前の観客にパノラマやジオラマが与えた驚異にはおよばない。同様に，巨大な半球ドームの内壁面や，巨大な縦長の平面スクリーンに映写する最近の方法も，抜群の効果を生み出す。どちらの場合も，錯覚を生じさせるためには，映像が上に広いことが重要である。しかし，大スペクタクル映画ではこれまで，横に広いパノラマスクリーンが好んで用いられる傾向があった。テレビでは，縦横比が3対4の画面が用いられてきたが，現在は9対16という，正方形からより遠い規格の画面が開発されている。だが，9対16がすぐれていることを証明している研究はない。私は，逆に，強い臨場感を生み出すには視野が上に広いほうがよいと考えている。

　映画制作者は，巨大スクリーンへの映写に加えて，現実感の一要素である両眼立体視もとり入れようとした。これはかなり費用がかかったが，多くは強い錯覚を生み出した。私も，映像のアミューズメントパークでこの技術を体験してみたことがある。観客は液晶のメガネをかけ，スクリーンには左眼用と右眼用の映像が交互に映し出される。映写と同期して，メガネの左右のガラスが交互に光をさえぎり，その結果，左眼には左眼用の映像だけが，右眼には右眼用の映像だけが見える。感じられる立体感は強烈だったものの，それはこうした技術的進歩とはほとんど関係がなかった！　この立体感はおもに，メガネの縁が潜水用のゴーグルのように不透明なため，端のほうの視野が狭くなり，その結果スクリーンの映像しか見えず，それが奥行き感を出しやすくしているのであった。言ってみれば，観客は，内側が黒く塗られた筒を通して映画を見ているのと同じような状態になるのだ。

　巨大スクリーンに映写されるこうした映画は，観客が訪れたことのないような地

域を案内するドキュメンタリー映画のことが多い。小型飛行機やヘリコプターにカメラが搭載され，観客は，ちょうどパイロットの隣の位置から光景を見る。たとえば，カメラが台地をかすめ，断崖のへりまで来て，次の瞬間新たな光景が眼下に開け，飛行機が急降下する。観客は，胃のあたりがおかしくなりながら，自分が現実に飛行しているかのような感覚にとらわれる。

　映画の補助技術は，「体感映画」によって，新たな時代を迎えている。観客は，飛行機や宇宙船やジェットコースターに乗っているかのように感じながら，さまざまな場所に連れて行かれる。繰り広げられる光景は，自然の光景のこともあるし，合成された映像のこともある。リアルな身体感覚を作り出すために，観客の座っている座席が映像と同期して細かく動く。この方法は効果的だ。急にアクセルを踏んだり，あわや衝突寸前で急ブレーキをかける場面が，映像と座席の動きによって伝えられて，観客はキャーと悲鳴をあげる。

　映画のなかで，私たちは車に乗り，地下道に入り込み，行く手にぱっくり口を開けた裂け目が待っていて，あわや落ちようというときに，車がほかのところめがけてジャンプしたりする。落下の身体感覚はどのようにすれば伝えることができるだろうか？　自由落下しつつある人間も重力にさらされているが，これまでもたえずさらされてきたので，下へと引っ張られているという感覚をもつことはない。逆に，浮遊感——夢のなかで体験されることのあるあの感じ——をもつ。その日私が思ったのは，体感映画には限界があるということだ。

　ここで，映画の通常の映写では，なにが錯覚と言えるのかを考えてみよう。まず，生理的錯覚として，映写は間断なく連続しているように感じられる。フィルムの巻かれた大きなリールが一定のスピードで回転するが，フィルムの1コマは，プロジェクターの光の前で一瞬だけ止まる。スクリーンに映写されるのは，1コマ1コマの静止映像である。コマとコマの映写の間は，光がさえぎられ，館内は真っ暗になる。そのため，わずかに画面がちらついて感じられるが，このちらつきは今日ではとり除かれている。現在の映写装置は，コマとコマの間に光を挿入している。観客は，フィルムに刻まれた一瞬一瞬の連続を，間断ないひとつの光景として解釈する。走っている車を低感度フィルムで撮ると，1コマ1コマの映像はぼける。しかし，これによって，車がはっきり見えなくなるわけではない。はっきり見せるのは，なんと言っても脳のすぐれたはたらきだ。脳は，ぼけた像から鮮明な光景を作り上げるのだ。

　映画では，つねに照明が操作されている。刑務所の暗い独房に入るシーンでは，

数秒後には，暗さはどこかに吹き飛んでいる。真っ暗な洞窟のシーンでは，主人公がライターの火をともしただけで，小さな炎が数メートル四方もの岩壁を照らし出す。屋内のシーンでは，照明は，ほとんどつねに均一で，人物には影がない。あるいは，光が入ってきているはずの窓に向かって俳優が歩いているのに，窓側の壁に俳優の影がはっきり映っていて，こちら側から強い光があたっているのがわかることもある。野外の夜のシーンは，「擬似夜景」という手法を用いて，昼間に撮影されることが多い。前景にいる俳優は，明るい色の服を着て，全身に照明を浴び，この俳優と背景のセットとの間のコントラストが最大にされる。光景のほかの部分に比べて空が暗くなるように，そして色合いの差が弱まるように，カメラには赤色フィルターがつけられる。フィルムは，前景だけが明るくなるように現像される。

　カメラが光景をとらえるとき，私たちは，自分がカメラの位置にいると思いながら，カメラが向くあらゆる方向の光景を追う。しかし，映像はつねに正面のスクリーン上にある。

　昔風の前進の移動ショットは，カメラのレンズの焦点距離を変えずに前進しながら撮影するというものだが，これは自然の視覚によく対応している。この移動ショットでは，像の変化が運動視差を生み出し，この手がかりによって光景の奥行きが正確に解釈される。現在，この前進の移動ショットは，カメラを動かさずにレンズの焦点距離を少しずつ長くする方法（「ズーム」ショット）にとって代わりつつある。ズームショットを用いると，像の部分どうしの関係は変化せずに，像の中央部分が拡大し，視野全体を占めるまでになる。視差の手がかりがないと，光景がひしゃげて見えることがある。もちろん，長い焦点距離のレンズを用いると，3章で述べたように純粋に幾何学的な理由から，光景が圧縮される。ハイウェーを走りながら，遠くの車を望遠レンズで撮ると，異様な見かけに写る。

　レンズの焦点距離を固定したまま，カメラが横に動くと，像の部分どうしの関係が変化するだけでなく，背景が隠れたり現われたりして，運動視差も生じる。しかし，カメラが横に回転する場合には（「パノラマショット」），光景のなかの部分間の関係は変わらない。走る車の窓から風景を見る場合を除けば，自然な見えにもっとも近いのは，このパノラマショットである。また，私たちは，映像の下の縁によって人物の腰から下が切れるミディアムショットのフレーミングも，キスシーンで首から下が切れるクローズアップのフレーミングも変だとは思わなくなっている。

　カメラは，焦点距離が不自然に変化したり，非現実的に移動したりするにもかかわらず，その存在が忘れられている。たとえば，主人公の男女が旧式の軽飛行機の

操縦席にぎゅう詰めの状態で（ちょうどカヌーに乗るみたいに）座って，空を飛んでいるとしよう。いきなり，次のショットで飛行機が山にぶつかりそうになり，私たちも，俳優と同じように息を呑む。だが，すべては別の飛行機から撮影されている。この場合には，錯覚は2つの要素からなる。映画を見る私たちは，飛行機を外から見ていたのに，次はなかに入り，さらに一瞬で操縦席にいるのだ。

逆に，テレビのドキュメンタリー番組は，私たちをだませない。人ひとり住まない土地で，ある男が単身悠大な自然を前にして，危険で奇想天外なことにチャレンジし，ナレーターがその孤独な冒険をたたえたとしよう。だが，見る側は，撮影班が彼のまわりにいることや，カメラマンが片手でカメラを支え，もう一方の手で不安定な岩壁をつかみ，曲芸さながらに脚でなんとかバランスをとっていることを考えないわけにはいかない［訳注——フランスでは，『ウシュアイア』や『これが現実』(フォ・パ・レヴェ)といった，自然をあつかった冒険ドキュメンタリー番組が人気がある］。

時間が編集されると，数々の奇妙なことが生まれる。撮影班がある場所に行き，その場所で繰り広げられるすべてのシーンをまとめ撮りし，次に別の場所に移動し，またシーンをまとめ撮りしているのに，すべては時間的順序でつながるように並べられる。同じシーンで，主人公の男女のほんの三言の台詞のやりとりが，10回のショットで撮られることもある。女優は，キスのリハーサルのたびに3度口紅を塗り直しているかもしれない。編集の過程でシーンの順番を入れ替えれば，異なるストーリーを作ることもできる。クレショフとプドフキンは，映画のモンタージュ技法を考え出し，俳優に無表情な顔をさせ，その顔をクローズアップで撮影した。このショットを，スープ皿の映像や，死んだ女性の映像や，遊んでいる子どもの映像のすぐあとに挿入したところ，それを見た観客は，俳優が文脈に合った表情をしているように感じた。

自然の摂理や常識に反して，映画では奇跡が起こり，ありえないこともすべて受け入れられる。タラス・ブーリバ，チンギス・ハン，クレオパトラが英語で話すのだ。1950年代以前の映画では，インド人やアラブ人，そして黒人も皮膚が茶色で，顔はと言えば，メーキャップを無視すれば，アメリカ人(ヤンキー)以外の何者でもなかった。古代史のスペクタクル映画で，ローマ皇帝を支持してエキストラの手が一斉にあがる場面では，腕時計が見えることもよくある。冒険映画では，当然ながら，男の探険家は，替えのパンツももたずに数か月も旅する。けれど，女の探険家のほうは，脱毛クリームを携帯するのを忘れない。

10章　痛む幻肢——記憶の誤り，心の錯誤

　この地上にいる人間から無作為に2人を選んだとして，政治や哲学やセックスや宗教の問題について，彼らの意見が一致することはほとんどないだろう。夫婦でさえ，車の運転のしかた，振舞い，買い物の選択，家のなかのものの配置で意見が食い違い，相手が間違っていると思うことに生活の大半を費やしている。そう考えると，主義や人生観は言うにおよばず，実生活のささいなことにいたるまで，この世の人々の半分は間違っていることになる。

　錯覚のなかでおそらくもっとも強い錯覚は，自分が外界の現実と直結しているように感じることだろう。知覚が行なった解釈の作業は表に現われることはないし，手にできるのは最終結果だけで，それ以外は痕跡として残らない。私たちをとりまく外界は，ニューロン間でとり交わされる電気的信号によって表わされているのに，私たちは，距離をおいた対象にもじかに触れているような印象をもつ。テニス選手はラケットの先端にボールを感じるし，大工は工具の先にネジの抵抗を感じる。フォン・ベケシーは，両耳立体音や両眼立体視の原理を触覚に応用した実験を行ない，皮膚から「距離をおいた」位置に刺激があると感じる錯覚を作り出すことに成功した。彼は，被験者の人差し指の先と中指の先に同期した振動を与えた。この実験を繰り返していくと，被験者は，2本の指を大きく開いていても，指の間に振動があると感じるようになった。同じ種類の実験では，被験者に，膝のちょうど上あたりの左右の腿に同期した振動を与えた。これを続けていくと，膝と膝を大きく広げても，間に振動するものがあると感じるようになった。

　最近，ラマチャンドランは，簡単な方法によって，遠くのものに触れているように感じる錯覚を作り出すことに成功した。彼はこれを「ピノキオ効果」と呼んでいる。被験者は目隠しをして，椅子に座る。ラマチャンドランは，この被験者の手をとり，その正面に座っている学生の鼻を指で軽く叩かせ，同時に被験者の鼻を叩いた。30秒後，被験者は，自分の鼻が伸びたように感じた。

　この実験は，実は，幻肢を理解するための広範な研究の一部として行なわれた。昔から，腕や脚を失った人が，ないはずの腕や脚があるかのように感じ，失ってか

ら数年間もそうした感覚をもつこともあることが知られている。たとえば，幻肢が動く——たとえば握手する——ように感じる人がいたり，失った腕や脚が変な格好のまま麻痺しているように感じる人がいたりする。ある患者は，幻肢の腕が体の横に直角に伸ばされたままのように感じていて，ドアを通り抜けるたびに，反射的に横向きになった。ラマチャンドランは，これらの獲得性の麻痺が視覚的な刺激作用がないために起こるのではないかと考えた。つまり，脳は，腕を動かせという指令を下しても，その指令を実行したという視覚的情報がないので，腕が麻痺していると思ってしまうのかもしれない。これがヒントになって，彼は，欠けている視覚的感覚を作るというアイデアを思いついた。左腕を失った患者のまえに縦に大きな鏡をおき，鏡のなかに右腕が見えるように覗き込んでもらった。このようにすると，右側には正常の右腕が，左側には鏡に映った右腕が見え，左腕があるかのような錯覚が起こった。ラマチャンドランは，患者に，オーケストラの指揮者がするように，2つの腕を左右対称に動かしてもらった。患者は，たちどころに，幻の腕の麻痺がとれて動くように感じた。この方法は，患者の50％で功を奏した。

　問題は，なぜ脳が幻肢という虚構を維持し続けるのかである。なぜ脳は，ないはずの手足に，熱や冷たさ，ちくちくした感じ，筋肉の収縮，痛みなどを感じるのだろう？　古くからある考えは，切断面に残っている神経終末が信号を送り続け，その信号が幻肢の末端からきたものであるかのように解釈されるというものだ。ラマチャンドランによれば，幻肢は，母音を聞くと色が感じられる共感覚の現象（8章）と酷似している。切断された四肢から来る信号を担当していた脳の領域は，身体のほかの部分を担当する領域と隣接している。したがって，左腕を失った患者の場合，左の頬を担当する領域が，左腕を担当する脳の領域も使うようになり，左の頬を実際に針で刺したり，湿気や熱で刺激したりすると，幻肢の左腕にそれに対応した錯覚が生じるのかもしれない。

　外在感は，夢や幻覚のような純粋に内的な産物にもおよぶ。残像の場合には，外在感は奇妙な形式をとる。瞬間的に照らされた対象を見ると，直後にはその陰性残像ができる（10章）。両眼を閉じても，残像は見え続け，眼の内側にあるように見える。ハーヴィ・カーが学生に対して行なった調査では，2種類の感じ方があった。一部の学生は，自信をもって，残像が——眼を閉じると，ふつうはまぶたの裏にあるように見えることから——自分の眼にあるように見えると報告した。一方，学生の大多数は，眼の前に像が見えるとは言いたがらなかったが，それが眼の外にあるように見える——その像が実際には網膜上か脳のどちらかにあるのに違いないとい

うことを強調しながら——ことは認めた。

　心と身体の関係を哲学的に，あるいは宗教的にどう考えるにせよ，私たちはこの関係をはっきりと体験する。すなわち，ある状況では，決定を下し身体に指令を与える心として自分自身を考えるが，別の状況では，自分を，飢え，渇き，眠気，痒みといった身体の欲求にとらわれた存在のように感じる。

　私たちは，自分が見たり聞いたりするものにしたがって，考え行動していると思っている。ところが，決定の多くは，意識しないところでなされている。身体の動きの指令は，感覚が意識にのぼる前に下されることがある。よく知られた極端な例は，火や熱いものに知らずに手を近づけてしまって，反射的に手を引っ込める場合である。熱さを感じるのは，手を引っ込めてからだ。日々の生活でも，意識せずにさまざまの動作（足を踏み鳴らす，頭を掻く，あごに手をやる，ものを噛む，眉をひそめるなど）をする。なに気なく浮かんだメロディを口ずさむとき，その指令はどこからくるのか？　動作を止めろという指令を下しても，それが実行されないことがあるのはどうしてなのか？　動作が意図したもので，それが一定の目的を遂げるように行なわれる場合でも，私たちは，その決定を実行に移すときには，計算され構造化されて筋肉へと送られる指令のすべてを知らずにいる。

　もし心が身体に命令していると考えるなら，心が大まかな指令を出すだけで，決定の大半はその代理の「第2の心」によってなされ，この脳の部分がまず活動して，その後高次の中枢に情報を伝えるということを認めざるをえないだろう。このことは，コンピュータのキーボードで打ち間違いをしたときに，画面に文字が表示されるのを見る前にその間違いに気づくことからも，明らかである。

　私は最近，指の動きをめぐって脳の2つか3つの部位が競合していると思われる状況を経験した。「数の大きさの比較」というごく簡単な実験を自分が被験者になってやってみたのだ。結果は驚くべきものだった。課題は，0から9までの2つの数字のうちどちらが大きいかを答えることである。ランダムに選ばれた2つの数字がコンピュータのスクリーン上に左右に並べて提示され，大きいほうの数字を左右のどちらかのキーを押して答えるのにかかる時間が測定される。直観的には，「3＜4」と「2＜7」は同程度に明らかであり，したがってどの組合せでも反応時間は同じになると予想される。ところが，1967年にモイヤーとランダウアーが示したのは，数の大きさが近いほど反応に時間がかかり，誤りも多くなるということだった。私は，この実験を自分でやってみて，2つのことに気づいた。ひとつは，自分の誤りに気づいている（キーを押す瞬間に誤ったとわかる）ということ，もうひとつは，誤りは続けて起こる傾向があるということである。それはまるで，私の

脳のなかのある中枢が数の比較を誤り，指に誤った反応をするように命令を下してしまったのだが，一方，脳の別の中枢は計算が得意で，答えを意識にのぼらせるものの，その中枢は指に命令を下せないかのようであった。誤ったとたん，私の警戒心は高まり，次は絶対間違えないぞと思うが，それなのに指が2が9より大きいと答えてしまうのだった。指の動きの命令を出す中枢が「これでは満足なさらないでしょうから，逆のことをいたします」と言っているかのようだった。

　逆に，男女間の欲望の関係は，身体に発する動物的関係として示されることが多く，肌が触れたり，裸が見えたりすることが，もっとも基本的な本能的反応を始動させるとされる。だが，このすべては大脳を介してなされ，高度に知的なプロセスを含んでいる。ただ，嗅覚だけは別である。私たちには，性的なニオイをもっぱら担当する「鋤鼻システム」と呼ばれる第2の嗅覚システムがある。このニオイは，通常のニオイとしては意識されないが，性的欲求の身体的表出に影響をおよぼす。ほんとうはこの第2の嗅覚が相手のニオイに感じているだけなのに，私たちは，その相手がとても美しいとか，驚異的な数学的直観をもっているとか思ってしまう。

　エロティックとみなされる身体の部分も，時代や文化によって変わる。現代の西洋文化は，商業的な理由から，女性の身体のある部分にとくに焦点をあてていて，その形やしなやかさを維持しようとする。G・クールトリーヌの『作品330番』［訳注——フランスの劇作家クールトリーヌの1900年公開の喜劇］のなかの表現を借りると，「不完全な球形で，左右に分かれ，正面から見るとちょうど双葉のクローバーのような形」をしたその構成原理は，人を引きつけずにはおかないいくつかの身体的・知覚的問題を課す。このように，それがもつ魅力は身体的なもの以上に，知的なものだ。凹凸という二重の特徴に加え，視点によって形が変わるということ，そして隠されているということが，驚きを生み出す。遮蔽はつまり，ある対象の前に別の対象があることを示す。遮蔽という手がかりによって，主観的輪郭の形成（8章）が引き起こされ，隠れている面が想像によって延長される。同様に，知覚心理学では，机や椅子といった身の回りの対象のほとんどは4つの接点で（例外的に3つのこともある）床に接してバランスを保っているということが強調される。また，球形の対象（ビー玉やボール）はひとつの接点だけでバランスを保っている。これに対して，2つの接点で地面と接してバランスを保つダンベル状の2つの球形というのは，かなり珍しい。

　ほぼ確実に生じさせることのできるタイプの記憶の誤りがある。アメリカで行な

16章 痛む幻肢——記憶の誤り，心の錯誤

待望の知能テスト，ついに完成。10年におよぶ綿密な研究の末，人間の知能を測る客観的で信頼のおける普遍的なテストが，ロイバージャー教授率いる，かのマサチューセッツ工科大学の研究チームによってこのほど完成された。このテストは，野球のルールの理解をもとにしたもので，アフリカのプール族で実施されたが，……

待望の知能テスト，ついに完成。10年におよぶ綿密な研究の末，人間の知能を測る客観的で信頼のおける普遍的なテストが，ロイバージャー教授率いる，かのマサチューセッツ工科大学の研究チームによってこのほど完成された。このテストは，野球のルールの理解をもとにしたもので，アフリカのプール族で実施されたが，……

図 16.1　ブルドンによれば，行間を広くとると，文字が大きく見える。[訳注——ヨーロッパやアフリカでは，野球というスポーツはほとんど知られていない。プール族はアフリカの部族。]

ついに解けたぞ，愛のナゾ。すでに，性の決定遺伝子と愛のホルモンについてはわかっていた。愛をまるごと理解するためには，そのジグソーパズルの最後の1ピースだけが欠けていた。この問題は，大脳の頭頂葉前部に愛のニューロンが発見されて解決された。最新の結果を記者たちにかざしながら，ベトザール教授は，「クモですら愛を求める」と語った。

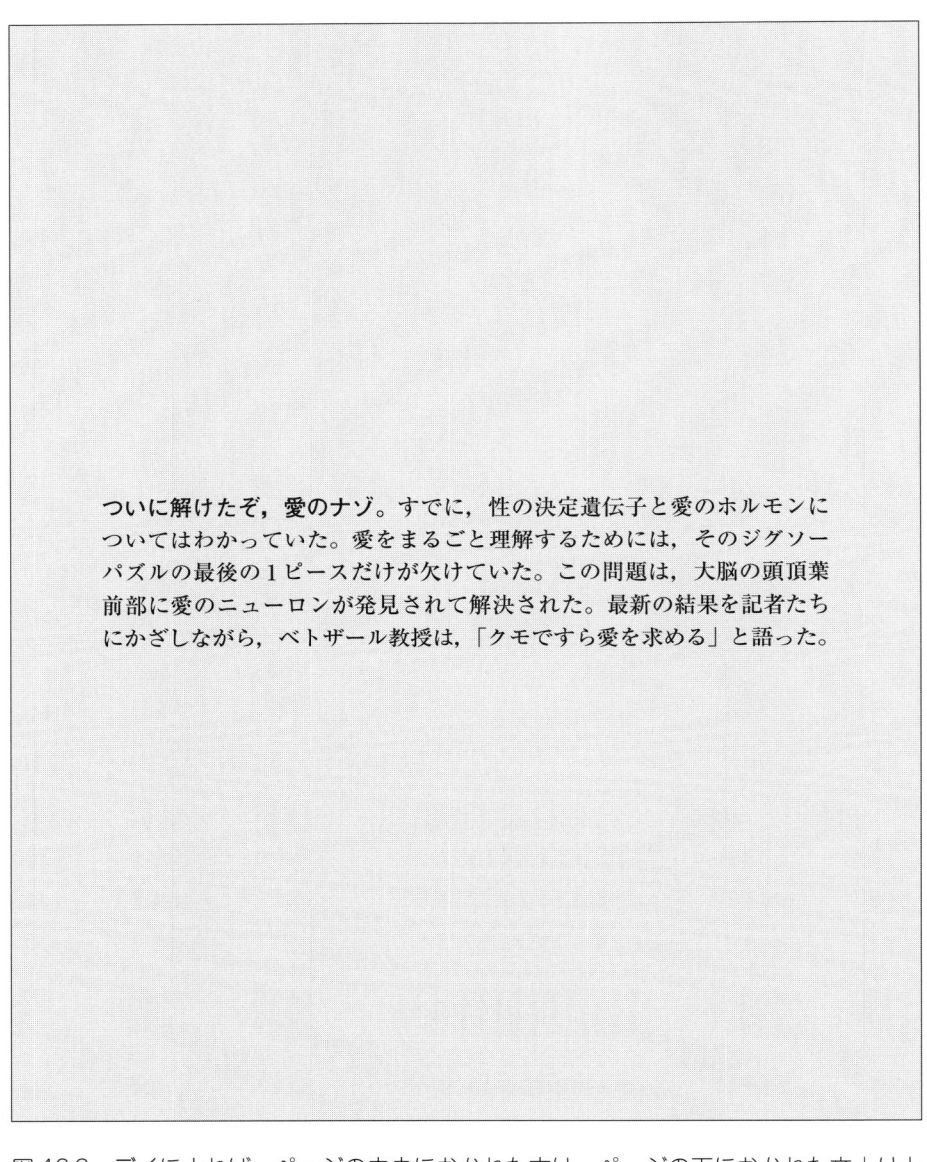

図 16.2　デイによれば，ページの中央におかれた文は，ページの下におかれた文より大きく見える。これは，シルクハットの第2の錯覚の変種かもしれない（図3.3参照）。

16章 痛む幻肢——記憶の誤り，心の錯誤

ついに解けたぞ，愛のナゾ。すでに，性の決定遺伝子と愛のホルモンについてはわかっていた。愛をまるごと理解するためには，そのジグソーパズルの最後の1ピースだけが欠けていた。この問題は，大脳の頭頂葉前部に愛のニューロンが発見されて解決された。最新の結果を記者たちにかざしながら，ベトザール教授は，「クモですら愛を求める」と語った。

われた実験では，被験者に，"slumber, tired, rest, night, dark, comfort, sound, eat, bed, snore, dream, awake（まどろみ，疲れた，休息，夜，闇，安らぎ，健やかな，食べる，ベッド，いびき，夢，目覚めている）"のような12の単語からなるリストを読み上げ，5分ほど別の課題をしてから，先ほど聞いた単語全部を思い出してもらう。被験者（心理学専攻の学生）は，平均で7つから8つの単語を覚えていたが，そのうちの12％は，もとのリストにはなかった単語（侵入エラー）だった。これらの単語は，リストの単語とはまったく無関係というわけではなく，なんらかの関係があり，意識的にせよそうでないにせよ，リストの単語から連想される単語であった。実験のひとつでは，41人が被験者をし，40の侵入エラーがあったが，そのうち27が"sleep"という誤りであった。答えた単語全体で見ると，"sleep"は実際に聞いた単語と同程度の頻度であった。この実験は，記憶の体制化について言われていること——外部からの刺激はみな，記憶のなかでそれに関係するものを喚起する——を例証している。ある単語を聞いたり読んだりすると，文字や音声が，記憶のなかにあるそれらともっともよく対応する単語におきかわる。しかし，適切な単語が意識にのぼると同時に，それに結びついているほかの単語も記憶の底から引き出され，観念の連想によって意識にのぼれる状態になる。少し時間がたつと，実際に聴いた単語と連想された単語とを区別するのがむずかしくなる。しかし，被験者に次のような質問をしてみると，これら2種類の記憶の間には質的な違いがあるのがわかる。(1)その単語がリストにあったのはどの程度確かか？ (2)その単語がリストにあったと思うのか，それともその単語を聞いたのを覚えているのか？ (3)その単語が読み上げられたときの状況をなにか覚えているか？ 平均的に，被験者は，実際のリストにあった単語の場合には，より確信度が高く，(「思う」に比べ)「覚えている」と答える傾向が強く，その単語を聞いたときの状況もよく覚えていた。

　私たちが受けとる情報はあいまいであることが多いが，最初にある解釈を思いつくと，完全に支持できなくならないかぎり，その解釈に固執する傾向がある。そうとしか思えない状況を経験すると，その後で，誤りに気づくだけの手がかりが山ほど増えても，それらを無視したり，最初の誤った解釈に合った説明を与えたりする。正しい解釈につながったはずの手がかりのすべてをはっきり思い出すときは，すでにあとの祭りだ。芝居にある人違いの場面は，この原理にもとづいている。
　新聞の三面記事には，それとは逆の原理——「想像だにしなかった」とか「ほかはすべて考えたのに，そのことだけは思いつきもしなかった」——にもとづいた，常識では考えられない惨劇が載ることがある。その一例——深夜ある男が自宅です

る怪しい物音で目を覚まし，銃をひっつかんで，その物音の主を撃ち殺してしまったが，それはなんと同居人だった。というのは，彼は，まさか同居人が家のなかを夜中にうろつくなんて思ってもみなかったというのだ。似た例をもうひとつ。1789年のフランス革命時，食糧不足が続き，パリは飢えていた。当時パリの市長であった天文学者のバイイは，次のように述べている。

> 8月21日。食糧の備蓄は残りあとわずかで，パリ市民の生死は，私たちの計画が数学的に見てどれだけ正確かにかかっていた。1800袋の小麦粉を積んだ船がポワシーに着くという知らせが入ったので，私はただちに，その食糧をとらせにパリから100台ほどの荷馬車を派遣した。ところが，あろうことか，その夕刻に，権限ももたず職務にもないある将校が私のところに来て言うことには，ポワシーからの道すがらそれらの荷馬車に出会ったが，セーヌ川には食糧を積んだ船は停泊していないと思ったので，荷馬車を帰らせたというのだ。

アラゴは，バイイの伝記のなかでこの文章を紹介しながら，次のようにつけ加えている。

> 名も残っていないこの男が，1789年の8月21日にポワシーには積荷を積んだ船など停まっているはずがないと思ったばかりに，パリに流血の騒ぎが起こることになったということに，このできごとから半世紀以上たったいまでさえ，戦慄を覚えずにはいられない。

論理問題を解く場合，人間は，解決の手がかりになりそうなものがあると，それに固執する傾向があり，その手がかりを補って完全なものにしようとする。その誤った道筋から脱け出すのはなかなか容易ではない。

複数の選択肢を思いつかないということは，社会的関係においてもよく起こる。たとえば，人は他者を即座に容貌や服の着こなし方で分類し，たった一言の発言で判断する。旅行家のランドロワによれば，フランスの女性は，男性を30メートル離れたところからほんの一瞬見ただけで，「彼が動いたり話し出したりする前に品定めしてしまう。注意を払うだけの男か，平然と無視してかまわない男かを本能的に知っている」のだそうだ［訳注——ランドロワ（ランドリュ）は，1910年代のパリで，結婚話を持ちかけて10人ほどの女性を次々に殺害した有名な連続殺人魔］。これは100年も前の話だが，その後事態がよくなっているのか悪くなっているのか，私には言えない。

自然界では，動物は，1秒の何分の1かで決定を下さなければならない。目にし

ているのは捕食者なのか，それとも獲物なのか？　生死やこの先どこまで生き延びられるかが，その判断の速さにかかっている。社会生活において即座に決定を下さなければならないという点では，人間も同じである。この見知らぬ人物は信用してよいのか？　この判断はむずかしい。というのは，人間の生きている社会は，自分の意図を偽り，悪いところを隠す仮面の社会だからである。したがって私たちは，その場に立ちすくむことのないように，的確な価値判断のための基準を作り上げる必要がある。

　私たちは，自分の体験だけにもとづいて，ほかの人間も自分と同じように感じたり行動したりすると思い込み，誤った一般化をする。その結果，彼らの思考，意図，動機について，そして起こりえることえないことについて，「心を読める」というあらゆる種類の錯覚が生じる。結局のところ，もしほかの人間の内面をわかろうなどとしなければ，私たちは，この状況やあの状況で彼らがどう振る舞うかをそんなに間違わずに予測できるようになるかもしれない。とはいえ，時には，「彼女（彼）がそんな人間だとは思わなかった」とか「きみだけはほかの人とは違うと思っていたのに」とかいったように，幻滅を味わうこともあるだろう。論理学者は，人間が論理問題を解く際に多くの誤りをおかすことを明らかにしているが，私には，それらの誤りが生じるのは，人間の知能がなによりもまず社会的関係の処理のために作られているからであるように思える。社会的関係においては，すべての可能性の評価に時間をかけるよりも，最善の選択ではないかもしれないが，とにかく迅速に決定を下す必要がある。

　フランスのドライバーによくある錯覚は，アクセルを踏んで速く走るほど「時間が稼げる」と思っていることだ。ところが，街なかでは，先を急ごうとするドライバーが起こす事故のせいで，警察は信号の数を増やし，それが車の流れを寸断して，賢いドライバーばかりの信号のない町を走るよりも，はるかにのろい流れを作り出してしまっている。

　そればかりではない。速く走ると，走行時間が一定時間 t だけ短縮できるとしよう。この時間 t のために，ドライバーはそれより大きな時間 T を犠牲にしなければならない。実際，車を速く走らせるとガタがくるのが早くなって，車を買い換える時期も早まる。ドライバーは，せいぜい数時間得をするぐらいで，新車の購入代金のためにそれだけ長くはたらかなければならない。収支がプラスだとしても，稼いだ時間をなにに使うのだろう？

　私たちはみな，二重の生活を送っている。ひとつは覚醒の生であり，できごとの

16章 痛む幻肢——記憶の誤り，心の錯誤

多くが記憶にとどめられる。もうひとつは夢であり，奇妙なできごとが多く，きわめて個人的な体験なのに，ほとんどが忘却の彼方にある。より多くの時間を得るには——そんなことができればの話だが——，私たちの生活のなかのこの埋もれた部分すべてを活かして，そのなかから最良のものをとり出すのがよいかもしれない。この意味では，時間を儲ける最良の方法は，よい夢を正確に思い出すことに時間をあてることかもしれない。

同様に，これまでの人生の印象的なできごとの記憶も，埋めた場所がわからなくなると失われてしまう私たちの宝物である。それまで思い出されることのなかった，自分にとって大切な思い出の一部が，ひょんな出会いや会話をきっかけにして呼び起こされることがある。このように，私たちのなかには，自分が思う以上に宝が隠されている。1950年代に，ペンフィールドは，脳の側頭葉前部の内側を電気的に刺激すると，人生の断片が驚くべき鮮明さでよみがえるということを示した。しかし，意識にのぼる光景がかつて実際に体験したものなのかどうかは，明らかではなかった。いずれにしても，いつの日か，自分の記憶を組織的に探ることのできるような，そして人生のなかの最良のできごとを再体験できるような方法が見つかるかもしれない。しかし，そうした発見によって，世界経済は危機的状況を迎えてしまうかもしれない。というのは，そうなればほとんどの物質的財産の所有が無用なものになってしまうからである。もし高級車を1日だけ借りて，それを乗り回す感覚を頭のなかに記録し，望むときにそれを再生して済むのなら，だれも高いお金を払ってまでその車を買ったりなどしないだろう。

一方，この発見は，演奏や演劇に計り知れない恩恵をもたらすだろう。一流の演奏家がする猛練習のことを考えてみよう。彼らは，コンサートで演奏する曲を，「指先が覚えてしまう」まで，すなわち，ほかのことを考えながらでも演奏できるほどに，毎日何時間もかけて練習を重ねる。コンピュータが使える現代に天文学者が彗星の来訪の日時を手計算するのと同じように，いずれ，この練習に費やされる膨大な時間が無駄に思えるような時代が来るかもしれない。いつの日か，ある曲にふさわしい演奏法を思いついた演奏家は，対応する筋肉への指令の神経コードを記録できるようになるだろう。コンサートでは，その演奏家は，望んだ指の動きを実行させる刺激を脳に直接伝える装置に自分をつなげる。心は，実質的な演奏から解放されて，感情の身体表現——観客との関係においてとても重要だ——に集中できるだろう。観客も同様の恩恵に浴し，脳の適切な領域を刺激することによって，単なる快感からエクスタシーまで，各自の好みやお奨めの聞き方で演奏を味わうようになるだろう。

最近の発見——日本語版への付章

　本書のフランス語版は 1998 年に出版された。それ以降，新たに発見された視覚的効果がいくつも専門家の間で話題にのぼっていて，なかには驚くようなものもある。このような進展は，コンピュータ・グラフィックスが簡便にあつかえるようになって実現したもので，技術的なことを知らなくても，それぞれの錯視の多数の変形版をすぐ作成でき，そのなかからもっとも効果的な図を選んだり，あるいは思いもかけない効果に出会ったりできるようになった。とりわけ，従来の錯視は，ほとんどが白黒の 2 色で示されていた。現在では，灰色の濃淡が微妙に異なる画像を画面上や紙の上に再現することや，以前ほど「過激な」図でなくとも同じ視覚的効果を生み出すことが，簡単にできるようになった。以下では，それらの新しい錯視を紹介することにしよう。そのいくつかは，本書で紹介してきた原理を組合せて説明できるが，なかには，従来の考え方に再検討を迫るものもある。

対比効果

　1985 年，バーゲンは，コンピュータ画面上でヘルマンの格子（図 6.5）をぼかしていくと，それがきらめいて見えるという驚くべき効果を発見した。彼の観察は学会発表の要旨に掲載されているだけで，その図は印刷物としては公表されなかった。それから 10 年ほどして，この効果の変形版が，シュラウフ，リンゲルバックとヴィストによって，より錯覚が起こりやすい形で発表され，「きらめくヘルマンの格子」と名づけられた（図 6.7）。最初のバーゲンの格子が広まらなかったのには，おそらく 2 つの理由がある。ひとつは，画面では印象的な効果が得られるものの，紙に印刷してしまうと効果が弱まるということ。もうひとつは——こちらのほうが重要だが——，図のなかのぼかしの程度によって効果の強さが観察者ごとにかなり異なるということである。ある人では，ぼかしが弱いほうがきらめきが強く現われ，ほかの人では，ぼかしが強いほうが効果的である。図 17.1 に示した改良版では，効果が観察しやすいように，図の一方の端から他方の端へとぼかしの程度を段階的に変化させてある。

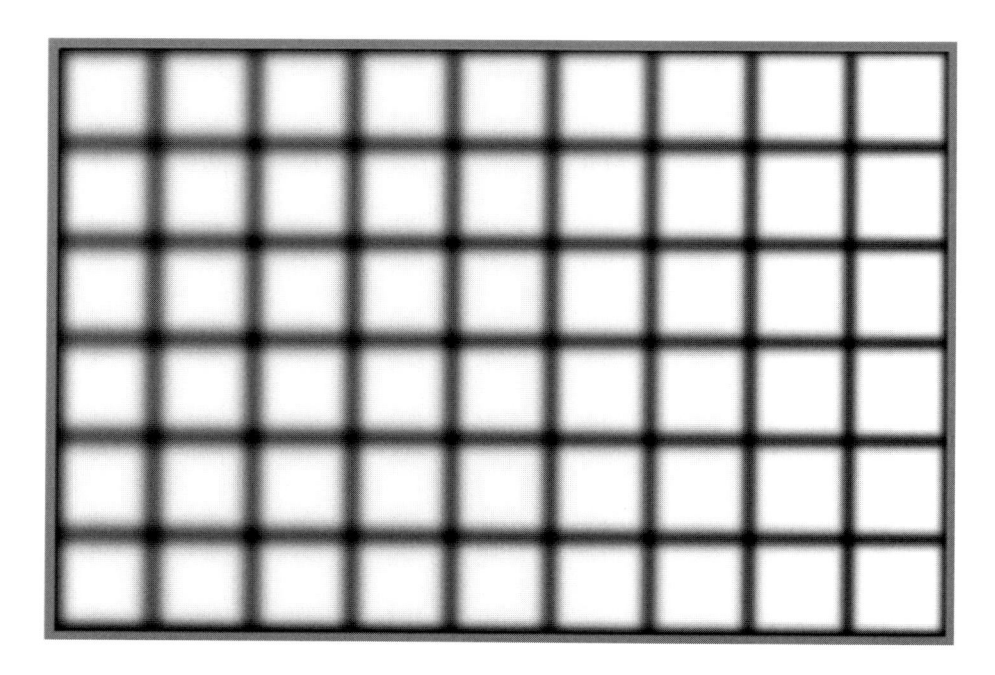

図 17.1 バーゲンのきらめき効果。灰色の格子の交差部分で,明るい点がきらめき始める。はじめは見えないこともあるが,ある位置からほかの位置へと眼を移すと,見えやすくなる。きらめきが見えるところは,ぼかしの程度によって決まるが,この最適な程度は人によって異なる。うまくいけば,格子全体がきらめき始める。

　ヘルマンの格子の四辺形をさまざまに作り変える過程で,最近私が発見した錯覚は,線が現われたり消えたりしてちらつく現象である (図17.2)。この効果は,きらめき効果ほど強くはないが,より大きな理論的問題を提起している。この効果は,脳が図のなかの微妙な幾何学的規則性に感じやすいということを示しているように思われる。すなわち,白い四辺形の長辺の方向に沿って,やっとわかる程度の配列があり,その規則性がちらつく線分を生み出している。

　私は,オレゴン大学のケント・スティーヴンスと共同で,ヘルマンの格子ときらめく格子の変形を作成する過程で,「消滅」の錯視も作り出した。この錯視では,図の一部が見えなくなる。図17.3の2, 4, 6の線分の黒丸は,かなり大きいのに,一度に全部を見ることができない。視線を向けたところには,それらが見えるが,視野の周辺になると見えなくなり,灰色の帯がつながって見える。盲点を横切る線分の場合と同様,帯は連続しているように見える。

　現時点で,この現象を説明するなら,次のようになる。視野の周辺では,通常なら見えるはずの大きさの黒丸が,局所的な灰色のコントラストが一定の閾値よりも

17章 最近の発見——日本語版への付章

図 17.2 ちらつく線。水平に対して 30 度と 120 度の向きに 2 種類の明るい線が見え，出現と消失を繰り返すように見える。この現象は，列をどう見るかに関係している。この図では，ヘルマンの格子の正方形を変形して，水平，垂直，45 度の向きの列が弱められており，ほかの方向に沿って列を見る可能性が生じる。この場合には，「チェス盤上のナイトの駒の動き」の方向に線が見える。白と黒を反転させると，現われては消える暗い線が得られる。

低いため，見えない。線分 2，4，6 のように，3 本の灰色の帯の交差点上にある黒丸は，線分 9，11，13 のように 1 本の灰色の帯の上にある黒丸よりも，コントラストが弱い。

　私は，コントラストの強弱が向きによって異なるという奇妙な効果も報告している（詳しくは図 17.11 の解説を参照されたい）。この効果がほんとうに錯覚なのか，あるいは乱視が原因で起こっているのかはわからない。しかし，大多数の人がこういう乱視をもっているようであり，この効果は，乱視の簡易な検査法として使えるかもしれない。

　よく知られた対比効果の変形として，（図 6.4 や図 6.12 に示したように）灰色の濃淡を鋸歯状に分布させたパターンを用いた多数の効果も発表されている。これらの図は，専門家の間では激しい議論の的になっている。どれがほんとうに新しい

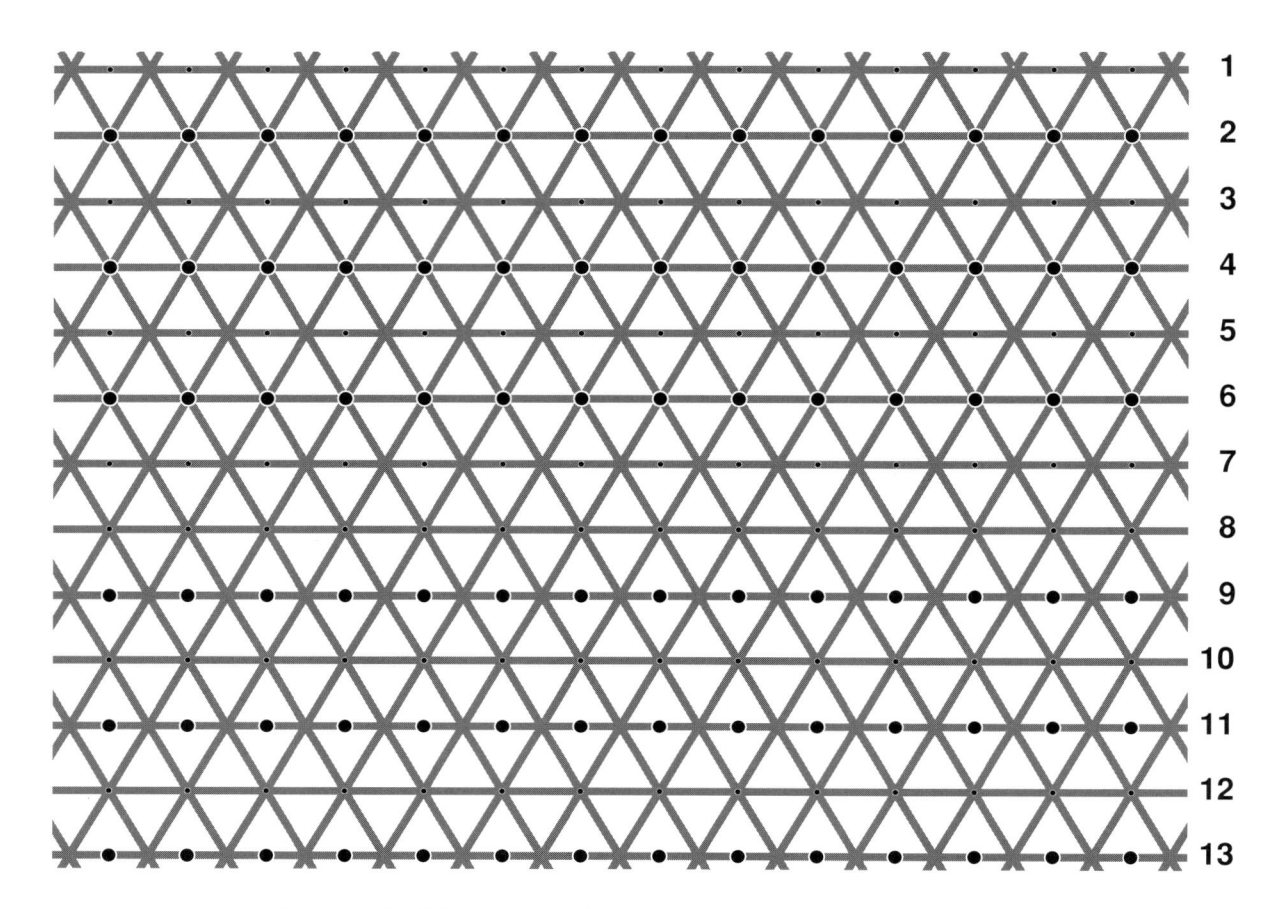

図 17.3 消滅効果。図の下半分では，大きな黒丸がはっきり見える。これに対して，図の上半分では，黒丸は線分 2，4，6 のすべての交差部分にあるのに，眼を向けたところの数個の黒丸が見えるだけである。ヘルマンの格子と同様，これも，基本的には局所的なコントラストによっている。図の上半分の大きな黒丸の場合，黒丸が白い円に囲まれているので，局所的な灰色の平均的な輝度レベルは，まわりの輝度レベルに近い。視野の周辺でこの黒丸が見えるためには，あるレベル以上のコントラストの信号でなければならないのかもしれない。

もので，どれがそうでないかは，私にもよくわからない。ここでは，現在の話題の中心になっている図形のひとつを図 17.4 に示しておく。同様に，6 章で論じたムンカー - ホワイト効果（図 6.10）の変形のひとつをカラー図版に含めておいた。バート・アンダーソンによれば，この効果は色でも同様に得られるということだったので，私はカラー図版 4 の図を作成してみた。同様に，カラー図版 3 は，マッハの帯をカラーにしたものである。これについては，マイケル・モーガンが研究を行なっ

図 17.4　灰色の濃淡の勾配は，強い対比効果を生み出す。ログヴィネンコが作成したこのパターンでは，ひし形の灰色はすべて同一であり，水平の帯の灰色もそうである。ほかを隠すと，水平の帯の灰色が均一であり，帯が横切っているひし形の列の灰色とも同じだということがわかる。

ている。

カラー図版 9 には，バインジオ・ピンナが発見した，魅力あふれる新しい効果，「水彩効果」を示しておいた。

動きの効果

大内錯視（図 7.5）がよく知られるようになって以来，同様の効果を生み出すパターンがいくつも作られた。日本で刊行された北岡明佳の本には，美しい図が多数おさめられている。カラー図版 12 は，北岡の図のひとつを私風に作り変えたものである。

単純な図形であっても，これを速く動かすと，脳は，各瞬間にとらえた形と，とらえた像のなかの位置間の正確な対応関係の両方を一度に計算するだけの時間的余裕がない。その結果，さまざまな視覚効果が生じる。19 世紀の心理学者は，回転する円筒や円盤のついた装置を用いてこれらの効果を研究した（主観色を生じさせ

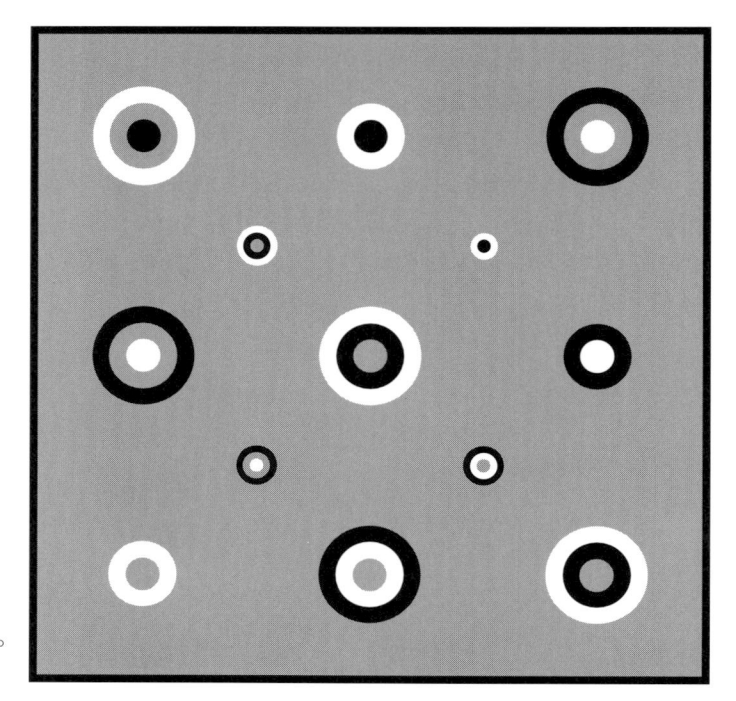

図 17.5 尾を引く円盤。この図には，錯覚が隠れている。これを引き出すには，コップの底に水を入れて「すすぐ」ときのような動きで，ページを回転させる。速く小さな回転で始めて，回転をしだいに大きくしていくと，もっとも小さい円盤が彗星のように尾を引くように見える。回転が小さいときには，大きな円盤の外側の環が回るように見えるだろう。中央には，主観色も見える。

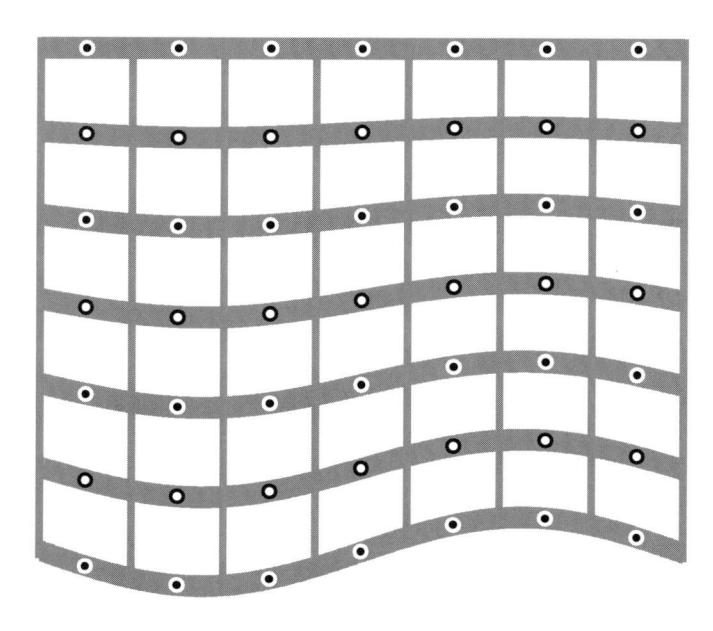

図 17.6 すべる黒丸。ページを水平方向に小さく動かすと，水平の帯に沿って，黒丸が垂直の帯の間ですべるように見える。この錯覚では，間隔が重要なようだ。

図 17.7　回るリング。図を正面におき，真ん中の十字付近を注視しながら，ページを近づけたり遠ざけたりすると，視野の周辺で一方のリングが回転するように見える。人によっては，もう一方のリングもそれとは逆向きに回るように見える。

図 17.8　複数の手がかりが結びつくことによって，ピラミッド形の主観的立体面が見える。これらの手がかりは，その立体面が楕円形の敷物を部分的に隠していて，同時に四角の骨組みによって部分的に隠されていることを暗示している。

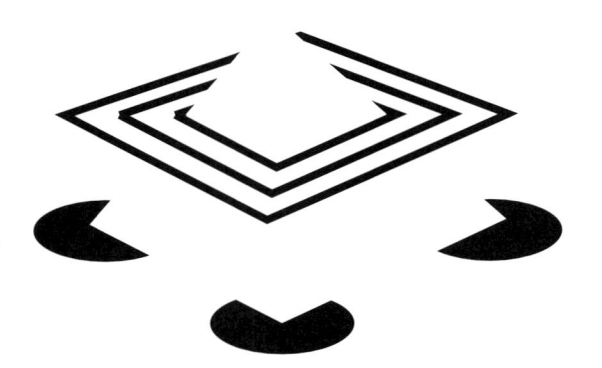

図 17.9　　模様のついた正方形は，傾いているように見える。大まかに言うと，織り目模様になった平行線は，辺と鋭角（約22度）で接していて，それらの辺を交差角が大きくなる方向に回転させる。

図 17.10 この図では，水平から少し傾いた向きに，白と黒が交互に並んだ要素が列をなしているように見える。列は，実際にはまっすぐであるにもかかわらず，波打つように見える。この図は，図 17.2 のちらつく線の錯視図形をもとに，四辺形を垂直方向に圧縮して作ったものである。この図でも，おそらく脳によって検出される列が，現われては消える線を生じさせている。

る図 5.3 のベンハムのコマなどは，そうした例のひとつである）。

　ここで紹介する新しい世代の錯視がこれまでの錯視と違う点は，図形を手で小さく動かすことによって，効果が生み出されるということである。たとえば，図 17.5 では，ページを小さく回すと，円盤のうちもっとも小さな円盤が彗星のように尾を引くように見える。私たちは，目の前をさっと通りすぎる自動車や列車がはっきり見えることに驚くが，図 17.5 の錯覚はそれとは逆である。

　図 17.6 では，ページを水平方向に動かすと，横の帯に沿って小さな黒丸が動くように見える。

　ピンナとブレルスタッフは最近，別の種類の効果を報告している。この錯視は，動きに結びついた効果のなかでもっとも注目すべきものであることは間違いない。図 17.7 の中央の十字を注視しながら，図を近づけたり遠ざけたりすると，同心円の 2 つのリングの配置のパターンが互いに反対方向に回転するように見える。この図形は，フレーザー錯視の幾何学的配置とよく似ている。この回るリングの錯視は，周辺視野での向きの処理となんらかの関係があるかもしれない。これを手がかりにして，幾何学的錯視の解明のための新たな道が拓ける可能性もある。

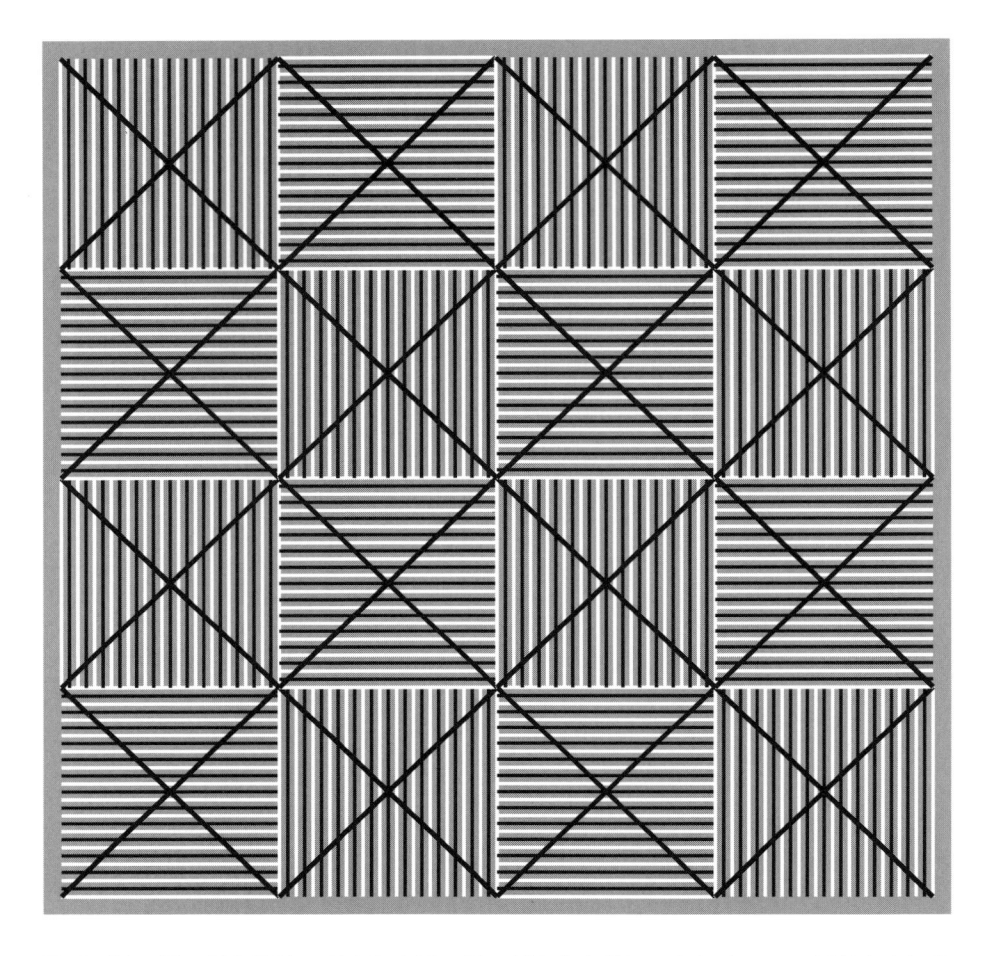

図 17.11 黒い対角線は，垂直と水平の帯のどちらを横切るかによって，反対方向に曲がっているように見える（図を上から下に視線を走らせて観察すると，違いがよくわかる）。多くの人では，この錯覚とは別に，もうひとつの錯覚も起こる。それは，垂直と水平の帯の一方がコントラストが強いように見え，もう一方は弱いように見えることである。このコントラストの違いが錯覚だということを確かめるには，ページを 90 度回転させて見るとよい。

幾何学的効果

　主観的輪郭や面については，主観的立体面が知られるようになった（図 8.7 a と b 参照）。ピーター・ツは，両眼立体視でなくとも，主観的立体面の効果が生じる図形を発表している（図 17.8 参照）。

　線の向きについては，フレーザー錯視（カラー図版 5 と 6），ミュンスターバーグ

17章 最近の発見──日本語版への付章

錯視（図4.4），オービソン錯視（図8.6）など，すでに多くの錯覚が知られている。線の向きの錯覚は，さまざまな効果が発見されてかなり豊かなものになったが，それぞれがほんとうに新たな効果なのかどうかはよくわからない。日本の研究者は，このテーマに大きく寄与している。たとえば，図4.5の北岡明佳がそうである。北岡は，バインジオ・ピンナと共同で，フレーザーのらせんの変形版を多数作成している。図17.9，17.10，17.11には，私が作成した線の向きの錯視図形のいくつかを示した。

注

　本書には，私が錯覚と思う次のような例を含めることもできただろう。たとえば，（ずっと以前に読んだことを思い出しただけなのに，すばらしいアイデアがひらめいたと思ってしまう）研究者の錯覚，（たまたま開いた本のなかに書いてあった考えがその著者の独創だと思ってしまう）思想史家の錯覚，（自分だけの経験なのに，他人にまでそれを一般化してしまう）心理学者の錯覚などである。錯覚の研究は知覚の研究と密接に関係しているので，知覚に触れずに錯覚の本を書くことは不可能に近いが，知覚については前著『感覚の刻印』のなかでかなり詳細に論じたので，本書では重複を避け，前著では詳しく触れなかったテーマをとりあげている。

　錯視全般がよく網羅されていると私が思う本は，ロビンソン（1972）の本である。ほかに，ブルドン（1902），コーレンとガーガス（1978），カニッツァ（1980），ラナーズ（1990），ルーキッシュ（1922），メッツガー（1975），ダ・ポスとザンビアンキ（1996），トランスキー（1964），ウエイド（1982）も参考になる。聴覚に関しては，おもにブレグマン（1990），レップ（1977），ウォレン（1982）の本，ドイチュ（1975, 1992），リセ（1986），ヴェッセルとリセ（1979）の論文によった。また，聴覚の錯覚をあつかった（触覚や味覚の錯覚もあつかわれている）フォン・ベケシー（1967）の本も参考にした。

　本文中で具体的な研究や考えに触れている場合には，原則的に，その著者の本や論文を文献一覧にあげておいた。この注では，補足と解説を章ごとに示す。

　本書は，図や文献に関して次にあげる方々のご協力があって，形あるものになった。イジア・ルヴィアンさんには，『エニグマ（謎）』（カラー図版1）と回転する円錐の写真（図11.5）を提供していただいた。ジェラール・ブーオさんには，図4.2の写真を提供していただいた。ヤン・ケンデリンクさんとアンドレア・ファン・ドゥールンさんには，ジノプター（15章）についての文献を教えていただき，マルチーヌ・ドンブロスキーさんには図14.3の絵を提供していただいた。ニコラス・ウエイドさんにはすべての質問に即答していただいた。リエージュ大学の科学技術史センターの学芸員，イザベル・ルポンスさんには，デルブフとプラトーの古い論文を閲覧させていただいた。以上の方々に，感謝申し上げる。

1章　錯覚がいっぱい——日常のなかの錯覚

　この章では，さまざまな錯覚を紹介しているが，錯覚をあげ尽くそうとしたものではない。ここでは，実験室で作られるのではなく，自然に観察できる（ただし，観察するのはなかなか容易ではない）現象を選んである。緑色の光線についての引用は，『ラ・ナチュール』誌への投書欄（1885年，下半期号，366ページ）からのものである。レピンの引用は，『ラ・ナチュール』誌の付録『科学ニュース』（1897年8月14日号，11ページ）に載った記事である。

2章　錯覚は古代から——錯覚研究小史

　原典にさかのぼるには，ユークリッド（Burton, 1945），プトレマイオス（Lejeune, 1956），アル＝ハイサム（Sabra, 1989），そしてカトリーヌ・シュヴァレー編のケプラー著作集（1980）などの翻訳が役立つ。本書では，プトレマイオスについては述べなかったが，彼は，単眼と両眼のどちらで観察するかによって，また両眼がその対象に輻輳しているか，あるいはその

```
TRAITE
   DE
PHYSIQVE
Par IAQVE ROHAULT.
   TOME PREMIER.
Quatriéme Edition, reveuë & corrigée.

      A LYON,
Chez CLAUDE GALBIT, en Belle-
Cour, à la Maison de la Cage.

   M. DC. LXXXI.
Avec Approbation & Permission.
```

手前やうしろに輻輳しているかによって，対象がひとつに見えるか二重に見えるかという問題を論じている。さらに，彼は，大きさの恒常性の法則についても，また回転するコマを用いた色の融合についても記している (Howard and Wade, 1996 参照)。アル＝ハイサムは多くの知覚現象を記述し，これらは 19 世紀になって再発見される (Howard, 1996 参照)。眼の光学的構造や視覚の研究史についての本のなかでは，考え方の歴史についてはボーリング (1942) が，眼についてはポリャック (1941) が，像の形成についてはリンドバーグ (1976) が参考になる。トゥルサール (1854) には，昔の研究者の考え方とその抜粋が詳細に紹介されている。プラトー (1878) とウエイド (1996) には，多数の知覚現象や錯覚がおさめられている。プラトーの 6 篇のシリーズ論文は，科学史家にとって宝の山である。

なぜふつうは盲点に気づかないのかについて，マリオットは次のように説明している。「私の第 3 の仮定は，眼はよく動くということであり，そして対象全体の細部がはっきり見えるのは，本を読むときのように，直接的視覚によって眼がそれら全体の上をさっと動くことによっているということである。視野の周辺を含めてページのすべての行が同時に見えているにしても，すべての語，そしてそれぞれの語のほとんどすべての文字に直接視線を走らせなければ，全体を読むことはできない。このように，私たちの眼の動きは，眼が長時間 1 か所にとどまることを許さないのだ。」したがって，マリオットは，(図 2.1 の上に示した実験のように) 盲点が「補充」されているとは考えておらず，むしろ，同じところに前になにが見えていたかという記憶によっていると考えていたことになる。

ジャック・ロオールは，現在あまり引用されることはないが，フランスの認知科学の歴史においてスターになってよい人物である。当時の考えの歴史をたどるときに直面する大きな問題のひとつは，当時の人々はふつうアリストテレスとの関係で自分の考えを位置づけており，その科学的な出典をほとんどあげていないということである。ロオールも，この例外ではない。いずれにしても，マールブランシュは視覚に関して彼独自の考えを提示したとされているが，私は，マールブランシュ (1712) とロオール (1681) を読み比べてみて，マールブランシュがその考えの大部分のヒントをロオールから得たと思うようになった。

ルクレティウスとセネカからの引用はそれぞれ，ガルニエ・フラマリオン版 (1964) とベル・レットル版 (1929) によった。盲点については，たとえばラマチャンドラン (1992) の一般向け論文を参照のこと。ルーベンスについては，トッパー (1984) を参照されたい。

3章　錯覚の陰に錯覚あり──連鎖する錯覚

純粋な状態で分析できるような錯覚は，ほとんどない。人があっと言うような錯覚は複数の効果からなり，それゆえそれらを十分に理解するためには，わかっているすべての錯覚の効果に関わらざるをえなくなる。地面の傾斜の錯覚については，ブルドン (1902) やカー (1935) の本，それにプロフィットら (1995) の論文が参考になる。本文中で紹介した異方性の効果 (正方形‐ひし形錯視，ヘルマンの格子) には，ほかに「ななめ効果 (オブリック)」も加えることができるかもしれない。この効果では，水平や垂直の縞は，距離が遠くなっても，ななめ縞よりはっきり見える。これらの向きの効果は奇妙だ。ある研究者は，この効果が解剖学的な原因に

よっていて，この効果に関係する神経細胞が水平と垂直に対応する2つの軸に沿って碁盤目状に並んでいるのではないかと考えている。しかし，実際には，神経細胞も，ほかの細胞と同様，六角形に近い配列をなしている。もちろん，重要な決定のなされる脳の特定領域では，神経細胞が碁盤目状の配列をなしている可能性も残されている。

4章　凸か凹か――錯覚を分類する

ジェイムズの分類は，彼の『心理学要説』（邦訳は『心理学』）によった（James, 1910）。グレゴリーの分類は，彼のいくつかの論文で示されているが，ここでは1991年のものを参照した。ことばの飽和効果とスキナーの実験については，ウォレン（1982）を参照のこと。

「われらは，民衆の意志のもとにここにいる。銃剣の力以外のなにものもわれらを去らせることはない」。ジャン＝シルヴァン・バイイの回想録によれば，実際に発せられたことばは，次のようにそれほどあいまいなものではなかった。「あなたたちを遣わした者に言え。銃剣の力では国民の意志に逆らうことなどできぬと！」（Arago, 1853を参照）。避けることのできないパラドックス「私の考えを変えさせたいなら，私を殺すしかないわ」は，いまは亡きアンヌ・ギヨンが私に教えてくれたものである。

モンテーニュからの引用は，『レイモン・スボン弁護――随想録』（ガルニエ・フラマリオン版，1969）のなかのもの。ビュフォンについては，ビネとロジェ（1977）を参照のこと。触2点閾の刺激を用いて錯覚を作り出す例については，フーコー（1910）の論文を参考にした。図4.5の下のパターンは，sakusi というウェブサイトに掲載されている（http://psywww.human.metro-u.ac.jp/sakusi/gallery/gall_e.htm）。

5章　白黒が生む色――感覚の限界

ジョゼフ・プラトーは，光の感覚の持続作用を研究する過程で，1830年頃に連続的に像を提示する最初の装置を考案し，この装置は連続した動きの錯覚を作り出した。これについては，プラトーの1878年の文献も参照するとよい。マッケイの図などに見られる不安定さの効果は，ヘルムホルツも同心円図形で気づいていた（図7.2）。ミシェル・アンベール（1987）によれば，流れの錯視は，方向の検出を担当する脳細胞間の情報伝達と協働の過程で起こっているという。

フェヒナーとベンハムの円盤については，フォン・カンペンハウゼンとシュラム（1995）によった。これについては，ヴィエノとル・ロエレック（1992）も参照されたい。プルフリッヒの振り子の錯覚は，一般には，振り子の連続する位置が両眼立体視では誤った位置に見えるためだと考えられている。私は，速度成分の知覚の不正確さ――これが運動方向の誤りを生じさせる――も関係している可能性があると考えている。

6章　隣の芝生――対比と同化

ディクマール，ティコ・ブラーエ，ガッサンディ，そしてラ・イールの観察は，プラトー（1878）のなかに引用されている。黒猫の例は，アルンハイム（1989）によった。マッハの帯とクレイク-オブライエン効果については，ラトリフ（1972）を，またヘルマンの格子についての最近の研究のまとめは，シュピルマン（1994）を参照のこと。多屋，エーレンシュタインとカヴォニウス（1995）は，ムンカー-ホワイト効果の歴史的経緯について触れている。雪の白さについての説明はケンデリンクとリチャーズ（1992）に，芝生の青さについての説明はポメランツ（1983）によっている。スキーをする際の黄色のゴーグルの効果は，キニー

ら（1983）によって論じられ，その後多くの研究者によって議論されている。色のついた透明なプラスチックシートをかぶせると文字が見やすくなることについては，ウィルキンス（1996）の短報に述べられている。

ギターで音の系列を素早く演奏すると，弾かれた個々の弦は，次の弦が弾かれたあとも振動し続け，2つの弦の音は重なり合う。ところが，私たちには，分離した音の連続が聞こえる。クレイクとオブライエンは，彼らの名前で呼ばれる錯覚を作ったが，これは，ロードン=スミスとグリンドレー（1935）がそれ以前に発見していた聴覚での錯覚にヒントを得たものであった。強度が均一であった音が突然強さを増し，それから徐々にもとの強度に戻ると，それを聴いている人は，強度が増したまま，もとの強度には戻らないように感じる。

7章　浮動する縞——分離と融合

オリガンは，1992年の論文で「像の融合」の考え方に対して批判を展開している。私は，確かに融合はあるとは思うが，それが処理段階のどこで起こるのかは，これから明らかにされるべき問題だと考えている。聴覚的分離は，多くの論文や本のなかに述べられているが，とくにリセ（1986）とブレグマン（1990）を参照されたい。私は，ランダムな模様を用いた対称性の効果を「オニログラム」という名で発表している（Ninio, 1996a）。ウエイドの本（1982）には，ほかの対称性効果の例や，パターンのなかに別のパターンが隠されている例（図7.4に似ている）が多数掲載されており，90年の本ではそれにさらに磨きがかけられている。対称性の知覚については，タイラーの編著（1996）を参照されたい。大内錯視が錯視研究者に知られるようになったのは，ロタール・シュピルマンがこの錯視に注目して，自著のカバーデザインとして使ってからである。この錯覚の主要な特徴が，イタリアの研究者，ブルーノとブレッサン（1994）によって明らかにされている。私は，この錯覚について別のパターンを多数作成し，それらを用いて，向きの成分の異なる複数の部分が一緒に浮動したり，2つの部分が同時に異なる方向に浮動したりすることを示した（Ninio, 1996b, Tourbe, 1996）。レジナルド・ニールの絵は，サーストンとカラハー（1966）におさめられている。

動物のカムフラージュや軍隊で用いられている迷彩は，おもに分離と融合の効果によっている。ひとつの面上の色や明るさの配置によって，その面がいくつかの別々のものの部分だと錯覚させ，それぞれ近接した背景の領域とつながっているように見せる。ハッチンソン（Gregory and Gombrich, 1973所収）は，動物のカムフラージュの効果は完全である必要はないということを指摘している。すなわち，もしそれが少しでも（ほんの5％でも）生存のチャンスを高めるなら，それはその動物種に広まるには十分すぎるほどだという。

8章　無から有へ——完結化と創造

アンペールは，メーヌ・ドゥ・ビランあての1805年の手紙のなかで，「認知」ということばを，通常の感覚と自己感覚（彼はこれを「自己省察（オートプシー）」と呼んでいる）との結合を意味するものとして用いた。彼は次のように書いている。「自己省察は，感覚や直観と結合しますし，ほかのあらゆる現象とも結合します。なぜなら，自己省察はすべてと結びつくからです。これこそ，私が認知と呼ぶものです。知覚ということばの代わりに，このことばが使えるものかどうかお考えになってみてください。」この手紙は，『2人のアンペールの哲学』（1866）におさめられている。イタリア・オペラの例はこの本に出てくるもので，彼の息子が書いている。アンペールは，メーヌ・ドゥ・ビランあての別の手紙のなかで，視覚に対する触覚の優位の考え方を次のように否定している。ある物体を鏡の前におき，それを「鏡に映っている

その像に近づけていくと，2つの物体が合わさり，最後は融け合ってひとつになるように見えるでしょう。触覚が教えてくれたことにもとづいて物体の位置関係を判断しているとするなら，こういうことは起こりえないはずです。なぜなら，触覚は，私たちにそのように見えると教えることはなかったからです」。

ラドーの文は，彼の『音響学』(1867) からの引用である。音の一部をノイズでおきかえる実験は，ウォレン (1982) とヴィカリオ (1982) を参照のこと。

主観的輪郭については，毎年たくさんの論文が発表されている。基本的な点を概説したものとして，ペトリーとメイヤー (1987) やシュピルマンとドレスプ (1995) がある。

母音が色づいて聞こえるというランボーの詩では，$\overset{*}{o}$が青を，$\overset{"}{u}$が緑を喚起する。共感覚についての記述は，『パーセプション』誌に掲載されたバロン=コーエンらによる一連の論文 (とくに 1993 年の論文) にもとづいている。

この章では，夢をとりあげることもできたかもしれないが，私の著書『感覚の刻印』のなかで夢のイメージがとりうる形態をかなり掘り下げて論じたので，ここではとりあげなかった。関心のあるかたは，『感覚の刻印』をお読みいただきたい。類似の現象として，まどろみのなかで体験される入眠時の夢がある。イメージがものすごい速さで——おそらく，それは覚醒状態にある脳の連想の自然なリズムなのだろう——つながって行く。しかし，入眠時の夢のなかでは，ふつうは，浮かんだ最後の要素しか意識に残らず，そのときまでに浮かんだイメージは思い出すことができない。これについては，モーリー (1878) がとても鋭い分析を行なっているので，参照されたい。「脱眠時幻覚」は，目覚めの瞬間に体験されるイメージである。たとえばシェパード (1990) の本のなかには，彼自身が体験した脱眠時幻覚を描いたものが載っている。

9章　逆さの世界に慣れる——順応

高架の地下鉄の話は，プリブラム (1969) に紹介されている。ゲーテの引用文は，『色彩論』からのもの。この本には，色の知覚に関するさまざまな観察や実験手続きが述べられているが，この本によって，光学現象の物理学的理解が進んだわけではなかった。

母音の聴覚的残像の実験は，ブレグマン (1990) のなかに引用されている。最初の実験はクエンティン・サマーフィールドによって行なわれた。

視覚的な順応効果については，ハリス (1980)，ロックとハリス (1967) を参照のこと。ストラットンの実験については，カー (1935) の解説を参考にした。同様の実験については，コーラー (1962) も参照のこと。

動きの順応効果を最初に記述したのは，アリストテレスである。動くもの——たとえば川の早瀬——をじっと見続けたあとに，止まっているものに眼をやると，それが動いて見える。この観察から，アリストテレスは，次のような夢の理論を導き出した。「これらの保持された印象こそ夢を引き起こす原因であり，精神や感覚が活動していない睡眠中は，それらの印象が強烈に感じられるのだ」（プラトーによる引用）。

乱視の話は，アンドレ・サントゥナックが語ってくれたものである。

10章　月を描く——知覚の恒常性

フォントネルからの引用は，1686 年の『世界が複数あることについての対話』の冒頭の文章である。マッフェイとフィオレンティーニ (1995) の本は，視知覚の入門書として読みやすく，図版も豊富だ。ビュフォンの文章は，ビネとロジェ (1977) からとった。上方向の恒

常性は，壁に文字を書くときに問題になる（たとえば，上の行の文字は大きくしないといけないか？　大きくするとすれば，最適な倍率は？）。これについては，バルトルシャイティス（1985）を参照のこと。

　大きさの恒常性は，画家に問題を課してきた。月を描くときに，その大きさを見たままに描くべきか，それとも測った通りに描くべきか？　測った通りに「客観的」に月を描くと，月はあまりに小さくなる。なぜなら，脳は，ほんものの月のほうは大きくするが，絵に描かれた月はそうしないからである。逆に，画家が自分の感じた大きさで月を描くと，絵の上では桁はずれに大きくなる。天文学者に知られている月のパラドックスが，もうひとつある。屈折望遠鏡や反射望遠鏡のファインダー越しに月を探すとき，拡大率は十分であるにもかかわらず，月は裸眼で見るときよりも小さく見えるのだ！

　ヴェルニョーの『遠近法マニュアル』（1826年に第2版が，1881年に最終版が出されている）は，知覚についてその当時としてはかなり興味深い考察を含んでいた。とりわけ，彼が強調したのは，特定の画家が特定の色を好んで用いる傾向があり，それは視覚の異常ということでは説明できないということであった。「ではどうすれば，ある画家の作品から，彼が色をどのように知覚していたとわかるだろうか？　たとえば，彼には赤いものが茶色に見えているとしたら，その赤いものを描くために，彼には茶色に見える赤を使うのではないだろうか？　さらに言うと，彼は，ほかの人とは違って見える色を表わすのに同じ語を用いざるをえないのだから，どうしたら，ほかの人とは色が違って見えていることを伝えることができるだろうか？　彼は，赤と教わってきたものを手に持ち，それが彼には茶色に見えてはいるものの，ことばではそれが赤だと言うだろう……」。同じような記述として，13章に紹介してあるロオールの引用も参照のこと。ちょうどこの時代に，視覚心理学の領域が爆発的な発展を見せたにもかかわらず，残念ながら，ヴェルニョーは，引き続く改訂版でこのマニュアルを発展させることはなかった。

　時代とともに標準音が高くなることについては，スコット・ディ・カルロ（1997）を参照のこと。

11章　登る下り坂――基準点

　ロオールは，月の錯視では，介在物の手がかりがはたらいていると主張している。「月が昇ったばかりのときや沈もうとしているとき，私たちは，月との間に，大きさがほぼわかっている田園の風景を見る。したがって，私たちは，月がそれらより遠くにあると判断し，その結果，月がより大きく見えるのだ。」しかし，ル・カ（1742）は，介在物が見えないように筒を通して月を見た場合でも，月の錯視が起こると言っている。「カラス・ハンター」の錯覚や，ランド地方の林で起こる家の傾きの錯覚は，アルマン・ドゥ・グラモン（1939）の簡にして要を得た本のなかに述べられている。ハーヴィ・カーの観察は，1909年の論文など3篇の論文に報告されている。バニュルスの道路の傾斜の錯覚は，J・ロペス（1991）の雑誌記事によった。

　運動の相対性について卓越した思索をめぐらしたエルンスト・マッハは，この観察を『感覚の分析』のなかに記しているが，その彼も「ハトの頭の動きの錯覚」にだまされていた。空間知覚に関するブルドン（1902）の本は，これまでのフランスで，視知覚の領域において最大の貢献をした1冊である。この本を書いたとき，ブルドンはレンヌ大学の目立たない哲学教師だった。フランスでは，20世紀初めにすでに，地位と能力の間にこうしたずれがあった。

　飛行機から見える雲についてのアルンハイムの観察は，彼の1989年の本からの引用である。

注

　シプリー（1976）は，次のようなかなり複雑な状況について述べている。ある晴れ渡った日，高度1万メートルで飛んでいるとき，彼は，はるか下方に，重なり合った2群の雲を見た。どちらも薄く，まばらで，ほぼ同じような見かけで，不規則な動きをしていた。2群の雲は，互いに少しずつ離れていった。一方の群は，あたかも飛行機にくっついているかのように，飛行機の動きについてきた。もう一方の群は，いまの雲の群の間越しに見えたが，飛行機とは逆方向に動いているように見えた。海を見ようと目を凝らして，シプリーは，さらにずっと下のほうに海面を見つけたが，海面は，あたかも飛行機に引っ張られているかのように，飛行機と同じ方向に動いているように見えた。このときになって，こうした状態がありえないことに気づいて，シプリーは別の解釈をとった。すると，飛行機の動きと反対方向に動いていた雲の層は，その方向のまま動き続けたが，近いほうの雲の層になった。一方，飛行機と一緒に動いていた雲の層は，海面に近い下の層の雲になった。しばらくすると，どちらの雲も，ともに飛行機とは逆方向にゆっくり漂い始めた。車に乗っているときのポールの列の見え方と，雪片がフロントガラスを上るように見えることについては，ファルネとセベリコ（1985）を参照のこと。

12章　視覚が王様──矛盾と仲裁

　視覚が触覚の経験を通して学ぶわけではないということについては，8章の注で述べた2つの対象の解釈についてのアンペールの議論を参照のこと。触覚と視覚が矛盾するときにどうなるかについての解説は，ロックとハリス（1967）に詳しい。ウォレン（1982）は，聴覚とほかの感覚との関係，とりわけマガークとマクドナルドの実験をとりあげている。視覚がほかの感覚に影響をおよぼすというもうひとつの例は，車に乗っていて（とりわけカーブで）気分が悪くなることである。これに類するものに，船酔いがある。車酔いはとくに，後ろの席に座ってなにかを読んでいたり，道をしっかり見ていなかったりすると起こる。これは，道を見ていれば，身体にかかる遠心力や加速度の感覚を予測できるのに対し，見ていないと，それができないからである。船酔いも，これらの感覚が不意に変化するために起こる。

　私はかなり以前から，幾何学的錯視に関心をもっていた。1979年の論文は，理論的分析を行なったもので，そのなかでは，錯視量の測定可能な錯視の大部分が，3つの原理に還元できることを示した。その後，私は実験的なアプローチに手を染め，ケヴィン・オリガンと共同で，新しいタイプのツェルナー錯視やポゲンドルフ錯視で研究を行なった（Ninio and O'Regan, 1996, 1998）。実験心理学が幾何学的錯視についてこれほどまで混乱しているということは，とりわけ，この領域では支配的な幾何学的直観が欠けていることを示しているが，コンピュータ化された「お決まり」の実験だけを行ない，数学的概念を置き忘れていることも考え合わせると，事態はさらに悪くなるばかりである。ブルドンが，1902年の著書のなかで幾何学的錯視について述べている章は，私の知るかぎりでもっとも適切に書かれている。幾何学的錯視研究における日本の研究者の貢献，とくに盛永の矛盾については，大山（1960）のレヴュー論文に述べられている。

13章　神経か経験か──文化と個人差

　文化が異なると，絵や図が異なったふうに解釈されるというテーマは，デレゴウスキーによって多数の著作のなかで論じられている。彼の主張の要点を知るには，1989年の論文を参照するとよい。この論文に続くページには，専門家による多くの批判的コメントが掲載されている。文化間で比較をする際に忘れられがちな要素のひとつは，集団によっては，多くの

人々が医療が不十分なために治療を受けられず，視覚障害をもったままのことがあるということである。写真に見られる遠近法のゆがみ，とりわけ球の例については，ピレンヌ（1970）によって論じられている。シーガルは，2冊の本を著しているが，要点は1963年の論文に述べられている。

自分の色覚障害についてのロオールの記述は，注目に値する。というのは，色盲の発見以前にそれに気づいていたからである。マールブランシュも，ロオールが詳しく述べたような色覚障害をもつ人がいるだろうと，個人的な推測を述べていた。

文字の書き方——とくにある文化では右から左へ書き，別の文化では左から右へ書くこと——が視知覚に大きな影響をおよぼしている，と考えたがる人もいるかもしれない。これを支持するデータはほとんどないが，唯一確かなデータによれば，線分の中央を評価させると，フランス人は多少左に，イスラエル人（ヘブライ語は右から左に読む）は右に偏る傾向がある（Chokron and Imbert, 1993）。

ある種の幾何学的錯視は，場合によって生じたり生じなかったりする。それは，脳のある領域は関係を正確に評価しているのに，別の領域がゆがんだ表象を意識にのぼらせているかのようである。これは，両眼立体視の場合に顕著に現れる。平面図形では錯覚が生じるのに，立体視ではそれが消え去ることがあるのだ（Ninio, 1994）。同様のことは，指で刺激をつかむという実験でも観察される。被験者は，刺激が錯覚によって違った大きさに見えるときでも，刺激をつかむ指の開きは正確である（Goodale and Milner, 1992）。

14章　タネも仕掛けも——マジックと錯覚

ガーデン（1978）によると，「心霊術」（死者とのニセの対話）の最初の実験は，1848年にニューヨーク州のとある農場で行なわれた。霊媒は，6歳半と8歳になる2人の少女であった。その40年後，年長のほうの少女であったマーガレット・フォックスは，最初は指の関節を打つことによって，あとからは足の親指の関節を打つことによって物音を立てていたことを告白した［訳注——この場合には，家のなかで不思議な物音がし，それが死者からのメッセージとして解釈された］。ガーデンは，ユリ・ゲラーと超小型の送受信機についても書いている。私は，フィリップ・ジェンティのダンス・ショーで，出演者が操り人形におきかわるというマジックを見たことがある。風船がハトにおきかわるマジックは，マジシャンのデイヴィッド・ジョナサン・バスが1997年の『マンドラーク・ドール』［訳注——マジック中心のフランスのテレビ番組］のコンテストで披露したものである（彼が優勝した）。

15章　非現実の現実——映像技術と錯覚

この章は「美術と錯覚」という題にもできたかもしれないが，このテーマは，私の『感覚の刻印』の最新版で詳述しているので，ここではそれをより実際的な問題としてとりあげ，映画の技法について論じてみた。現在，この技法は，かつて祭壇画や聖人画の技法がそうだったよりもはるかに大きな影響を私たちにおよぼしている。

世界中がスポーツのニュースに，とりわけサッカーの試合の結果に熱狂するのは，かりに試合が八百長だとしても，その報道自体は正確だからである。つまり，あるチームが勝ったとか，ある選手が初ゴールを決めたとかいったことは，地球上のだれもが共有できる普遍的真実だからである。このように，サッカーは，全体として情報がいまだに真実である数少ない領域のひとつ——ほかには死亡記事や天気状況や株式市況などがそうだ——になっている。

片眼での奥行き効果については，クラパレード（1904），エイムズ（1925），ケンデリンク，

注

ファン・ドールンとカッパーズ（1994）を参照のこと。

パノラマとジオラマの歴史についてはバプスト（1891）とケンプ（1990）を，ジノプターについてはケンデリンク，ファン・ドールンとカッパーズ（1994）を参照されたい。パノラマの効果を高める方法の一例として，バプストは，「日傘（パラジュール）」を紹介している。「観客の上におかれた日傘は，頭上のものを隠し，絵の上端と，光が入ってくる円形の開口部を見えないようにする。光の強烈さも和らげられ，画布の上には観客の影もできない」。さらに，「観客は外から暗い通路を通ってプラットフォームへと案内される。真っ暗でなにも見えない通路を通り抜け，プラットフォームの所定の位置に着くと，暗闇から突如，明るい光に照らされた円陣状の絵が見える。このパノラマのすべての部分が一挙に眼に飛び込んできて，観客は一種の混乱状態に陥る。しかし，まもなく，眼が明るさに慣れ，少しずつ絵が効果をもつようになり，絵を見れば見るほど，観客は自分が実際の光景を目のあたりにしていると思うようになる」。

「視知覚と映画」というテーマについては，ホックバーグとブルックス（1978）を多少参考にしたが，大部分は私自身の記憶によっている。

16章　痛む幻肢──記憶の誤り，心の錯誤

フォン・ベケシーの実験は，振動発生器を用いて同一の周波数の振動によって，人差し指の先と中指の先を刺激するというものである。振動は，開いたそれぞれの指で同じ強さに感じられるように調節されていた。刺激が2つの刺激の間で3〜4ミリ秒の間隔を開けて提示された場合には，被験者は，2本の指に別々の振動を感じた。この時間間隔を1ミリ秒に短縮すると，2つの振動はひとつになり，その感覚は，刺激を先に与えられたほうの指に定位した。刺激の時間間隔をさらに短くしていき，逆転させると，逆転の瞬間に，振動が一方の指の先から他方の指の先へと突然ジャンプするように感じられた。しかし，こうした実験を2, 3週間続けていくと，振動が一気にジャンプするという感じ方から，一方の指から他方の指へとしだいに移っていくように感じるようになった。最終的には，刺激が同時に届いたときには，2つの指の間に振動を感じた。幻肢についての記述は，メルザック（1992）とヘルシンキの学会でラマチャンドラン（1997）が行なった講演内容にもとづいている。なお，ラマチャンドランの興味深い一連の研究は，1998年に出版されたラマチャンドランとブレイクスリーの『脳のなかの幽霊』に詳しく紹介されている。数の大きさの比較の実験は，ドゥヘーヌ（1997）に述べられている。記憶の錯覚には，「既視感（デジャ・ヴュ）」の錯覚，「未視感（ジャメ・ヴュ）」の錯覚，あとから作られた記憶，質問に答えられなかったのに答えを教えられた瞬間「なんだ，それなら知っていた」と感じることなど，さまざまなものがある。これらについては，レディガー（1996）のレヴュー論文などを参照されたい。記憶リストになかった単語が想起されるという本文で紹介した実験は，ドン・リード（1996）の論文によった。

文　献

Ames, A., Jr.（1925）The illusion of depth from single pictures. *Journal of the Optical Society of America, 10*, 137-148.

Ampère, A.-M., and Ampère J.-J.（1866）*Philosophie des deux Ampère*. Paris: Didier.

Anderson, B. L.（1997）A theory of illusory lightness and transparency in monocular and binocular images: The role of contour junctions. *Perception, 26*, 419-453.

Arago, D. F. J.（1853）Biographie de Jean-Sylvain Bailly. In *L'Annuaire pour l'an 1853*, published by le Bureau des Longitudes, pp.343-630. Paris: Bachelier.

Arnheim, R.（1989）*Parables of sunlight: Observations on psychology, the arts, and the rest*. Berkeley: University of California Press.

Baltrusaitis, J.（1985）*Anamorphoses: Les perspectives dépravées*. Paris: Flammarion.（『アナモルフォーズ――光学魔術』高山宏訳, 国書刊行会, 1992）

Bapst, G.（1891）*Essai sur l'histoire du panorama et du diorama*. Paris: Imprimerie Nationale.

Baron-Cohen, S., Harrison, J., Goldstein, L., and Wyke, M.（1993）Colored speech perception: Is synaesthesia what happens when modularity breaks down? *Perception, 22*, 419-426.

Békésy, G. von（1967）*Sensory inhibition*. Princeton: Princeton University Press.

Bergen, J. R.（1985）Hermann's grid: New and improved. *Investigative Ophthalmology and Visual Science, Supplement, 26*, 280.

Binet, J.-L., and Roger, J.（1977）*Un autre Buffon*. Paris: Hermann.

Biot, J. B.（1820）Note adressée à M. Biot par feu M. Jurine, de Genève, sur un phénomène de mirage latéral. *Bulletin de la Société de Philomatique, 10*, 28-31.

Boring, E. G.（1942）*Sensation and perception in the history of experimental psychology*. New York: Appleton-Century-Crofts.

Bouhot, G.（1994）Surprises...à la lecture d'images. *Phot Argus, 198*, 51-56.

Bourdon, B.（1902）*La perception visuelle de l'espace*. Paris: Schleicher Frères.

Bregman, A. S.（1990）*Auditory scene analysis: The perceptual organization of sound*. Cambridge: MIT Press.

Bruno, N., and Bressan, P.（1994）Paradoxical motion in stationary patterns. *Perception, 23*（ECVP 94 supplement）, 28.

Burton, H. E.（1945）The optics of Euclid. *Journal of the Optical Society of America, 35*, 357-372.

Campenhausen, C. von and Schramme, J.（1995）100 years of Benham's top in colour science. *Perception, 24*, 695-717.

Carlson, C. R., Anderson, C. H., and Moller, J. H.（1980）Visual illusions without low spatial frequencies. *Investigative Ophthalmology and Visual Science, 19*, S165.

Carr, H. A.（1909）Visual illusions of depth. *Psychological Review, 16*, 219-256. See also *13*, 258-

275; *15*, 139-149.

Carr, H. A. (1935) *An introduction to space perception*. New York: Longmans and Green.

Chokron, S., and Imbert, M. (1993) Influence of reading habits on line bisection. *Cognitive Brain Research, 1*, 219-222.

Claparède, E. (1904) Stéréoscopie monoculaire paradoxale. *Annales d'Oculistique, 132*, 465-466.

Coren, S., and Girgus, J. S. (1978) *Seeing is deceiving: The psychology of visual illusions*. Hillsdale, N. J.: Lawrence Erlbaum.

Coren, S., and Porac, C. (1983) The creation and reversal of the Müller-Lyer illusion through attentional manipulation. *Perception, 12*, 49-54.

Da Pos, O., and Zambianchi, E. (1996) *Visual illusions and effects: A collection*. Milan: Guerini Studio.

Day, R. H., and Stecher, E. J. (1991) Sine of an illusion. *Perception, 20*, 49-55.

Dehaene, S. (1997) *The number sense: How the mind creates mathematics*. New York: Oxford University Press.

Deregowski, J. B. (1989) Real space and represented space: Cross-cultural perspectives. *Behavioral and Brain Science, 12*, 51-119.

Deutsch, D. (1978) The psychology of music. In E. C. Carterette and M. P. Friedman, eds., *Handbook of perception, vol.10: Perceptual ecology*, pp.191-224. New York: Academic Press.

Deutsch, D. (1992) Paradoxes of musical pitch. *Scientific American, 267* (August), 70-75.

Don Read, J. (1996) From a passing thought to a false memory in 2 minutes: Confusing real and illusory events. *Psychonomic Bulletin & Review, 3*, 105-111.

Enright, J. T. (1970) Distortions of apparent velocity: A new optical illusion. *Science, 168*, 464-467.

Farné, A., and Sebellico, A. (1985) Illusory motions induced by rapid displacements of the observer. *Perception, 14*, 393-402.

Foucault, M. (1910) *L'Illusion paradoxale et le seuil de Weber*. Montpellier: Coulet et Fils.

Fraser, J. (1908) A new illusion of visual direction. *British Journal of Psychology, 2*, 307-320.

Girden, E. (1978) Parapsychology. In E. C. Carterette and M. P. Friedman, eds., *Handbook of perception, vol.10: Perceptual ecology*, pp.385-412. New York: Academic Press.

Goethe, J. W. von (1810) *Zur Farbenlehre*. Stuttgart: Cotta.（『色彩論』木村直司訳, 筑摩書房, 2001）

Goodale, M. A., and Milner, A. D. (1992) Separate visual pathways for perception and action. *Trends in Neurosciences, 15*, 20-25.

Gramont, A. de (1939) *Problèmes de la vision*. Paris: Flammarion.

Gregory, R. L. (1963) Distortion of visual space as inappropriate constancy scaling. *Nature, 199*, 678-680.

Gregory, R. L. (1991) Putting illusions in their place. *Perception, 20*, 1-4.

文　献

Gregory, R. L., and Gombrich, E. H., eds. (1973) *Illusions in nature and art*. London: Duckworth.

Hammersley, R. (1983) Things are deeper than they are wide: A strange error of distance estimation. *Perception, 12*, 589-591.

Harris, C. S., ed. (1980) *Visual coding and adaptability*. Hillsdale, N. J.: Lawrence Erlbaum.

Harris, J. P., and Gregory, R. L. (1973) Fusion and rivalry of illusory contours. *Perception, 2*, 235-247.

Helmholtz, H. von (1856-1866) *Handbuch der physiologischen Optik*. Leipzig: Voss.

Hochberg, J., and Brooks, V. (1978) The perception of motion pictures. In E. C. Carterette and M. P. Friedman, eds., *Handbook of perception, vol.10: Perceptual ecology*, pp.259-304. New York: Academic Press.

Howard, I. P. (1996) Alhazen's neglected discoveries of visual phenomena. *Perception, 25*, 1203-1217.

Howard, I. P., and Wade, N. J. (1996) Ptolemy's contributions to the geometry of binocular vision. *Perception, 25*, 1189-1201.

Idesawa, M., and Zhang, Q. (1997) Occlusion cues and sustaining cues in 3-D illusory object perception with binocular viewing. *SPIE Proceedings, 3077*, 770-781.

Imbert, M. (1987) Vous n'en croyez pas vos yeux! *Le Courrier du CNRS*, supplement to numbers 66-67-68, January-June, p.2 of cover.

James, W. (1910) *Psychology: Briefer course*. New York: Holt.（『心理学』今田寛訳, 岩波書店, 1992）

Kanizsa, G. (1980) *Grammatica del vedere*. Bologna: Il Mulino.（『視覚の文法——ゲシュタルト知覚論』野口薫監訳, サイエンス社, 1985）

Kemp, M. (1990) *The science of art: Optical themes in Western art from Brunnelleschi to Seurat*. New Haven: Yale University Press.

Kepler, J. (1604) *Ad vitellionem paralipomena*. Frankfurt. C. Chevalley, tr. (1980) *Les fondements de l'optique moderne: Paralipomènes à Vitellion*. Paris: Vrin.

Kinney, J. A., Luria, S. M., Schlichting, C. S., and Neri, D. F. (1983) The perception of depth contours with yellow goggles. *Perception, 12*, 363-366.

北岡明佳（2003）『トリック・アイズ』カンゼン

Kitaoka, A., Pinna, B., and Brelstaff, G. (2001) New variations of the spiral illusion. *Perception, 30*, 637-646.

Koenderink, J., and Richards, W.A. (1992) Why is the snow so bright? *Journal of the Optical Society of America*, A, *9*, 642-648.

Koenderink, J., Van Doorn, A. J., and Kappers, A. M. L. (1994) On so-called paradoxical monocular stereoscopy. *Perception, 23*, 583-594.

Kohler, I. (1962) Experiments with goggles. *Scientific American, 206* (May), 63-72.

La Hire, P. de (1694) *Mémoires de mathématiques et de physique: Un traité des différents accidents de la vue.*

Landroy, H. D. (1922) *Dernières pensées d'un décapité.* Louvain: Femina Press.

Lanners, E. (1990) *Le livre des illusions.* Paris: Acropole.（『イリュージョン』高山宏訳, 河出書房新社, 1998）

Le Cat, C.-N. (1742) *Traité des sens.* Paris: Guillaume Cavelier.

Leipp, E. (1977) *La machine à écouter: Essai de psycho-acoustique.* Paris: Masson.

Lejeune, A., ed. (1956) *L'Optique de Claude Ptolémée dans la version Latine d'après l'Arabe de l'Emir Eugène de Sicile.* Louvain: Université de Louvain.

Leviant, I. (1996) Does "brain-power" make Enigma spin? *Proceedings of the Royal Society of London* B, *263*, 997-1001.

Lindberg, D. C. (1976) *Theories of vision from Al-Kindi to Kepler.* Chicago: University of Chicago Press.

Logvinenko, A. D. (1999) Lightness induction revisited. *Perception, 28*, 803-816.

Lopez, B. H. (1989) *Arctic dreams: Imagination and desire in a northern landscape.* New York: Bantam Books.

Lopez, J. (1991) La montée qui descend. *Science & Vie Junior, 32*, 12-16.

Lukiesh, M. (1922) *Visual illusions: Their causes, characteristics, and applications.* New York: Dover.

Mach, E. (1922) *Die Analyse der Empfindungen und das Verhältnis der Physischen zum Psychischen.* Jena: Fischer.（『感覚の分析』須藤吾之助・廣松渉訳, 法政大学出版局, 1971）

Mackay, D. M. (1957) Moving visual images produced by regular stationary patterns. *Nature, 180*, 849-850.

Maffei, L., and Fiorentini, A. (1995) *Arte e cervello.* Bologna: Zanichelli.

Malebranche, N. (1712) *La recherche de la vérité. Dernier éclaircissement sur l'œil et la vision.* Paris: Michel Etienne David.

Mariotte, E. (1684) *Lettres écrites sur le subjet d'une nouvelle découverte touchant la vue, faite par M. Mariotte.*

Maury, A. (1878) *Le sommeil et les rêves.* 4th ed. Paris: Didier.

McBeath, M. K. (1990) The rising fastball: Baseball's impossible pitch. *Perception, 19*, 545-552.

McCollough, C. (1965) Color adaptation of edge-detectors in the human visual system. *Science, 149*, 1115-1116.

Mehler, J., and Dupoux, E. (1990) *Naître humain.* Paris: Odile Jacob.（『赤ちゃんは知っている——認知科学のフロンティア』加藤晴久・増茂和男訳, 藤原書店, 1997）

Melzack, R. (1992) Phantom limbs. *Scientific American, 266* (April), 90-96.（「幻肢」立川幸治・立川美恵子訳, 日経サイエンス, 6月号, 104-112, 1992）

Metzger, W. (1975) *Gesetze des Sehens.* Frankfurt: Waldemar Kramer.（『視覚の法則』盛永四郎訳, 岩波書店, 1981）

Morgan, M. J. (1996) Visual illusions. In V. Bruce, ed., *Unsolved mysteries of the mind: Tutorial essays in cognition*, pp.29-58. London: Lawrence Erlbaum.

Morinaga, S., and Ikeda, H. (1965) Paradox in displacement in geometrical illusion and the problem of dimensions: A contribution to the study of space perception. *Japanese Journal of Psychology, 36*, 231-238.

Münsterberg, H. (1894) *Pseudoptics*. New York: Milton Bradley.

Ninio, J. (1979) An algorithm that generates a large number of geometric visual illusions. *Journal of Theoretical Biology, 79*, 167-201.

Ninio, J. (1994) La vision stéréoscopique, sens méconnu. *Pour la Science, 197*, 28-33.

Ninio, J. (1996a) Onirogrammes. *Pour la Science, 221*, 108-109.

Ninio, J. (1996b) Flottements. *Pour la Science, 233*, 95-96.

Ninio, J. (2001) Flashing lines. *Perception, 30*, 253-257.

Ninio, J. (2002) Orientation-dependent contrast. *Perception, 31*, 637-640.

Ninio, J., and O'Regan, J. K. (1996) The half-Zöllner illusion. *Perception, 25*, 77-94.

Ninio, J., and O'Regan, J. K. (1999) Characterization of the misalignment and misangulation components in the Poggendorff and corner-Poggendorff illusions. *Perception, 28*, 949-964.

Ninio, J., and Stevens, K. A. (2000) Variations on the Hermann grid: An extinction illusion. *Perception, 29*, 1209-1217.

O'Regan, K. (1992) Solving the "real" mysteries of visual perception: The world as an outside memory. *Canadian Journal of Psychology, 46* (3), 461-488.

Ôuchi, J. (1977) *Japanese optical and geometrical art*. New York: Dover.

Oyama, T. (1960) Japanese studies on the so-called geometrical-optical illusions. *Psychologia, 3*, 7-20.

Ozanam, J. (1692) *Récréations mathématiques et physiques*. New edition MDCCL, Paris: Charles-Antoine Jombert.

Papert, S. (1961) Centrally produced geometrical illusions. *Nature, 191*, 733.

Petry, S., and Meyer, G. E., eds. (1987) *The perception of illusory contours*. New York: Springer.

Pinna, S., and Brelstaff, G. J. (2000) A new visual illusion of relative motion. *Vision Research, 40*, 2091-2096.

Pinna, S., Brelstaff, G. J., and Spillmann, L. (2001) Surface color from boundaries: A new 'watercolor' illusion. *Vision Research, 41*, 2669-2676.

Pirenne, M.H. (1970) *Optics, painting and photography*. New York: Cambridge University Press.

Plateau, J. (1878) *Bibliographie analytique des principaux phénomènes subjectifs de la vision, depuis les temps anciens jusqu'à la fin du XVIIIe siècle, suivie d'une bibliographie simple pour la partie écoulée du siècle actuel*. Mémoires de l'Académie royale des sciences, des lettres et des beaux-arts de Belgique, vol.52: Section 1: Persistence des impressions sur la rétine. Section 2: Couleurs accidentelles ordinaires de succession. Section 3: Images qui succèdent à la contemplation d'objets d'un grand éclat ou même d'objets blancs bien éclairés. Section 4: Irradiation. Section 5: Phénomènes ordinaires de contraste. Section 6: Ombres colorées.

Polyak, S. (1941) *The retina*. Chicago: University of Chicago Press.

Pomerantz, J. R. (1983) The grass is always greener: An ecological analysis of an old aphorism.

Perception, 12, 501-502.

Pribram, K. H. (1969) The neurophysiology of remembering. *Scientific American, 228* (January), 73-86.

Proffitt, D. R., Bhalla, M., Gossweiller,R., and Midgett, J. (1995) Perceiving geographical slant. *Psychonomic Bulletin and Review, 2*, 409-428.

Radau, R. (1867) *L'Acousticque, ou les phénomènes du son*. Paris: Hachette.

Raj Maharnipur, L. H. (1967) *Conceptual foundations of ventriloquism*. Kalamazoo: Western Michigan University Press.

Ramachandran, V. S. (1992) Blind spots. *Scientific American, 266* (May), 44-49. (「盲点」影木准子訳, 日経サイエンス, 7月号, 74-80)

Ramachandran, V. S. (1997) Synesthesia and external "projection" of kinesthetic sensations in phantom limb patients and normal individuals. *Perception, 26* (supplement), 69.

Ramachandran, V. S., and Blakeslee, S. (1998) *Phantoms in the brain: Probing of the mystery of the human mind*. New York: William Morrow. (『脳のなかの幽霊』山下篤子訳, 角川書店, 1999)

Ratliff, F. (1972) Contour and contrast. *Scientific American, 226* (June), 90-101.

Rawdon-Smith, A. F., and Grindley, G. C. (1935) An illusion in the perception of loudness. *British Journal of Psychology, 26*, 191.

Risset, J.-C. (1986) Son musical et perception auditive. *Pour la Science, 109*, 32-43.

Robinson, J. O. (1972) *The psychology of visual illusion*. London: Hutchinson University Library.

Rock, I., and Harris, C. S. (1967) Vision and touch. *Scientific American, 216* (May), 96-104.

Roediger, H. L. (1996) Memory illusions. *Journal of Memory and Language, 35*, 76-100.

Rohault, J. (1681) *Traité de physique*. 4th ed. Lyon: Claude Galbit.

Rudaux, L. (1937) *Sur les autres mondes*. Paris: Larousse.

Sabra, I. (1989) *The optics of Ibn al-Haytham*. London: Warburg Institute.

Savigny, G. B. de (1905) *Les amusements de la science*. Paris: Librairie des Publications Populaires.

Schrauf, M., Lingelbach, B., and Wist, E. R. (1997) The scintillating grid illusion. *Vision Research, 37*, 1033-1038.

Scotto di Carlo, N. (1997) Les divas donnent le la. *Pour la Science, 232*, 24.

Segall, M. H., Campbell, D. T., and Herskovits, M. J. (1963) Cultural differences in the perception of geometric illusions. *Science, 139*, 769-771.

Shepard, R. N. (1990) *Mind sights*. New York: Freeman. (『視覚のトリック』鈴木光太郎・芳賀康朗訳, 新曜社, 1993)

Shipley, T. (1976) Flying clouds: An illusion of visual capture and distance reversal. *Vision Research, 16*, 1522-1524.

Spillmann, L. (1994) The Hermann grid illusion: A tool for studying human perceptive field organization. *Perception, 23*, 691-708.

Spillmann, L., and Dresp, B. (1995) Phenomena of illusory form: Can we bridge the gap between levels of explanation? *Perception, 24*, 1333-1364.

Stratton, G. M. (1897) Vision without inversion of the retinal image. *Psychological Review, 4*, 341-360, 463-481. See also: *3*, 611-617.

Stratton, G. M. (1899) The spatial harmony of touch and sight. *Mind, 8*, 492-505.

Taya, R., Ehrenstein, W. H., and Cavonius, R. C. (1995) Varying the strength of the Munker-White effect by stereoscopic viewing. *Perception, 24*, 685-694.

Thurston, B. J., and Carraher, G. (1966) *Optical illusions and the visual arts*. New York: Van Nostrand Reinhold.

Tolanski, S. (1964) *Optical illusions*. London: Pergamon.

Topper, D. R. (1984) The Poggendorff illusion in *Descent from the Cross* by Rubens. *Perception, 13*, 655-658.

Tourbe, C. (1996) L'illusion du mouvement. Illustrations by J. Ninio. *Science et Avenir, 594*, 74-76.

Trouessart, J. (1854) *Recherches sur quelques phénomènes de la vision, précédées d'un essai historique et critique des théories de la vision, depuis l'origine de la science jusqu'à nos jours*. Brest: Imprimerie d'Édouard Anner.

Tse, P. U. (1998) Illusory volumes from conformation. *Perception, 27*, 977-992.

Tyler, C. W., ed. (1996) *Human symmetry perception and its computational analysis*. Zeist, The Netherlands: VSP.

Varin, D. (1971) Fenomeni di contrasto e diffusione cromatica nell'organizzazione spaziale del campo percettivo. *Rivista di Psicologia, 65*, 101-128.

Vergnaud, A. D. (1826) *Manuel de perspective du dessinateur et du peintre*. Paris: Roret.

Vicario, G. B. (1972) Phenomenal rarefaction and visual acuity under "illusory" conditions. *Perception, 1*, 475-482.

Vicario, G. B. (1982) Some observations in the auditory field. In J. Beck, ed., *Organization and representations in perception*, pp.269-283. Hove East, Sussex, U. K.: Lawrence Erlbaum.

Viénot, F., and Le Rohellec, J. (1992) Reversal in the sequence of the Benham colors with a change in the wavelength of illumination. *Vision Research, 12*, 2369-2374.

Wade, N. (1982) *The art and science of visual illusions*. London: Routledge and Kegan Paul.

Wade, N. (1990) *Visual allusions: Pictures of perception*. Hillsdale, N. J.: Lawrence Erlbaum.

Wade, N. J. (1996) Descriptions of visual phenomena from Aristotle to Wheatstone. *Perception, 25*, 1137-1175.

Warren, R. M. (1982) *Auditory perception: A new synthesis*. New York: Pergamon Press.

Watanabe, I., Cavanagh, P., Anstis, S., and Shrira, I. (1995) Shaded diamonds give an illusion of brightness. Paper presented at the ARVO Annual Meeting, Fort Lauderdale, Florida.

Wessel, D. L., and Risset, J.-C. (1979) Les illusions auditives. In *Universalia 1979*, pp.161-171. Paris: Encyclopaedia Universalis.

Wilkins, A. (1996) Helping reading with color. *Perception, 25* (supplement), 74.

Zavagno, D. (1999) Some new luminance-gradient effects. *Perception, 28*, 835-838.

Zwicker, E. (1964) Negative afterimage in hearing. *Journal of the Acoustic Society of America, 36*, 2413-2415.

索　引

あ
明るさの対比　63
アーチの錯視　24-26,28
アラゴ, D. F. G.　177
アリストテレス　15,40,44,193,197
アリストテレスの錯覚　15,32
アルチンボルド, G.　49
アル＝ハイサム, I.　9,11,45,100,194
アルンハイム, R.　54,115
アンダーソン, B.　184
アンペール, A. M.　79,196-197,199

い
出澤正徳　86-87
色残効　95-96, カラー図版 10
色の恒常性　11,100,138
陰影　1,7,11,137

う
ヴァーリン, D.　カラー図版 7
ヴィカリオ, G. B.　82
ヴィカリオの虫メガネ　84,88
ヴィスト, E. R.　181
ウィリス, T.　80
ウエイド, N.　38
上方向の恒常性　104-105,111-112
ヴェルニョー, A. D.　41,105,163,198
ウォレン, R. M.　81,88,122
ウラストン, W.　143
運動残効　35,97

え
エイムズの部屋　35,109,111
エリスマン, T.　97
エーレンシュタイン図形　83,87
遠近法　8,21,23,25,94,103,105,111,138
遠近法的手がかり　101,103-104
遠近法の圧縮効果　26,106

遠近法のゆがみ　128,138
遠近法箱　160,165
エンメルトの法則　94
エンライト, J.　51

お
凹凸の錯視　27,32-34
大内錯視　39,74,76-77,185,196, カラー図版 12
大内元　74
大きさの恒常性　101-102,107,111,163,198
オザナム, J.　16
オッペル錯視　123,132
オートステレオグラム　144
オニログラム　73,196, カラー図版 15
音の位相感度の悪さ　39,107
驚き盤　13
オービソン錯視　86,190
重さの錯覚　2,91-92
オリガン, K.　67,196,199
音源定位　122

か
カー, H. A.　112-113,170
解像力　43
輝き効果　65
鏡　9-10,41-42,72,149,170
火星の運河　3
数の大きさの比較実験　171,201
傾き残効　92,94
可聴音　47
ガッサンディ, P.　55
形の恒常性　105-107
カニッツァ, G.　85,136,138,142
カニッツァの三角形　82-83
カフェの壁錯視　→ミュンスターバーグ錯視
カラス・ハンターの錯覚　112,198
カールソン図形　44
眼球運動説　124-125

完結化　39, 79-89

き

基音を欠いた複合音（ミッシング・ファンダメンタル）　16, 71
幾何学的錯視　13-15, 28-29, 36, 39-40, 101, 103, 123-126, 128-129, 131, 134, 139-141, 144, 189, 199-200
擬似夜景（つぶし）　167
北岡明佳　38, 185, 191, カラー図版 12
逆遠近法　101, 146-147
キャンベル, D. T.　141
キュナパスの図形　20
共感覚　87-89, 170, 197
強制選択法　42
ギョーム, C. E.　3
きらめくヘルマンの格子　61, 181-182
霧効果　65

く

空間周波数の残効　93
雲の動きの見え　115, 117
クラパレード効果　161
グラモン, A. de　1, 113
グリーンの図形　127
クールトリーヌ, G.　172
クレイク - オブライエン効果　57-58, 196
グレゴリー, R. L.　35-37, 85, 87, 101, 139-140
グレゴリーの錯覚の分類　35-37, 39
クレショフ, L.　168

け

傾斜の錯覚　19, 25-28, 41, 113-115, 194, 198, カラー図版 2
ゲーテ, J. W. von　1, 92-93, 197
ケプラー, J.　9, 55
ゲラー, U.　150, 200
幻肢　169-170, 201
ケンデリンク, J.　64, 161

こ

光滲効果　54-55, 65

個人差　126, 142-145
ことばの飽和　31
コーラー, I.　97
ゴールトン, F.　88
コロセウム　163
混色　44
コーンスウィート錯視　57

さ

ザヴァーニョ, D.　65
サヴィニー, G. B. de　17, 24, 81, 124, 132
逆さメガネ　96-98
錯聴　80-81
錯覚の錯覚　40-41
サブリミナル効果　155
残効　91-98
残像　35, 92-95, 170
残像の見かけの大きさ　94
ザンダー錯視　134, 141
ザン, Q.　87

し

ジェイムズの錯覚の分類　31-33, 195
シェパード, R. N.　23, 134, 141, 197
ジェルビーノの錯視　136
ジオラマ　163-165, 201
シーガル, M. H.　141
時間的分解力　143
色覚障害（異常）　11, 142, 200
実体鏡　→ステレオスコープ
ジノプター　160-162, 201
シプリー, T.　199
ジャヴァル, L. E.　145
写真　13, 25, 27, 105, 137-138, 147
ジャッドの図形　128
遮蔽効果　136, 172
主観色　45-46, 117, 185
主観的輪郭　35-36, 39, 82-87, 133, 138, 172, 189
主観的立体面　86-87, 188-189
シュラウフ, M.　63, 181
消減効果　182, 184
触2点弁別閾　42, 195

索　引

順応　39, 91-98
鋤鼻システム　172
シルクハットの錯覚　20-22
蜃気楼　11-13
侵入エラー　176
心理的一瞬　107-108

す
水彩効果　185, カラー図版 9
彗星の尾　53-54
垂直水平錯視　19-22, 141
スキナー, B. F.　32
スクリャービン, A.　87
スティーヴンス, K.　182
ステレオグラム　85-87, 138, カラー図版 11
ステレオスコープ（実体鏡）　14, 87, 160, 169
ストラットン, G.　96-97
ストロボ効果　13
ズームショット　167

せ
正弦波錯視　135
正方形 - ひし形錯視　29, 105, 130-131
絶対音感　49
セネカ　10, 40
線遠近法　8, 26, 136, 146-147

そ
側抑制　56, 76

た
対位法　70
体感映画　166
大気遠近法　112
対称性効果　71-74, 196, カラー図版 15
対比　60, 129, 132-133, 181-185, カラー図版 3
多義的な円　141
台形錯視　122
ダゲール, L. J. M.　163-164
単眼の立体感　160-161, カラー図版 14
単眼立体鏡（ゾグラスコープ）　160

ち
知覚の恒常性　37, 99-108
注意の効果　140
聴覚的残像　95, 197
聴覚的復元　39, 79-82
聴覚的分離　70-71, 196
聴覚の恒常性　107
超視力　43
ちらつく線の錯視　183, 189

つ
ツ, P.　189
ツヴィッカー効果　39, 95
ツェルナー, F.　15
ツェルナー錯視　122-124, 199
月の錯視　109, 111-112, 197

て
デイ, R. H.　135, 173
ディクマール神父　53-54
ティコ・ブラーエ　55
ティサンディエ, G.　68
ティチナー, E. B.　31
ティチナー錯視　132-133
デカルト, R.　9
手品師の杖　68
手に開いた穴の錯覚　68
テーブル錯視　21, 23, 134
デルブフ錯視　123, 131
デレゴウスキー, J. B.　198-199
テレパシー実演　149-151
テレマン, G. P.　70

と
ドイチュ, D.　70, 122, 144
同化　59-60, 62, 129
統計のトリック　145, 155-157
透明視　64, 82, 142
ドップラー効果　16
隣の芝生　64
トランスキーの扇　133
トロンプ・ルイユ　165

な

な␣なめ効果 (オブリック) 194

に

虹 9-10, 13
二分割錯視 21, 29
ニュスバウマー 88
ニュートン, I. 11, 50, 94
ニール, R. 75

ね

ネオン拡散効果 カラー図版7

の

登る下り坂 113-115

は

バイイ, J. S. 177, 195
バーゲン, J. R. 181-182
ハースコヴィッツ, M. J. 141
バッハ, J. S. 70
ハトの頭の動きの錯覚 39, 114-115, 198
パノラマ 163-165, 201
パノラマ画面 165
パノラマショット 167
ハマーズリーの錯視 25
速さの恒常性 99, 106-107
ハリス, C. S. 97-98
ハリス, J. P. 85, 87
バロン=コーエン, S. 88

ひ

ピノキオ効果 169
ビュフォン, G. -L. L. de 11, 41, 102
標準音の高さ 107-108
標準化 131-133
ピラミッドの稜線の錯視 カラー図版13
ピンナ, B. 185, 189, 191, カラー図版9

ふ

フィオレンティーニ, A. 101
フィック, A. 15, 20, 123
フィーの錯視 134
フェヒナー, G. T. 45-46
フェラント 160-161
フォントネル, B. 100, 197
腹話術 122
浮動の錯覚 74-77, カラー図版11-12
プドフキン, V. I. 168
プトレマイオス 45, 101
ブートン, C. M. 163
プラトー, J. 13, 41, 44, 97, 195
フラフープ錯視 115, 117
プリブラム, K. H. 91
プリズム順応 97-98
ブルドン, B. 1, 19, 117, 173, 198-199
ブルドン錯視 133-134
ブルドンの図形 43-44
プルフリッヒの振り子 35, 50-51, 195
フレーザー錯視 189-191, カラー図版5-6
ブレルスタッフ, G. J. 189
プロフィット, D. R. 26
フロベール, G. 106-107
分割線錯視 20-21, 132

へ

ベイカー, R. 163
ベケシー, G. von 95, 122, 169, 201
ヘルマンの格子 28, 57, 59-61, 181-184
ヘルムホルツ, H. von 13, 16, 100, 107, 123, 195
ヘルムホルツ錯視 123, 132
ベンハムのコマ 39, 45-46, 189
ペンフィールド, W. 179

ほ

ホイートストーン, C. 14
望遠レンズ 26, 105, 167
補間 82-86
ポゲンドルフ錯視 123, 126-127, 199
星のまたたき 43
補色残像 92-93
ボッティの錯視 134
ポメランツ, J. R. 64
ポンゾ錯視 103, 133

索　引

ま

マガーク効果　121
マクドナルド, J.　121
マクベス, M. K.　50
マスクの凹凸の錯視　32-33
マッカロー効果　39, 95-96, 98, カラー図版 10
マッケイのパターン　46-49, 195
マッハ, E.　1, 13, 56, 118, 137, 198
マッハの帯　13, 56-58, 76, 184, カラー図版 3
マッフェイ, L.　101
魔法の数 7　62
マリオット, E.　10, 16, 194
マールブランシュ, N.　194, 200
回る円錐錯視　115-116
回るリング　187, 189

み

三日月錯視　124
ミューラーリヤー錯視　123-125, 128-129, 132, 139-141, 145
ミュンスターバーグ錯視　35, 37, 190

む

無限音階　71
ムンカー‐ホワイト錯視　59, 63-64, 184, カラー図版 4

め

メロディの不変性　107
メロディの分離　39, 70

も

モイヤー, R. S.　171
盲点の補充　10, 182, 194
網膜像　9, 39, 96, 101, 105, 114
モーガン, M. J.　184
盛永の矛盾　126, 139-140
モンジュ, G.　11, 14
モンテーニュ, M. de　13-15, 41

や

山形模様の錯視　13-15, 28, 35, 38, 101, 124

ゆ

有意水準　155-156
ユークリッド　8-9, 146
夢　4, 179, 194

ら

ラ・イール, P. de　11, 55, 100
ラドー, R.　80
ラマチャンドラン, V. S.　169-170, 193, 201
ランダウアー, T. K.　171
ランドロワ, H. D.　177
ランボー, A.　87, 197

り

リヴァース, W. H. R.　141
リスト, F.　87
リセの錯覚　70-71
リチャーズ, W. A.　64
リュドー, L.　3, 57
両眼立体鏡　→ステレオスコープ
両眼立体視　50-51, 86-87, 113, 125-126, 135, 138, 143, 161, 165, 195, 200, カラー図版 11
両耳立体音　169
リンゲルバック, B.　181

る

ルヴィアン, I.　36, 49, 115-116, カラー図版 1
ルクレティウス　7
ルーベンス, P. P.　13-14

れ

レオナルド・ダ・ヴィンチ　41, 62
レップ, E.　47, 107-108, 143

ろ

ロオール, J.　11-12, 16, 142, 194, 198, 200
ログヴィネンコ, A. D.　185
ロードン゠スミス効果　39, 196

わ

渡辺功　58

著者紹介
ジャック・ニニオ（Jacques Ninio）
フランスの生物学者。1942年エジプトのカイロ生まれ。理工科学校（パリ）修了。パリ第7大学博士。分子遺伝学センター（フランス：ジフ），ソーク生物学研究所（アメリカ：ラホヤ），分子生物学研究所（パリ）を経て，現在は国立科学研究機構（CNRS）の主任研究員として高等師範学校（パリ）に勤務する。専門は分子生物学。生命の起源とその分子進化の研究のほか，錯視や両眼立体視の研究も行なっている。著書に *Approches moléculaires de l'évolution*（Paris: Masson, 1979）（邦訳は『分子進化学入門』紀伊國屋書店，1985），*L'empreinte des sens*（Paris: Odile Jacob, 1989），*Stéréomagie*（Paris: Seuil, 1994），*La biologie buissonnière*（Paris: Seuil, 1991）などがある。

訳者紹介
鈴木光太郎（すずき・こうたろう）
慶應義塾大学文学部（仏文学）中退。千葉大学人文学部（心理学）卒業。東京大学大学院人文科学研究科博士課程（心理学）中退。現在，新潟大学人文学部教授。専門は実験心理学。著書に『錯覚のワンダーランド』（関東出版社），『動物は世界をどう見るか』，『オオカミ少女はいなかった』（新曜社），監修に『脳のワナ』（扶桑社），訳書にモーガン『アナログ・ブレイン』，ウィンストン『人間の本能』（新曜社），共訳書にシェパード『視覚のトリック』，グレゴリー『鏡という謎』，クラークとグルンスタイン『遺伝子は私たちをどこまで支配しているか』，カートライト『進化心理学入門』，グッデイルとミルナー『もうひとつの視覚』（以上新曜社）などがある。

向井智子（むかい・ともこ）
新潟大学人文学部（心理学）卒業。パリ第5大学修士（言語学）。現在，パリ第8大学博士（DEA）課程（心理学）在学中。専門は外国語としてのフランス語教授法と異文化間心理学。

錯覚の世界
古典からCG画像まで

初版第1刷発行	2004年2月25日©
初版第4刷発行	2008年11月25日

著　者	ジャック・ニニオ
訳　者	鈴木光太郎・向井智子
発行者	塩浦　暲
発行所	株式会社 新曜社 〒101-0051　東京都千代田区神田神保町 2-10 電話 03-3264-4973代・Fax 03-3239-2958 e-mail info@shin-yo-sha.co.jp URL http://www.shin-yo-sha.co.jp/
印刷	銀河　　　　　　　　　　　Printed in Japan
製本	難波製本

ISBN978-4-7885-0888-0 C1011

―――― 新曜社の好評書 ――――

もうひとつの視覚
〈見えない視覚〉はどのように発見されたか
視覚を失った脳損傷患者が物を見分け、山道を歩く。そこには驚くべき「第二の視覚システム」があった。
M・グッデイル／D・ミルナー
鈴木光太郎・工藤信雄訳
A5判216頁 本体2500円

視覚のトリック
だまし絵が語る〈見る〉しくみ
数々のだまし絵から、なぜ人は錯覚や錯視から逃れられないのか、その〈見る〉秘密を解く。
R・N・シェパード
鈴木光太郎・芳賀康朗訳
A5判248頁 本体2400円

鏡という謎
その神話・芸術・科学
鏡の謎に魅せられたイギリス心理学界の大御所による、鏡のエンサイクロペディア。
R・グレゴリー
鳥居修晃・鹿取廣人・望月登志子・鈴木光太郎訳
A5判424頁 本体4500円

キーワード心理学 視覚
網膜や視覚神経の知識から、知覚するしくみ、知って楽しい錯覚のなぜ、工業デザインの応用までを平易に解説。
石口彰
A5判164頁 本体2100円

美を脳から考える
芸術への生物学的探検
美の知覚、美の創造は脳の内部でどのように情報処理され、身体的に表出されるか。
レンチュラー／ヘルツバーガー／エプスタイン編
野口薫・苧阪直行監訳
A5判304頁 本体3300円

脳は絵をどのように理解するか
絵画の認知科学
脳と視覚との関係、感覚システムの進化、目の動き、遠近法により絵が私たちに与える感動とは。
R・L・ソルソ
鈴木光太郎・小林哲生訳
A5判368頁 本体3500円

エモーショナル・デザイン
微笑を誘うモノたちのために
奇想天外な実例やアイデアの数々が、夢と発見に満ちたデザインの未来世界へと誘ってくれる。
D・A・ノーマン
岡本明・安村通晃・伊賀聡一郎・上野晶子訳
四六判376頁 本体2900円

ワードマップ 現代デザイン
「デザインの世紀」をよむ
現代デザインの思想を、アールヌーボーからポストモダン、ニューエイジまでの理念と様式の興亡の中に探る。
海野弘
四六判272頁 本体2200円

未来のモノのデザイン
ロボット時代のデザイン論
D・A・ノーマン
安村通晃・岡本明・伊賀聡一郎・上野晶子訳
四六判296頁 本体2600円